古典文獻研究輯刊

二一編

潘美月・杜潔祥 主編

第 13 冊

清代語文教育文獻研究

韓 建 立 主編

韓建立、張凌彥、徐明玉、黃蘋、
邵慧、涂京京、孫娜、王雪瑩 合著

國家圖書館出版品預行編目資料

清代語文教育文獻研究／韓建立主編 韓建立、張凌彥、徐
明玉、黃蘋、邵慧、涂京京、孫娜、王雪瑩 合著 -- 初版 -- 新
北市：花木蘭文化出版社，2015〔民104〕
目 6+246 面：19×26 公分
（古典文獻研究輯刊 二一編；第 13 冊）
ISBN 978-986-404-351-4（精裝）
1. 語文教學 2. 文獻 3. 清代
011.08   104014548

ISBN- 978-986-404-351-4

9 789864 043514

古典文獻研究輯刊
二一編　第十三冊   ISBN：978-986-404-351-4

清代語文教育文獻研究

本冊主編　韓建立
著　　者　韓建立、張凌彥、徐明玉、黃蘋、邵慧、涂京京、孫娜、王雪瑩
主　　編　潘美月　杜潔祥
總 編 輯　杜潔祥
副總編輯　楊嘉樂
編　　輯　許郁翎
企劃出版　北京大學文化資源研究中心
出　　版　花木蘭文化出版社
社　　長　高小娟
聯絡地址　235 新北市中和區中安街七二號十三樓
　　　　　電話：02-2923-1455／傳眞：02-2923-1452
網　　址　http://www.huamulan.tw 信箱 hml 810518@gmail.com
印　　刷　普羅文化出版廣告事業
初　　版　2015 年 9 月
全書字數　208691 字
定　　價　二一編 16 冊（精裝）新台幣 30,000 元

清代語文教育文獻研究

韓 建 立 主編

韓建立、張凌彥、徐明玉、黃蘋、
邵慧、涂京京、孫娜、王雪瑩 合著

本冊主編簡介

韓建立，吉林省吉林市人，吉林大學古籍所博士。目前執教于吉林大學文學院，語文課程與教學論專業碩士生導師。講授中國語文教育史、唐宋詩詞欣賞等課程。主要研究方向爲古代文學與文獻、語文課程與教學。

提　　要

　　本書是關於清代語文教育文獻綜合研究的專著。語文教育文獻包括蒙學教材、文選讀本、語文教育論著。對語文教育文獻採用比較狹義的定義，即從現代語文教育的角度，將主要關涉語文教育的文獻，確定爲語文教育文獻，而不包括較爲綜合的、並不以語文教育爲主的文獻。共論及清代語文教學文獻八種，即《古文觀止》《唐詩三百首》《笠翁對韻》《文字蒙求》《古文辭類纂》《古文筆法百篇》《家塾教學法》《教童子法》。對每部語文教育文獻的編纂與教學功用、讀寫方法、現代價值等方面，做了詳細闡述。

目次

第一章　《古文觀止》的語文教學思想 …………… 1

第一節　《古文觀止》的編者、編撰背景和目的 …… 1

一、編者及編撰背景 ……………………………… 1

二、編撰目的 …………………………………… 6

第二節　從《古文觀止》的選篇看其體現的教學
　　　　思想………………………………………… 7

一、《古文觀止》的選篇標準 …………………… 7

二、從選篇看其體現的教學思想 …………… 17

第三節　從《古文觀止》的編排體例看其體現的
　　　　教學思想………………………………… 20

一、《古文觀止》的編排體例 …………………… 20

二、從編排體例看其體現的教學思想 ……… 23

第四節　從《古文觀止》的評點看其體現的教學
　　　　思想……………………………………… 24

一、《古文觀止》的評點方式 …………………… 25

二、從評點方式看其體現的教學思想 ……… 33

第五節　《古文觀止》對現代語文教學的啓示 …… 38

一、對現代語文教材編寫的啓示 …………… 38

二、對現代語文閱讀的啓示………………… 39

第二章 《唐詩三百首》的詩教價值 …………………43
第一節 《唐詩三百首》的編纂目的及其特點 ……44
一、《唐詩三百首》的編纂目的 ……………44
二、《唐詩三百首》的特點 ……………………46
第二節 《唐詩三百首》的性質 ……………………53
一、教育對象 ……………………………………53
二、教材性質 ……………………………………55
第三節 《唐詩三百首》的詩教功能 ………………57
一、情感教化 ……………………………………58
二、認知教育 ……………………………………62
第四節 《唐詩三百首》對當代青少年人文素養形
成的影響 ……………………………………64
一、培養豐富的情感 …………………………65
二、塑造健全的人格 …………………………67
三、完善思維方式 ……………………………69
四、提高文化素養 ……………………………70
第三章 《笠翁對韻》與屬對教學 …………………73
第一節 《笠翁對韻》的編排體例 …………………74
一、全書的體例 ………………………………74
二、每個韻部的體例 …………………………75
三、每則對文的體例 …………………………76
第二節 《笠翁對韻》的對仗 ………………………77
一、對仗的一般特點 …………………………77
二、對仗形式 …………………………………80
三、對仗的表現方法 …………………………82
第三節 《笠翁對韻》與平仄 ………………………86
一、四聲與平仄 ………………………………86
二、詩的平仄與《笠翁對韻》 ………………87
三、運用平仄例析 ……………………………89
第四節 《笠翁對韻》與用韻 ………………………90
一、韻和韻部 …………………………………90
二、押韻的位置與韻部的選擇 ………………91
三、運用的韻字 ………………………………93

四、出韻、錯韻現象 …………………………… 96

第五節 《笠翁對韻》的用典 ………………………… 99

一、用典的內涵 …………………………………… 100

二、用典的來源 …………………………………… 100

三、用典的分類 …………………………………… 103

四、用典的修辭效果 ……………………………… 109

第四章　《文字蒙求》與王筠的識字教學理論 ……111

第一節 《文字蒙求》的釋義體例 …………………111

一、只列楷書和篆文字頭，沒有釋義 ………111

二、只分析字形，不釋義 ……………………… 112

三、直接採用《說文解字》的釋義 ……… 112

四、在《說文解字》釋義的基礎上，闡述己
　　見 …………………………………………… 112

五、釋義形象生動，通俗易懂 ……………… 113

六、提出「字當橫看」的見解 ……………… 114

七、運用神話傳說釋義 ………………………… 114

八、聯繫實際生活釋義 ………………………… 115

九、運用合文而釋的方法釋義 ……………… 115

十、說明古今用字情況 ………………………… 116

第二節 《文字蒙求》的注音體例 ………………… 117

一、反切法注音 ………………………………… 117

二、直音法注音 ………………………………… 118

三、反切法和直音法同時注音 ……………… 118

四、形聲字的注音 ……………………………… 119

第三節 《文字蒙求》的漢字教學理念與教學方法
………………………………………………… 119

一、「以人為本」的教學理念 ……………… 119

二、採用多種識字教學方法 ………………… 121

第四節 《文字蒙求》對當今識字教材編寫的啟示
………………………………………………… 124

一、教材選字 …………………………………… 125

二、字體選擇 …………………………………… 126

三、排字順序 …………………………………… 127

四、內容設計 …………………………………… 127

第五章　清代家塾文學選本《古文辭類纂》…… 129
　第一節　《古文辭類纂》的語文教育理念 ……… 129
　　一、兼容並蓄的教育思想 …………………… 130
　　二、多樣化的教學方法 ……………………… 132
　　三、明確的教育目的 ………………………… 134
　第二節　《古文辭類纂》的閱讀、寫作教學 …… 137
　　一、閱讀教學 ………………………………… 137
　　二、寫作教學 ………………………………… 141
　第三節　《古文辭類纂》在語文教育史上的影響及
　　　　　局限性 ………………………………… 148
　　一、《古文辭類纂》在語文教育史上的影響 · 148
　　二、《古文辭類纂》的局限性 ……………… 150
第六章　《古文筆法百篇》與讀寫教學 ………… 153
　第一節　《古文筆法百篇》的編排體例與選錄標準
　　　　　 ……………………………………… 155
　　一、編排體例以筆法為序 …………………… 155
　　二、選文宜於初學 …………………………… 157
　第二節　《古文筆法百篇》的助學系統 ……… 159
　　一、批語 ……………………………………… 160
　　二、題解 ……………………………………… 161
　　三、評解 ……………………………………… 163
　　四、書後 ……………………………………… 165
　第三節　《古文筆法百篇》與文體閱讀 ……… 167
　　一、所選文體豐富多樣 ……………………… 167
　　二、評點恰當、精闢 ………………………… 168
　第四節　《古文筆法百篇》寫作方法綜述 …… 178
　　一、關於寫作技巧 …………………………… 179
　　二、關於章法結構 …………………………… 184
　第五節　《古文筆法百篇》所體現的教育思想 … 186
　　一、關於學習方法 …………………………… 187
　　二、關於教學方法 …………………………… 188
第七章　唐彪《家塾教學法》的閱讀教學觀 …… 191
　第一節　《家塾教學法》的產生及其內容 ……… 192

一、《家塾教學法》產生的基礎……………… 192

二、《家塾教學法》的內容 ……………… 194

第二節　唐彪閱讀教學的環節、原則及方法…… 197

一、閱讀教學的環節 ……………… 197

二、閱讀教學的原則 ……………… 201

三、閱讀教學的方法 ……………… 206

第三節　唐彪閱讀教學觀對當前語文教學的啓示 209

一、應重視誦讀在閱讀教學中的重要作用… 209

二、應切實提高語文教師的閱讀素養 …… 213

三、應指導學生掌握科學的課外閱讀方法… 216

第八章　《教童子法》的蒙學語文教育理論 …… 221

第一節　《教童子法》所闡述的教學方法 ……… 224

一、識字教學階段 ……………… 224

二、寫字教學階段 ……………… 228

三、閱讀教學階段 ……………… 230

四、作文教學階段 ……………… 233

第二節　《教童子法》的教學原則……………… 237

一、循序漸進 ……………… 237

二、因材施教 ……………… 238

三、樂知好學 ……………… 239

四、教學相長 ……………… 240

五、循循善誘 ……………… 241

第三節　《教童子法》對當今語文教學的啓示 … 241

一、語文教學要有科學完整的程序設計…… 241

二、從事語文教學要功名、學問、德行三者
並重……………… 243

三、教師要樹立以人為本的教育理念 …… 244

第一章 《古文觀止》的語文教學思想

　　《古文觀止》是清朝康熙年間選編的一部供私塾使用的啓蒙教材，清乾隆時期的《四庫全書總目》和晚清張之洞的《書目答問》均未收錄，但它作爲一部通俗的文選讀本卻流傳至今。隨著 1932 年魯迅在《集外集·選本》中把《古文觀止》和《文選》並論後，它的研究者開始逐漸增多起來。直到現在，《古文觀止》仍爲許多學者研究。本章試圖通過對《古文觀止》的選篇、編排體例、評點方式等一系列基本問題的探討，深入發掘其中體現的教學思想及對於現代語文教學的意義及啓示。

第一節 《古文觀止》的編者、編撰背景和目的

　　中國散文歷史源遠流長，古文選本的種類眾多。清代以前就有許多文選讀本，如《文選》《文苑精華》《唐文萃》《古文苑》《宋文鑒》《古文關鍵》《崇古文訣》《文章正宗》《文章軌範》《唐宋八大家文鈔》《文編》等，清代有《古文賞音》《古文析義》《古文淵鑒》《古文翼》《古文眉詮》《古文釋義》《古文辭類纂》等。

一、編者及編撰背景

　　《古文觀止》是清朝康熙年間編選的一部供私塾教學使用的啓蒙教材，最初刊行於康熙三十四年（公元 1695 年）。書名「觀止」來源於《左傳》的《季札觀周樂》，吳國公子季札在魯國觀賞樂舞，當演出虞舜的《韶箾》之後，季札讚歎道：「觀止矣!若有他樂，吾不敢請已。」〔註 1〕書名「觀止」，說明

〔註 1〕王守謙等：《左傳全譯》，貴州人民出版社，1990 年 11 月第 1 版，第 1036 頁。

編者認爲已經收入了歷代古文的精華，讀者已經觀賞到最高水平的文選讀本了，其餘的就不用看了。雖不免有些誇張，但其自問世以來，確實大受歡迎，也成爲後世學習古文的啓蒙讀物。任何一個選本的產生都有其一定的社會背景，它總在一定程度上受其時代思想政治文化背景的影響，編者及其時文學思想觀念也制約著讀本的內容選擇，同時，先前出現或同時出現的選本也可能對它有一定的影響。

（一）編者

《古文觀止》的編者是清初山陰（今浙江紹興）人吳乘權、吳大職叔姪倆。二吳是清初名不見經傳的小人物，所以關於他們的資料只能從原序和自序中略知一二。乘權，字楚材，一生研習古文，除選編《古文觀止》外，還同周之炯、周之燦一起採用朱熹《通鑒綱目》體例，編過一個歷史普及讀本——《綱鑒易知錄》。據該書自序，我們知道他「少以足疾廢，六經、諸子無心涉獵」，但「有志讀史」，故於康熙五十年（公元 1711 年）著成《綱鑒易知錄》。另據《嘉慶山陰縣志》卷十五記載，吳楚材「年十六病痰，日閱古今書，數年疾愈，而學以此富，好讀經史」。康熙十五年（公元 1676 年）就在福州輔助先生教伯父之子學習古文，後竟以授館終其一生。大職，字調侯，也是嗜「古學」而「才器過人」。他一生的主要經歷，是在家鄉同叔父一道教書。吳興柞（公元 1632～1698 年）是第一位評《古文觀止》的人，他是二吳的叔祖，清代山陰（今浙江紹興）人。

編選者吳楚材、吳調侯叔姪（以下簡稱二吳），二人的性格不同，吳楚才「天性孝友，潛心力學，工舉業，尤好讀經史，於尋常講貫之外，別有會心」。吳調侯「奇偉倜儻，敦尙氣誼。本其家學，每思序前人而光大之」。〔註 2〕但是，這些並沒有影響他們在選、評古文上的一致立場。他們的選本三百年來廣爲流傳，成爲後學者初學古文的必讀書目，也成爲家喻戶曉的文選讀本。

綜上，《古文觀止》的編選者二吳是很有學問但仕途不濟的普通讀書人。

（二）編撰背景

1. 社會政治背景

《古文觀止》最初刊行於康熙三十四年（公元 1695 年），此時滿人已入主北京五十一年。這段時期，清王朝進行了一系列鞏固政權的戰爭。對內鎮

〔註 2〕吳楚才、吳調侯：《古文觀止》，中華書局，1959 年第 1 版，第 1 頁。

壓了以李自成、張獻忠爲代表的農民起義軍，平定了明遺族的反清運動，繼而又平定了以吳三桂爲代表的「三藩之亂」，收復了臺灣，結束了明末混戰的局面；對外經過雅克薩戰役，迫使沙皇俄國簽訂了《尼布楚條約》，保證了中俄邊境的和平。這樣，以滿族親貴爲核心，聯合漢族地主階級的封建專制主義政權已建立起來。

然而落後的封建生產關係依然嚴重地束縛著生產力的發展，階級矛盾、民族矛盾日益加劇，這時的滿清統治者也明確地認識到，戰爭只能打下江山，要想鞏固政權，穩坐江山，僅僅靠戰爭是行不通的，必須從思想上控制臣民，讓他們安心於清政府的統治。而且，滿族畢竟在眾多民族中只占很少的一部分，只有依靠占絕大多數的漢族知識分子才能更好地維護自己的統治。

爲此，清朝統治者採取了「大棒加麵包」兩方面的政策。一方面，爲了鉗制反滿思想，清朝實施了以「文字獄」爲典型代表的一系列對學術文化進行干預的手段。統治者在大興文字獄的同時，還多次頒發禁書令，對那些所謂的異端邪說一律加以查禁、銷毀。僅乾隆三十九年到乾隆四十七年不到十年的時間裏，天下就毀書二十四次，計五百三十八種一萬三千八百六十二部。〔註3〕這一政策在一定程度上抑制了文化的發展，把知識分子牢牢限制在一定的圈子裏，使他們的思想、活動符合清政府的規範。

另一方面，清朝統治者爲了讓包括漢族知識分子在內的一切臣民都心甘情願地臣服自己，又採取懷柔政策，進一步籠絡人才。清軍入關的第二年，就恢復了科舉取士制度，沿用明代的科舉舊制。這樣一來，不但可以使讀書人埋首於書堆，無暇叛亂，同時還可廣收有才之士，促進社會文化發展。許多文人雅士，也以此爲敲門磚，博取功名。

進入康熙執政中期，天下政治局勢已經初步穩定，故而文化學術建設也隨之加強。康熙八年（公元 1669 年），康熙親臨太學祭孔子，並頒佈諭禮部，提出「崇儒重道」，製定了以「文教爲先」爲核心的十六條治國綱領。〔註4〕由此可看出清初統治者十分重視文治，其不僅僅是爲了求得眼前的政治穩定，而是力求統治的「長治久安」。

這樣，就要有一部符合統治者統治思想要求的啓蒙教科書，《古文觀止》

〔註3〕遼寧《清史簡編》編寫組：《清史簡編》，遼寧人民出版社，1980 年第 1 版，第 102 頁。

〔註4〕《清聖祖實錄》（卷 34），康熙九年十月，第 458 頁。

應運而生。它「既概括了中原文化發展的脈絡，也包括了封建知識分子立世修身之理、爲官牧民之道及治國安邦之策；它既符合統治者的文化政策，又適合作爲教子化民的啓蒙教材」。〔註 5〕清朝統治者十分滿意這部文選讀本，不僅用來教化漢族、滿族的臣民，就連王親貴族也都以此爲啓蒙讀物。清末代皇帝愛新覺羅・溥儀十五歲時寫的日記就反映了這一點：「宣統十二年十一月」，「二十七日，晴……臥帳中又讀《古文觀止》，甚有興味。」〔註 6〕

2. 文化文學背景

二吳收錄的「古文」主要指的是古代的散文，文體眾多。我國的散文發展歷史源遠流長，呈現波浪形態。春秋戰國以前是散文漫長的萌芽階段，到春秋戰國時期，百花齊放，百家爭鳴，歷史家、思想家用不同的筆記錄下了這段動蕩的年代，散文也以成熟的姿態登上歷史舞臺。

散文到秦漢時期已取得了很高的成就。魏晉南北朝時是散文發展的低谷，這一時期的散文追求形式上的浮華。一直到唐代，經過韓愈、柳宗元等倡導的古文運動，才使散文有了進一步的發展。唐代末期，散文又一度衰微。經過北宋歐陽修重倡古文及詩文革新的洗禮，王安石、蘇氏父子等從事古文寫作的支持，散文又發展到了一個新的高度。明代開始的八股取士制度使八股文盛行。清代沿用明代的八股科舉制度，同時也恢復了程朱理學的正統地位，士子們要求得一官半職就必須上通經義，下明八股，這樣就把文人學士牢牢束縛在四書五經之中。但是，八股死板固定的格式及其保守的內容，嚴重束縛了中國古代散文的發展，也因此引起文人的反感和不滿，他們希望恢復秦漢以來所建立的古文傳統。這顯然與統治者所宣傳的文化政策相違背。清初的文人和統治者都試圖找到一種折衷的方法來解決這個矛盾。吸收古文的創作經驗，內容上力求雅正，形式上加強對法度的重視。清初散文家黃宗羲提出道、學、法、辭、神「五者不備，不可爲文」的創作主張，這與八股文的寫作要素是相通的。因此，清初的選編者試圖找到八股制度與古文傳統的契合點──以古文的形式服務於時文。這樣，既符合統治者的政策，又繼承發展了古文傳統。儘管古文在封建統治的禁忌下發展極其困難，但畢竟反映了當時的文人對恢復古文正統所做的努力。《古文觀止》正是這樣一本符合當時文化文學背景的文選讀本。

〔註 5〕王兵：《古文觀止研究》，瀋陽師範大學碩士學位論文，2005 年。
〔註 6〕溥儀：《我的前半生》，群眾出版社，1981 年 9 月第 1 版，第 66 頁。

3. 前代文選讀本的影響

《古文觀止》只是中國文選讀本這條大河中的一分子，它的產生不是偶然的，它或多或少、直接或間接地受到以前及同時期優秀古文選本的影響。它折衷了前代及同代不同的選文標準，吸收了歷代古文選本的長處並加以完善發展，才得以如此長久、廣泛的流傳。

《古文觀止》產生前，明代散文領域裏存在著復古思潮和反復古思潮的爭論。復古派中有秦漢派和唐宋派的分歧。復古的秦漢派、唐宋派重理，其推崇的選本有《文編》《唐宋八大家文鈔》。反復古的代表是公安派、竟陵派，重文，推崇選本如《古文今致》《古文品外錄》等。復古派內部的秦漢派與唐宋派分歧也很大。秦漢派，顧名思義，主張「文必秦漢」，認爲學文章要從遠古學起，他們貶低唐宋文章，看不起韓愈等一批文學家。而唐宋派在不否認秦漢文章的基礎上，認爲學文章必須從唐宋入手。到清朝初年，受統治者政策的影響，宋明理學的正統地位逐步牢固，故此時的古文選本都在向儒家正統的政治倫理道德靠攏。因此，《古文觀止》之前的文選讀本基本上是兩大類別的論爭：一是重理與重文的分歧，一是重秦漢文章和重唐宋文章的分歧。《古文觀止》調和了這兩種矛盾，把思想與藝術巧妙地糅合在一起，而且秦漢文與唐宋文的選文比重也大致平衡。

另外，清初還出現大量的御用選本，如《古文淵鑒》《古文雅正》等。這些選本大多受統治者封建統治思想影響，宣揚封建道德規範，爲統治階級服務，更好地控制知識分子。這些文選讀本代表當時最高統治者對文學和文化的選擇，同時也潛移默化地影響著民間通俗選本。《古文觀止》或多或少也要受這些御用選本的影響。正如周振甫所說：「它吸取歷代古文選本的優點而補其不足，具有它的特點。」「取《文章正宗》從《左傳》《國語》選起，突破了《古文淵鑒》只以宋爲限」，「吸收《古文關鍵》和《崇古文訣》按時代排列的優點，打破了分類，使讀者可以看到歷代文風的演變。」故而「它是吸收了歷代古文選本的體例和選文優點再加上有所發展，所以成爲長期流傳的古文選本。」〔註7〕正因爲如此，它不僅對後世的文選讀本有著深遠影響，而且對今天的語文教學、乃至教材編寫都有深遠的指導意義。

〔註7〕周振甫：《一個極爲流行的選本——古文觀止》，載《文史知識》1983 年第 3 期，第 40 頁。

二、編撰目的

編撰目的,即爲什麼選的問題。以《古文觀止》爲代表的一些比較著名的文選讀本也都涉及到這個問題。早在宋代的《古文關鍵》《崇古文訣》《文章軌範》等選本中就有體現。《中國文學大辭典》是這樣評價《古文關鍵》的:「此書的編纂,目的在於向初學者指示學習古文的門徑,是一種普及性的古文選本。」〔註8〕《四庫全書總目》中稱《崇古文訣》:「篇目較備,繁簡得中,尤有裨於學者。」〔註9〕王守仁在《文章規範·序》中提出:「此書所選是爲科舉而用。」《古文析義》在《凡例》中說,凡是不甚切於「制藝」的古文,就少登錄。這些選本影響了包括《古文觀止》在內的許多後世文選讀本。比《古文觀止》出現稍晚的《古文釋義》也在其《凡例》中論述到:「私學讀古文,率多爲裨益『時文』起見,編固非有裨『舉業』者不錄。」〔註10〕

1. 編撰的初衷

關於這個問題,吳興柞在《古文觀止·序》中是這樣表述的:「正蒙養而裨後學」,顯然,二吳的編選從內容上是爲了「正蒙養」,即作爲學習古文的啓蒙教材從而「裨後學」。二吳在《古文觀止·自序》中也說「山居寂寥,日點一藝以課子弟,而非敢以此問世也」「若夫聲音之間,點畫之際,諸家或以爲無益於至義而忽之,而不知童子之所肄習於終身勿能忘。況棘闈之中,字畫一有不合即遭擯斥,可不愼歟」。

由此看來,二吳選編《古文觀止》的初衷,就是從古代優秀的散文當中選取一些符合規範的古文,讓私塾裏的童子們研習、背誦,以提高他們八股文的創作水平,爲日後考取功名打下堅實基礎。可見,二吳十分注重基礎教育,而且希望用古文筆法來提高八股文的寫作水平。以《古文觀止》爲代表的一系列文選讀本的指導思想就是用古文來爲時文服務。但是,在八股文盛行的清代,一定有很多八股文選本,爲什麼清初的私塾要選用像《古文觀止》之類的古文選本,而不用當時的八股文選本呢?究其原因,除了前面談到的恢復古文傳統之外,還要在清代科舉制度的具體情況的背景下分析。

〔註 8〕馬良春、李福田主編:《中國文學大辭典》(卷三),天津人民出版社,1991 年 10 月第 1 版,第 1309 頁。

〔註 9〕紀昀:《四庫全書總目》,中華書局,1995 年 4 月第 1 版,第 1699 頁。

〔註10〕(清)余誠編,呂鶯校注:《古文釋義·例言》,北京古籍出版社,1998 年 5 月第 1 版,第 1 頁。

2. 作為私塾教材的意義

清代沿用明代的科舉制度，規定八股取士，任何人要想謀取官爵功名，都要經過科舉考試，而科考的主要科目則是八股文。內容以宋代理學家關於《四書》《五經》的解說爲標準。具體來說，清代的科舉考試分爲兩個階段，一個是科舉的初步考試，一個是科舉的正式考試。通過初步考試的考生，即獲得舉人考試的資格，參加正式考試。正式考試有三種：鄉試、會試、殿試。鄉試每三年舉行一次，即在子、卯、午、酉這四個年中的八月舉行；分三場，首場試四書義、經義，下一場試論、判、詔、誥、章、表，一場試經史策論。三場以首場爲重，文章寫作要用八股文式，應試者必須按照規定的程序作文，在文字運用上免不了受到束縛。考試內容以四書五經爲藍本，作文者不能有新的發揮，在思想上也受到束縛。

正因爲此，私塾先生們便試圖用古文筆法來提高學生八股文的寫作技巧。雖然科舉幾乎是士人步入仕途的唯一正規途徑，但是，正如倪謙所說：「今之儒者幼而學之，仕則棄之。」〔註 11〕可見，八股文不能應用於日常朝廷的奏、章、疏、表、序、跋、碑、傳，而撰寫這類文章，恰恰需要堅實的古文功底。一方面，古文多變的筆法可以指導八股文的寫作；另一方面，古文具有八股文所不能替代的實用性而使仕人終身受用。

第二節　從《古文觀止》的選篇看其體現的教學思想

任何一個選本都由三個層面構成——選文目的、選文標準、選文體例。選文目的即爲什麼選，選文標準即選什麼，選文體例即怎樣選。前面我們已經談到《古文觀止》的選文目的，這裏我們主要解決其選文的標準及由此體現的教學思想。

一、《古文觀止》的選篇標準

《古文觀止》的選篇內容精闢，名家名篇較多而且數量適中。王汝弼認爲：「《古文觀止》真正是在二百二十二篇的較少篇幅之內，擷取了兩千多年散文的大部分精華……真是體物緣情，壇奇竟爽。」〔註 12〕譚家健指出它對

〔註11〕（明）倪謙：《倪文僖公集・知庵稿序》，江蘇廣陵古籍刻印社，1985 年第 1 版，第 1 頁。

〔註12〕王汝弼：《〈古文觀止〉評介》，載《語文學習》1958 年 4 月，第 17 頁。

「歷代傳誦的名篇盡可能入選，而又重點突出。」〔註13〕徐北文認爲：「篇幅長短適中，篇目及分卷也較勻稱。入選的人物，大都是有影響的作者。」〔註14〕二吳如此選篇，必遵循一定的標準，受某些思想的影響，我們對其選篇標準做簡要探討。

1. 作者的生活年代對選篇的影響

《古文觀止》的選編者吳楚才和吳調侯，生活在清代康熙年間，生活年代的局限性決定了其選篇的時間範圍，他們沒有能夠收錄清代的作品，因爲清王朝當時只有四、五十年的歷史，實在稱不上「古」，自然就不能收入其中了。縱觀全書，他們選編了從先秦到明代的散文二百二十二篇，其中，先秦部分七十三篇，兩漢部分三十一篇，魏晉南北朝六篇，唐代四十三篇，宋代五十一篇，明代十八篇。可以看出，二吳對清代以前散文的選擇，偏重於先秦、兩漢和唐宋散文。

二吳生活的清代康熙年間，正是清朝鞏固封建統治時期，統治者也十分重視文化思想的滲透作用，於是，以整理圖書爲名義大量徵召文人入館修書，連皇帝也親自參與圖書的選編和審定。雖然編選的圖書種類很多，規模宏大，但是其中任何一本圖書的編選都有嚴格的標準，要遵照統治者製定的原則。歷史上每一個經過殘暴動亂才建立起來的政權，都要崇尚儒家文論的「溫柔敦厚」，積極倡導使人心重新歸復「醇厚」的作品，收集歌頌太平盛世的文章，強調文章的「清雅」「純正」。當時皇帝御選欽定的總集提要中提到：「我皇上復申明清眞雅正之訓。是編所錄，——仰秉聖裁，大抵皆詞達理醇，可以傳世行遠。承學之士，與前明諸集，可以考風格之得失，與國朝之文，可以定趨嚮之指歸」。〔註15〕

由此可見，清初康熙盛世的文風皆以清雅醇正爲典範，且統治者的意志對文壇的統攝作用很大。所以，《古文觀止》的編選者也必然要遵守統治者規定的雅正之風，以此爲標準指導古文的選編。所以，《古文觀止》並沒有選編盡當時公認的名家名篇，有些選篇甚至不是名作，原因就在於這些不符合當時統治者倡導的文風雅正的要求。

〔註13〕譚家健：《古文觀止續古文觀止鑒賞辭典・序》，同濟大學出版社，1990年第1版，第5頁。
〔註14〕徐北文：《〈古文觀止今譯〉・前言》，齊魯書社，1983年第1版，第2頁。
〔註15〕張廷玉編，蔡世遠選評：《古文雅正・序》，上海中華圖書館，民國間。

2. 作者的散文觀對選篇的影響

譚元春在《古文瀾編・序》中指出:「選書者,非後人選古人書,而後人自著書之道也。」選本並不僅僅是把古人的文章搜羅到一起,而是經過選編者以一定的文學批評眼光,對作家、作品進行相應的取捨篩選。選編者在選擇的過程中,會有意無意地夾雜、滲透自己的喜好和文學觀念,以選本的形態傳達給讀者。《古文觀止》這類文選讀本帶有選編者自己的評點,更是顯現選編者自己的觀點,並將之盡情表達的最好方式和媒介。儘管二吳在自序中云:「集古人之文,集古今人之選,而略者詳之,繁者簡之,散者合之,舛錯者釐定之,差訛者校正之云爾,蓋諸選家各有精思深義以抉古人之奧,讀之者取此置彼則美者或遺,一概觀覽則勞於睹記,此余兩人所以彙而集之也。」但是,正是在二人校正、編選的過程中體現了他們的散文觀。

(1) 兼顧文道

散文由秦漢發展到唐宋,一度呈現出興盛的局面。到清初,散文家黃宗羲便感歎道:「三百年士之精神,專注於場屋之業,割其餘以爲古文,其不能盡如前代之盛者,無足怪者。」〔註 16〕清初幾十年間,統治者認識到僅僅依靠武力是不能坐穩江山的,所以實行了一系列有利於社會發展的政策,並且要在思想統治人民尤其是文人,到康熙中葉,國家發展已日趨穩定,人民生活水平也逐步提高,社會發展穩定。與此同時,程朱理學對思想界的統領,文壇上對雅正文風的推崇,有增無減。受此影響,二吳在選編《古文觀止》時也是首推思想上的雅正,即在思想內容上「兢兢焉一義之未合於古勿敢登也,一理之未謙於心勿敢載也」,但同時二吳評選論文注重法度、文采、聲韻等藝術形式上等方面。即「一段落、一鉤勒之不軌於法度勿敢襲也,一聲音、一點畫之不協於正韻勿敢書也。」〔註 17〕

① 講求思想雅正、醇厚

中國古代散文歷來就追求「文以載道」,認爲文章思想必須符合傳統的倫理道德、道義精神以及天地萬物之規律。這與二吳推崇的「義理」大意相同,與這裏的「道」大意相同。清初,爲了加強對百姓的思想統治,對紛繁蕪雜的言論大加限制,思想上力求規範雅正。統治者的文治政策對當時的文壇產

〔註 16〕黃宗羲:《南雷文定・明文案序上》,(臺北)世界書局,1964 年第 1 版,第 1 頁。

〔註 17〕吳楚才,吳調侯:《古文觀止・自序》,中華書局,2001 年 1 月第 1 版。

生了巨大的影響，上行下效，全國上下的審美風尚進入一個崇尚典雅正統的時代，二吳的選本也不可避免地受到這種風氣的影響。如方孝孺就十分重視「道」，他曾選關於道德政教的文章《文統》，選取標準是「違乎此者（指道），雖工不錄；近乎此者，雖質不遺。」〔註18〕《古文析義》在其《例言》中也表明：「是編凡忠孝義烈大節及時務經濟關係於國家興亡或小題中立意正大者，方彙入選，其一切排偶粉飾、變亂是非之文及有礙於時忌者，雖工致可觀，既不敢錄。」〔註19〕這些都是以《古文觀止》爲代表的一系列選本所體現的「義理」觀。進一步分析，二吳的「義理」觀可以從文本自身和文本功能兩個角度來進行闡述。

黃宗羲論文強調：「文必本之六經，始有根本。」「（文章）本之經以窮其原，參之史以究其委。」〔註20〕二吳所稱的「義合於古，理謙於心」便是受黃的影響，可理解爲「義理合於古，義理謙於心」，這裏的「合」「謙」都可解釋爲符合、滿足的意思。前半句是說文章所寄寓的義理必須符合古代傳統的倫理道德，而古代的儒家傳統又都是從古代的經典論著中體現出來的，所以這句話的眞正含義是「文」必須源於古代經義傳統，以發明先聖道德義理。二吳的這個觀點體現在《古文觀止》中，最明顯的就是選入了大量的先秦兩漢文。後半句是指文章的功能必須是使其蘊含的義理給人以啓迪，而不是教條式的灌輸，這是說「道」是必須具有一定的功能。換句話說，二吳是把「明道」「見道」看成是作文的功能，這些義理（或曰道）可以淨化後學者心靈，使他們的思想符合傳統的倫理道德思想，以及掌握人倫之道、處世之道。如開篇《鄭伯克段於鄢》，二吳在尾批中突出一個「孝」字：「左氏以純孝贊考叔作結，寓慨良深」。在《周鄭交質》的尾批中又突出「信」「禮」二字。當然，二吳在闡發義理時注重含蓄醇厚，不在文中赤裸裸地進行道德說教，所以在評點中經常能挖掘文章之外的深意。

② 注重選文的藝術性

《古文觀止》產生的時代、政治背景使其不可避免地受到封建倫理道德的約束，因此，人們一般認爲，它作爲一個私塾的啓蒙教材，所選的文章主

〔註18〕方孝孺：《遜志齋集‧答王秀才》，寧波出版社，2000 年 1 月第 1 版，第 533 頁。

〔註19〕（清）余誠編，呂鶯校注：《古文釋義‧例言》，北京古籍出版社，1998 年 5 月第 1 版，第 1 頁。

〔註20〕黃宗羲：《論文管見》《沈昭子耿嚴草序》，轉引自王兵：《古文觀止研究》，瀋陽師範大學碩士論文，2005 年。

要以宣揚封建倫理道德爲主，不注重藝術性。但是，筆者從二百二十二篇古文的評點中發現，涉及到藝術形式的點評有一百三十九篇，占篇目總數的62.6%；在其總評中涉及到藝術形式點評的有一百四十三篇，占到全書的64.6%。從這些評點中可以看出，二吳十分重視文章的藝術形式。如清初大思想家顧炎武就曾說過：「眞希元《文章正宗》，其所選詩一掃千古之陋，歸之正旨，然病其以理爲宗，不得詩人之趣。」〔註21〕雖就詩歌而言，但也可看出其時文人已經注意到文章的文道兼重了。

清初黃宗羲在評論古代選本時說：「文選主於修辭，一知半解，文章家之有偏霸也，文粹撮精擷華，亦選之鼓吹，文鑒主於政事，意不在文，故題有關係而文不稱者，皆所不遺……」他批評那些選本「意不在文」的依據是：爲文應以情至爲標準。他在《明文案》裏云：「夫其人不能及於前代，而其文反能過於前代者，良由不名一輒，唯視其一往深情，從而裙披之。」因此，他並不局限於名家作品，認爲：「今古之情無盡，而一人之情有至有不至，凡情之至者，其文未有不至者也，則田地間街談巷語，邪許呻吟，無一非文；而遊女田夫，波臣戍客，無一非文人也。」二吳對「情」的認識，雖然沒有黃氏那麼徹底，但通過對其評點的研究也發現了其中表露了重「情」的觀念。

二吳的選文體現其另一個散文觀，即是重「氣」。「氣」是中國文論中一個常用的術語，其源頭可追溯到春秋時代。《孟子》一書曾最早提出「氣」的說法：「我善養我浩然之氣。」孟子的意思是要提高作家個人的道德修養，追求意志和思想的涵養。魏文帝曹丕繼孟子後也提出「養氣說」。他在《典論・論文》中說：「文以氣爲主，氣之清濁有體，不可力強而致。譬諸音樂，曲度雖均，節奏同檢。至於引氣不齊，巧拙有素，雖在父兄不能以移子弟。」這裏的「氣」，就是指文氣、語氣與才氣，也就是指作家自身的氣質與文章的品格。這一觀點延續到劉勰的《文心雕龍》。劉勰在《文心雕龍・體性篇》中說：「氣以實志，志以定言，吐納英華，莫非情性。」此謂作者的學識修養，即才氣；《文心雕龍・風骨篇》說：「綴慮裁篇，務盈守氣。」此謂文辭中所流露出的氣勢，即語氣。到了唐代，韓愈在《答李栩書》中說：「氣，水也；言，浮物也。水大而物之浮者大小畢浮。氣之與言猶是也，氣盛則言之短長與聲之高下者皆宜。」韓愈的「氣」，指文學創作的衝動，「氣盛」就是一個作家處在活躍的精神狀態。文氣論的說法到了宋代朱熹成爲了理氣論。即認爲「文

〔註21〕顧炎武：《日知錄・孔子刪詩條》，商務印書館，1929年第1版，第202頁。

章皆從道中流出」〔註22〕清初的文學批評非常重視文人的修養與學識，強調作者文品與人格的統一。清初「文氣」說倡導在作家人格觀影射下顯現的作品風格與辭令氣勢等；同時認為，作家可通過閱歷、讀書來養氣，借道義、義理或修德立節，達成修身、齊家、治國的宏願。方苞稱讚李穆堂的文章時說：「其學益老，識益堅，氣益厲……使覽者有所感興而考鏡焉。」〔註23〕二吳也持同類觀點。

（2）講求兼收並蓄

一般來說，通俗選本比名家選本更易流行，究其原委，主要在於通俗選本具有兼收並蓄的特點。首先，名家選取作品往往局限在其所屬文學流派的標準來衡量的，如李于鱗選詩著重於高古華美的盛唐風格，對其它風格的作品則予以輕視或排斥；姚茹選古文重「義法」，對於晚明公安、竟陵派的作品一概不選，這樣就不免帶有主觀武斷的成分。其次，名家選文眼光較高，往往鍾情於一些表現手法偏高的作品，使初學者難以領會，故而不易，如王士禎的《唐人萬首絕句選》就不如《千家詩》為普通讀者理解。《古文觀止》亦如此。它「集古人之文，集古今人之選」，對眾多不同風格的古文或選本都能兼收並蓄，從而以一個具有包容精神的通俗選本流行至今。

① 風格形式多樣

典雅含蓄、清幽淡遠的散文風格。從《古文觀止》的夾批、尾批中，我們可以看出，二吳對古文風格的要求總體上還是以典雅含蓄為主，以迎合當時統治者的喜好以及保持與文壇的普遍風尚保持一致。如他們在評點中多次提到「詞婉理直」「詞正意嚴」「意極含蓄」等，這便是要求文章在內容上應表述正統、雅正的題材，在表達上卻不能是赤裸裸地說教，而是採取一定的表現手法使義理得以含蓄、婉轉地表達，這完全符合中國幾千年以來儒家思想影響下的思維模式。另外，在《古文觀止》的選文中，也有一部分反映文人對時事怨怒不平的篇章，但是二吳總是選取那些在表達上不是特別激進的文章，如在《左傳·燭之武退秦師》中，鄭伯在國事危急時才想到燭之武，燭之武心中早有怨意，但表達的含而不露：「臣之壯也，猶不如人；今老矣，

〔註22〕 朱熹：《朱子語類》，載《朱子全集》，（臺北）漢京文化事業有限公司，1981年第1版，第418頁。
〔註23〕 （清）方苞：《望溪先生全集，李穆堂文集序》（卷四），載《四部備要》集部，第51頁。

無能為也。」二吳在句下夾批:「隱示不早見用意。雖近怨,然辭亦婉曲。」〔註24〕這也可代表他們對散文風格的主流觀點。

除此之外,二吳還偏愛一些風格較為清幽淡遠的文章。如陶淵明《桃花源記》、柳宗元的《鈷鉧潭西小丘記》、歐陽修的《醉翁亭記》《秋聲賦》以及蘇軾的《喜雨亭記》《前赤壁賦》等文,或表達清新悠遠的意境,或抒發意蘊綿長的情趣。

另外,由於表現方式、文體的不同,二吳對文章的具體要求也不同,如他們要求敘事時應錯落有致,議論時應酣暢淋漓等。總之,二吳在散文的風格上追求的是既要雅正又有風韻,既要恬淡又有意蘊,形式多樣,內容豐富。

在語言上,二吳追求簡潔雅馴、意趣宕逸與典雅含蓄的文章風格相適應,這是符合當時統治者的要求的。康熙就認為「文章貴於簡要」,反對「排偶文辭」,「講究辭取達意,以確切明晰為尚。」這首先體現在《古文觀止》的選文上。二吳選取的文章在篇幅上均是長短適中,大多為短小精悍的作品。這些文章具有「言盡而意不盡」的特點,所以,文章既不顯得冗長,在表意時又能詞少意豐。二是體現在二吳的評點上。如《史記·酷吏列傳》之總評:「語不多而意深厚也。」評《史記·五帝本紀贊》也說:「古質奧雅,文簡意多。」由此看來,二吳所追求的簡潔不是單純的篇幅短小,而是在短小的篇幅裏用簡潔的語言表達豐富的意蘊,這實際上是一個很高的標準,一般的文章很難達到這個要求,難怪二吳選取文章的大都能經得住時間考驗而流傳至今。

二吳在散文語言方面的要求不止簡潔雅馴一種,還不時追求那些意趣跌宕的語言,這在他們的評點中有所體現。據筆者粗略統計,評點中含有「跌宕」二字或和其義相近的詞語不下百條,如「宕句有致」「句極宕逸」「文勢振宕」等。欣賞頓挫跌宕的語言,一方面與二吳追求的「文氣」和「法度」有關,浩瀚的文勢需要有跌宕不群的語言,文法的跌宕多變更需要有奇峭頓宕的語言;一方面與《古文觀止》選文偏重秦漢、唐宋文有關。這兩個時期的散文在語言上不僅是簡潔雅正的表率,同時也是意趣宕逸的範例,對後世散文有著深遠的影響。二吳的散文觀便自覺地綜合了這兩種語言風格,顯示出他們兼收並蓄的寬闊胸懷。

〔註24〕洪本健:《解題彙評〈古文觀止〉》,華東師範大學出版社,2002年12月第1版,第59頁。

② 關於駢文的入選

《古文觀止》名曰「古文」，但在實際選文時，也編選了少量駢文名篇，如孔稚圭的《北山移文》、駱賓王的《爲徐敬業討武曌檄》、王勃的《滕王閣序》、陶淵明的《歸去來兮辭》等。這個問題曾一度引起了研究者的爭論。王忠在《論〈古文觀止〉的選文標準》中雖然未對入選的駢文大加指責，但是，他卻指出：「大概這幾篇文章都曾傳誦一時，深爲選者所喜，故寧自亂體例，不肯割愛，遂得鴻占鵲巢。」〔註25〕黃肅秋認爲，駢文入選「不能完全符合古文標準。」就連近期的評論者，也認爲入選駢文爲「破例」，〔註26〕即他也肯定這幾篇歷代傳誦的駢文佳作。1980 年以來，絕大多數學者肯定駢文的入選，認爲入選駢文佳作是《古文觀止》取材廣泛的一個例證，「打破了選古文不選駢文的限制」。實際上，爭論的焦點集中在駢文的歸屬問題。

關於駢文的歸屬問題，我們擇出今人的幾種觀點：辭賦和駢文是介於詩歌和散文之間的兩種文體，從文學性上分，它們可歸入散文，從散體性上說，它們也可歸入韻文。駢文句子多對偶，而它介於散文和韻文之間，比散文多了韻文的價值，與韻文相比，又有散文的形式，所以獨立於散文、韻文之外。且駢文無論有韻與否，就性質說，均屬講述性語言，而不是歌唱性語言，故均屬「文」之範疇，其無韻者自是廣義散文之一種，而有韻者如銘、頌贊、哀祭之類，亦無音樂屬性，不供配樂歌唱，依然是廣義散文之一種。由是，駢文理所當然地可以納入古代散文研究的範圍。

由此看來，駢文有廣義和狹義之分。狹義的駢文指與「古文」相對的四六文，講究對仗整齊，辭藻華麗；而廣義的駢文則和古文同屬於古代散文。若取此說，《古文觀止》入選駢文就不爲「自亂體例」。我們不知道二吳在主觀上是否有這種散文意識，但是它在客觀上拓展了散文的文體範圍，確是不爭的事實。

駢文是自魏晉以後形成的一種獨立的文體，全盛於六朝，變衍於三唐，爾後日趨頹靡。入清後，隨著文壇復古思潮的興起，加之文人普遍研習古文，這種較易於遣使典實知識，編織美詞麗語的古老文體又呈現出復興之勢。陳維裕、毛奇齡、汪中、孔廣森、彭兆蓀等皆擅勝一時，名重士林。他們紛紛

〔註25〕王忠：《論〈古文觀止〉的選文標準》，載《國文月刊》1946 年第 76 期，第 11 頁。

〔註26〕黃肅秋：《取材精練的散文選集「古文觀止」》，載《讀書月報》1957 年 10 月，第 12 頁。

反對其時華麋鮮實、模擬因襲的流弊，闡發駢文的藝術特性，肯定駢文與散文的同源性，提高駢文的文體地位，以與聲勢浩大的古文派對峙相抗。如孔廣森就曾說過：「駢體文以達意明事為主，不爾則用之婚啓，不可用之書箋：用之銘誄，不可用之論辨；直為無用之物。六朝文無非駢體，但縱橫開闔，一與散體文同也。」〔註27〕強調兩種文體雖是不同的形式，卻具有共同的表述功能，駢體也應當以達意明事為主，也可以用來敍經論史。陽湖派中明確提出駢散合一的李兆洛，在編選《駢體文鈔》時，把賈誼《過秦論》、司馬遷《報任安書》、諸葛亮《出師表》等並非駢文選入該書並遭非議，李兆洛解釋道：「《報任安書》，謝朓、江淹諸書藍本也；《出師表》，晉、宋諸奏疏之藍本也。所收秦漢諸文，大率如此，可篇篇以此意求之也。」〔註28〕他著眼於駢體淵源於秦漢文章而在書中選入這些文章，一方面提高了六朝駢文的地位，另一方面也藉以證明駢文與古文原本就有著親緣關係，不可厚此薄彼。這種思潮在當時的選本領域也有反映。蔡世遠《古文雅正》雖曰編選「古文」也兼收若干駢文在內。

　　可見，駢文入選本不是《古文觀止》的首創，而是其時駢文創作上的復興和理論的繁榮在選本領域中的體現。

　　《古文觀止》入選駢文還和其編選目的即服務八股有關。駢體文的顯著特徵是講究駢詞儷句，注重工整的對偶、華麗的辭藻。這些文體特徵大都符合八股文寫作的要求，所以，入選駢文也就不難理解了。八股文又名時文、制藝、四書文等，從其寫作常式來看，它的結構主要包括破題、承題、起講、入題、分股和收結六大部分。其中分股又分為起二股、中二股、後二股、束二股四個小部分，總計八股。可見八股文之名是就其核心部分而稱的。在這八股中，前後兩句必須對偶成文。這種創作特點正好與駢文追求對偶的特點相一致，所以駢文入選可以指導促進八股文的創作。另外，二吳選取的駢文均是中國古代駢文中的精品，語言優美，對仗工整，有利於私塾童生的初學。

　　由此可見，肯定《古文觀止》駢文入選，不意味著二吳就一定有寬容的大散文觀念，即不是為了拓展文體，當然也不是文體蕪雜，主要是欲汲取、融用駢儷文句以強調修辭之功，服務於童生的時文創作。但是這一行為產生

〔註27〕鄔國平、王鎮遠：《清代文學批評史》，上海古籍出版社，1995年第1版，第631頁。

〔註28〕李兆洛：《駢體文鈔·答莊卿珊》，轉引自《清代文學批評史》，上海古籍出版社，1995年第1版，第625頁。

的客觀效果是拓展了散文的文體範圍，體現了兼收並蓄的特點，這恐怕是二吳當初選文時沒有預料到的。

3. 其它文選讀本對其選篇的影響

前面我們提到，在《古文觀止》之前已經有很多古文選本出現，這些選本的選篇對《古文觀止》的選篇有一定影響。其中影響較大的是清初的一些選本。二吳在《例言》中說：「是編所登者，亦乃諸選之舊」。其所提到的「諸選」主要指稍前御選的《古文淵鑒》及蔡世遠編的《古文雅正》。《古文觀止》所編選文章大部分都來源於《古文淵鑒》，編排方法也大致相同。編選標準上，《古文觀止》倡導義合於古，理謙於心，而御選《古文淵鑒》「闡發微言，彙羅正學……雖片義單詞，悉歸理要。」〔註29〕二者如出一轍。除此之外，《古文觀止》還受到《古文雅正》的影響。《中國文學大辭典》評價《古文雅正》：「所謂『雅正』，意求文章典雅，內容正統，這也反映了編纂者的封建保守觀念。本集在當時影響較大。堪稱開後來《古文觀止》的先聲。綜上，《古文淵鑒》和《古文雅正》在選編標準上對《古文觀止》有著決定性的影響。

4. 清代以前的散文流程對其選篇的影響

清代以前的散文發展流程呈現波浪形。在春秋戰國以前，散文經歷了一個漫長而艱苦的萌生和發展階段。經過春秋戰國時期諸侯混戰，文化上出現了前所未有的百花齊放、百家爭鳴的繁榮景象。散文在這個時期也日漸成熟，形成了散文史上第一個繁榮。此時，歷史學家用文學的筆記敘歷史，思想家用文學的筆表達思想，歷史散文和諸子散文紛紛湧入文壇，無論在題材、體裁上，還是表現手法和寫作風格上都拓展了散文的領域。

漢代是散文的平穩發展時期，辭賦是這個時期散文發展的主流，但是以司馬遷的《史記》、班固的《漢書》為代表的歷史散文，以及這一時期的政論散文、學術散文的存在，漢代散文以它獨特的風貌登上歷史舞臺。魏晉南北朝是散文發展的低潮，成就遠遠不及漢代。散文發展到唐代又迎來復興。韓愈、柳宗元反對六朝以來駢文的風氣，倡導恢復古文傳統。晚唐曾一度衰退，但北宋的王安石、蘇洵、蘇軾、蘇轍等繼續從事古文寫作，把散文又推向新的高峰。明代，從前後七子主張「文必秦漢」到「唐宋派」主張效法唐宋的散文，再到「公安派」的「獨抒性靈」，散文的發展呈現出嶄新的面貌。

〔註29〕金開誠、葛兆光：《歷代詩文要籍詳解》，北京出版社，1988年5月第1版，第162頁。

這樣的散文流程對二吳選篇的影響是巨大的，他們把握了散文發展的兩個重要方面：一是散文文體的多樣化，體現了選文題材、體裁、風格的多樣性。縱觀散文的發展歷史，二吳在《古文觀止》中兼收多種文體，奏、議、書、論、銘、誄、賦均各成一體；語言形式上，有散行單句式的散文及以講對偶、重平仄的駢文。二是對名家名篇的重視。《古文觀止》收錄的大多是歷史上公認的大家名作，如選自《左傳》的有三十四篇，漢代司馬遷的文章十五篇，唐代韓愈二十四篇，柳宗元十一篇，宋代歐陽修十三篇，蘇軾十七篇。王汝弼認為：「《古文觀止》是真正使在二百二十二篇的較少篇幅之內，擷取了兩千多年散文的大部分精華。」〔註30〕譚家健也指出：它對「歷代傳誦的名篇盡可能入選，而又重點突出。」〔註31〕徐北文也認為：其「篇幅長短適中，篇目及分卷也較勻稱。入選的人物，大都是有影響的作者。」〔註32〕

《古文觀止》的選編標準不僅注重內容上的正統、典雅，形式上也要「文軌法度」「聲協正韻」。總體來看，選文內容精，名家名篇較多，而且比例適中，各類體裁、題材、風格的文章都有所涉獵。二吳雖然極力想收盡古文的精華，卻受到時代的局限性影響，難免片面性和局限性。如他們沒選擇諸子之文，辭賦的選擇也較少，這樣多少造成一些缺憾，而且容易使讀者對古文的瞭解不夠全面。

二、從選篇看其體現的教學思想

《古文觀止》選入了大量的名家名篇，這些文章無論從用詞造句還是佈局謀篇上都下了很大功夫，堪稱古文之經典。各種體裁的文章甚至是駢文都有所涉獵，二吳獨到的選篇思想指導下所體現出的教學思想也值得我們學習。

1. 注重基礎

縱觀二吳的選篇及其目的、背景、指導思想，不難看出《古文觀止》對初學古文者是大有裨益的。吳興祚在《古文觀止·序》中說：「正蒙養而裨後學」，二吳的自序中也說：「山居寂寥，日電一藝以課子弟，而非敢以此問世也」「若夫聲音之間，點畫之際，諸家或以為無益於至義而忽之，而不知童子之所肄習於終身勿能忘。況棘闈之中，字畫一有不合即遭擯斥，可不慎歟」。從吳興祚對《古文觀止》的評價和二吳的自序中，我們可以看出其選本初衷

〔註30〕王汝弼：《〈古文觀止〉評介》，載《語文學習》1958年第4期，第17頁。
〔註31〕同〔註13〕。
〔註32〕同〔註14〕。

就是爲初學古文者找到入口。二吳的選文大多是名家名篇，朗朗上口，易於背誦，文意通順，便於理解，沒有選擇那些晦澀難懂的文章，這樣有利於初學者研習古文筆法，指導寫作。

2. 強調積纍

我國傳統的語文教育一直強調閱讀，當時的初學者的閱讀量很大。《三字經》說：「小學終，至四書。」「孝經通，如六經，始可讀。」「經既明，方讀子。」「經子通，讀諸史。」這是古人總結的學習規律，也合乎語言學習的規律。語言的學習，不能夠「舉一反三」，而是「舉三反一」。就是說，人類語言學習的成效是在大量語言的刺激下，反覆作用、長期積纍才在瞬間「奔湧而出」的。《古文觀止》作爲一本爲初學者學習古文而準備的文選讀本，自然也注重語言知識的積纍，積纍的主要方式就是「讀萬卷書」，而《古文觀止》正是選取了古文中的經典供後學吟誦、熟讀、背誦。

3. 合乎法度

二吳的生活背景、政治背景決定他們的選文必定合乎當時的「法」，體現在教學思想上，即必須使後學者的思想符合傳統倫理道德，所以，他們的選文大多能體現儒家傳統，如諸葛亮的《出師表》總評曰：「篇中十三引先帝，勤勤懇懇，皆根極至誠之言，自是此文。」〔註33〕

二吳的選文也存在局限，遺漏了一些精品而選入了一些不該選的文章，這個弊端在一定程度上也體現出其思想力求迎合其時的政策、制度。如張滌華舉例說：韓愈文不選《張中丞傳後序》《與李翺書》《祭柳子厚文》等，卻選了搖尾乞憐、丑態畢露的《上宰相書》（二篇），以及《與襄陽書》《與陳給事書》；歸有光文，不選《先妣事略》《項脊軒志》等較有特色之作，卻選了《吳山圖記》《滄浪亭記》；如此之類，都是選擇不當。〔註34〕

另外，先秦諸子散文沒有入選，漢末開「清俊通脫」之先的曹操的文章以及有「建安風骨」之稱的建安七子之文，也沒有被選。周大璞指出：「酈道元的《水經注》、楊衒之的《洛陽伽藍記》、劉知幾的《史通》以及李翺、孫樵、文天祥等人的文章也不入選，這也是一種缺陷。」〔註35〕譚家健認爲：「南

〔註33〕同24，第366頁。
〔註34〕張滌華：《古代詩文總集選介·古文觀止》，上海古籍書版社，1985年6月第1版，第57頁。
〔註35〕周大璞：《古文觀止注釋·前言》，湖北人民出版社，1984年7月第1版，第4頁。

北朝文只選一篇，金元文完全闕如，致使通史性選本中間缺了兩段」〔註36〕還有一種情況，二吳選了一些不該選的偽作。黃肅秋指出，《古文觀止》「在材料的辨偽存真方面，也做的不夠，例如《李陵答蘇武書》《卜居》等都是別人的偽作。」〔註37〕這些局限一定程度上反映了二吳受傳統思想的禁錮，體現在其教學思想上，也必然是要後學遵循儒家傳統的思想道德，在這個空間允許的前提下研習古文。

4. 切身感悟

在二吳的選篇中，處處都能感受到「情」的存在，「情」可以理解為：情理、情態、情感。無論是哪種理解，都體現了二吳對真情的追求。我國傳統語文教育歷來十分重視感悟。人是有感情的動物，在教育過程中，不可能完全脫離人的本性而單純說教，寓情於理會達到事半功倍的效果。劉貞福說：「所謂感悟，是語文學習的一種具有普遍意義的語言材料的積極反應，聯想、想像和理解得以展開、躍進，情感體驗得以加深，才性得以發揮，人格得以昇華。」二吳雖然沒有明確提出感悟的定義，但是，在他們的選文中卻得以體現。如陶淵明的《五柳先生傳》中寫五柳先生「好讀書，不求甚解；每有會意，便欣然忘食」。前句解釋為：讀書不要只注意細節，有時「囫圇吞棗」式地較為粗放地多讀幾遍，反可把握大觀；後句強調了會意即感悟的重要性。這類文章的選入，實際上也是在指導後學，在學習過程中應注意自悟的過程，重視書中的「個人經驗」「個性體驗」，從而形成閱讀與寫作的個性化。

5. 崇德尚學

我國是具有幾千年文明的禮儀之邦，自古以來，德育一直是我國教育中的重要環節。德育在現代被定義為：教師在語文教學中借助教材中的德育因素有意識地對學生施加影響，促進他們思想、政治、道德的認識，情感及意志、行為習慣的形成與發展的教育活動。〔註38〕在古代，雖然沒有明確提出德育的定義，卻一直沒有放鬆對後學的道德品質的培養。《古文觀止》中有很多體現我國傳統美德的文章，這些文章裏的人物、事件也潛移默化地影響著

〔註36〕譚家健：《古文觀止續古文觀止鑒賞辭典·序》，同濟大學出版社，1990年3月第1版，第6頁。

〔註37〕黃肅秋：《取材精練的散文選集「古文觀止」》，載《讀書月報》1957年10月，第29頁。

〔註38〕張鴻苓：《語文教育學》，北京師範大學出版社，1993年8月第1版，第266頁。

後學者。例如，我國傳統文化中的道德修養首推「孝」，所謂「百善孝爲先」。《古文觀止》首篇《左傳·鄭伯克段於鄢》中即體現了「孝」的重要性，結尾處：「君子曰：『穎考叔，純孝也。愛其母，施及莊公。』《詩》曰：『孝子不匱，永錫爾類。』其是之謂乎！」可見，這類文章的示範性是不容忽視的。二吳對道德修養的重視亦可見一斑。

第三節　從《古文觀止》的編排體例看其體現的教學思想

選文編排體例是「指選編者選編文章的方式。分類是從所選文章的文體、作者、題材、體裁等角度進行分類，它們與選編者的選編標準和目的有關」。〔註39〕《文選》是中國現存最早的詩文總集。如果從昭明太子編《文選》算起，文選型教材已經走過了將近一千五百年的歷史。《文選》之前的語文教材，除識字課本外，多以儒家經典爲教材。孔子是以六經爲教材，荀子是一位傳經大師。漢代教師（博士、經師、孝經師）的主要任務也是傳經，必修課增加了《孝經》和《論語》。漢武帝之前，也有用先秦諸子爲閱讀用書的。魏晉時期，學童讀《老子》《莊子》的大大增多，詩賦、史書也已作爲誦讀教材，但未有統一的教科書。自《文選》問世，我國才有了與經書並行的語文閱讀課本。

一、《古文觀止》的編排體例

蕭統的《文選》問世後，大多的文選讀本都繼承其傳統，一般都按文章分類進行編排，經常把一個作家的幾個作品分散成幾類，太過瑣碎。《古文觀止》作爲一部文選讀本，它的編排體例不同於以往傳統的文選讀本，更新穎、科學。選編者綜合時代與作家作品因素，把古文精華集於一身，方便後學閱讀。

1.《古文觀止》對以前文選讀本編排體例的繼承

《文選》的編纂體例，是按文章的體裁分類編排，共三十九種文體。每種文體中的作品，又按作者的時代排列。清代以前的文選讀本，在編排體例上一般都繼承《文選》的傳統。以《文苑英華》爲例，它是宋初編撰的一部大型詩文總集，承接《文選》而來，故而在編排體例上多循《文選》舊例，

〔註39〕王兵：《古文觀止研究》，瀋陽師範大學碩士學位論文，2005年。

局限在按文體分類，每類中又以年代爲序這個框架內。《文選》把文體分成三十九大類，大類中又分爲若干小類，而且打破了歷史順序，把一個作家的作品分散到瑣碎的各個綱目中，過於零散，也不便於讀者對每位作者作品的比較閱讀。《古文觀止》的編選體例與以前的文選讀本有所不同，這也是體現它獨特性的重要因素。它吸收了《古文關鍵》和《崇古文訣》按時代編排的方法，從全新的角度對文選讀本的體例進行編排。

2.《古文觀止》的編排體例及特點

（1）時代爲經、作家爲緯的編排體例

《古文觀止》在體例編排方面，打破傳統的以體裁爲標準的分類法，以時代爲經，作家爲緯。

《古文觀止》的編者在進行體例編排的過程中，考慮到散文發展的歷史特點，涵蓋面廣，時間跨度大，使後學者閱讀到各個時期不同風格、不同作者、不同文體的散文，全面瞭解清代以前比較有代表性的散文。它以時代爲經，收錄自先秦到明朝末年的古文二百二十二篇。其中，先秦部分七十三篇，兩漢部分三十一篇，魏晉六朝部分六篇，唐代四十三篇，宋代五十一篇，明代十八篇。從時代的角度統計，選文多集中在先秦兩漢和唐宋時期。按作家、作品統計，《左傳》《史記》《戰國策》《漢書》《國語》等先秦、兩漢的典籍，以及韓愈、蘇軾、歐陽修、柳宗元等唐宋八大家的作品的選擇占大多數。這是《古文觀止》在編排體例上不同於前人的一個特點。這樣編排有利於讀者很好把握散文發展的脈絡，把散文置於歷史長河中去審視，並使讀者看到不同時代作家文風的演變。

二吳在選篇的過程中，又以作家爲緯，把同一作家的不同風格的作品編排在一起，這樣，閱讀起來十分清晰，能領略到不同作家的作品以及同一作家不同風格的作品，方便讀者進行比較、學習。這樣的編排並不是不考慮文體，相反卻十分注意文體的多樣化和不同的寫作風格。二吳在自序中說《古文觀止》是「集古人之文，集古今人之選」，在其編選《例言》中也說「是編所登者，亦乃諸選之舊」。〔註40〕《古文觀止》選文的側重點即「諸選之舊」，但二吳的最大特點就是能從這些「舊」當中去粗取精，吸取精華。如《左傳》《史記》《國語》《戰國策》第一次入選古文選本是在南宋眞德秀編的《文章

〔註40〕吳楚才、吳調侯：《古文觀止·自序》，中華書局，2001 年 1 月第 1 版，第 1頁。

正宗》裏，《古文觀止》吸取了這一正確的編法，把上述作品收入其中，並且佔了很大的比重。

（2）豐富多樣的文體

如前所述，《古文觀止》不按文體分類，但不能說它不注重文體，事實上《古文觀止》包含多種文體。

論說文（包括說明文），體裁形式有：論、辯、辨、說、原、解等。如賈誼《過秦論》、蘇轍《六國論》、韓愈《諱辯》《師說》《原道》《進學解》、柳宗元《捕蛇者說》等。

序，序的體裁近似論說，又近似記敘文。如李白《春夜宴桃李園序》、王羲之《蘭亭集序》、王勃《滕王閣序》、韓愈《送董邵南序》等。

奏議，是臣子呈給皇帝的書信，稱書、表、疏。如李斯《諫逐客書》、諸葛亮《出師表》、晁錯《論貴粟疏》、選自《國策》的《樂毅報燕王書》、魏徵《諫太宗十思疏》、選自《國語》的《召公諫厲王止謗》等。

詔令，是君王向臣民發佈告示。檄，是官府徵召和聲討的文告。如《高帝求賢詔》《景帝令二千石修職詔》《武帝求茂才異等詔》等。

書，信件。如司馬遷《報任安書》、東漢文《馬援戒兄子嚴敦書》等。

傳，即傳記。記錄某人生平事迹的文體。如陶淵明《五柳先生傳》、柳宗元《梓人傳》等。

雜記。指寫景，狀物的片段事迹。如范仲淹《岳陽樓記》、歐陽修《醉翁亭記》、蘇軾的《石鐘山記》等。

記敘文（編年史傳體）。如周朝文《曹劌論戰》《召公諫厲王止謗》《祭公諫征犬戎》《公子重耳對秦客》；秦文《鄒忌諷齊王納諫》等。

銘，提出警戒、規勸的文章。如劉禹錫《陋室銘》等。

贊，讚頌，常用於祭祀的場合。如司馬遷《項羽本記贊》《五帝本紀贊》等。

祭、弔。如李華《弔古戰場文》、韓愈《祭十二郎文》等。

碑誌（碑指碑銘、誌指墓誌銘），都是刻石文字。如韓愈《柳子厚墓誌銘》、蘇軾《潮州韓文公廟碑》等。

楚辭。它是在民間歌謠的基礎上加工成的。如《卜居》《宋玉對楚王問》等。

賦。賦是集古詩與楚辭的特點為一身的產物，其源自《楚辭》《詩經》。如陶淵明《歸去來辭》、杜牧《阿房宮賦》、蘇軾《前赤壁賦》《後赤壁賦》、歐陽修《秋聲賦》等。

駢體文。如王勃《滕王閣序》等。

總之，《古文觀止》的選文分顯隱兩條線，顯性結構是以時代爲經，作家爲緯，非常清楚地展現了中國古代散文發展的脈絡。但是，一個時代不可能產生一種文體，一個作家也不可能只寫一種文體，所以，每個時代、每個作家的目下選編了多種文體的文章。這就形成了其隱形結構。張滌華在《古代詩文總集選介》中對《古文觀止》的選編體例進行了肯定的評價：「《古文觀止》打破了舊框框，不按文體分類，但選文卻照顧到了各種文體和多樣的風格」，「全書按時代作家編排，使人如讀各家選集，這種好處是按文體分類的選本所不可能有的。」〔註 41〕這種顯隱結合編排體例的方法，是歷代文選讀本的集大成者，顯示了前所未有的優越性。

二、從編排體例看其體現的教學思想

《古文觀止》的這種編排體例使文章的排列更具有條理性，方便讀者閱讀，同一作家作品列在一起，也有助於後學進行比較，從中總結出一些寫作規律。

1. 注重閱讀的條理性及整體性

《古文觀止》的編排體例極類似現代的單元閱讀教學。張鴻苓的《語文教育學》中把單元閱讀教學理解爲：「從閱讀教學的整體目標出發，將閱讀訓練分成若干個由低到高的訓練點，並以點爲依據組織教材，把一個單元教材作爲一個教學單位來進行閱讀教學的。」〔註 42〕這個特點在《古文觀止》中有所體現。

二吳的選文，無論從時間層面上看，還是從文體層面上看，都極盡搜羅之能，上至先秦，下至明清，不同時代，不同作家的作品排列有序，力求使初學者閱盡古文之精華。以時代爲經，作家爲緯，使後學閱讀起來條理清晰，可以說是歷代選本的一個進步。單元閱讀教學，從閱讀的整體目標出發，將教學內容、教學重點分佈於各個單元之中。各個單元內容之間又互相聯結，形成一定的知識體系。《古文觀止》中一個時代的作品可以看作一個單元，每個單元中，此時期不同作家、不同風格的作品，就是本單元的教學內容和重點，使讀者沿著散文的發展脈絡閱盡古文之精華。

〔註41〕同〔註34〕。
〔註42〕同〔註38〕，第 200 頁。

2. 注重進行比較閱讀

《古文觀止》選取的作品在題材、體裁、寫作風格等方面，形式多樣，即便是同一作家的作品，由於選取的文章體裁不同，展現給讀者的特點也不同。初學者往往能從不同風格題材的文章中找到寫作思路。二吳希望初學者能對同一作家不同風格體裁的作品進行比較閱讀，更全面的掌握寫作方法。

如既選擇了韓愈的論說文《諱辯》《師說》《原道》《進學解》，又選擇了他的讚頌文如《祭十二郎文》等。同是一人，但這兩種文體的寫作風格大不相同。二吳對《師說》的總評：「通篇只是『吾師之道也』一句。言觸處皆師，無論長幼貴賤，為人自責。因借時人不肯從師，歷引童子、巫醫、孔子喻之。總是欲李氏子能自得師，不必謂公慨然以師道自任，而作此以倡後學也。」這是對整篇文章的結構、如何論述「吾師之道也」這個中心論點作的闡述。在讚頌十二郎的文章中，韓愈議論嚴密的風格又變成了其對十二郎真情的自然流露。二吳這樣點評：「情之至者，自然流為至文。讀此等文，須想其一面哭一面寫，字字是血，字字是淚。未嘗有意為文，而文無不工。祭文中千年絕調。」這是對韓愈此篇文章的高度評價。心思縝密的韓愈也有感情如此豐富的一面。

同樣是論說文，柳宗元的《捕蛇者說》又呈現出另一種風貌。二吳的點評這樣概括其寫作特點：「此小文耳，卻有許大議論。必先得孔子『苛政猛於虎』一句，然後又一篇之意。前後起伏抑揚，含無限悲傷淒婉之態。若轉以上聞，所謂言之無罪，聞之者足以為戒，真有用之文。」柳文善於從身邊的小事引發出讓世人引以為戒的道理，實用性極強。而且與先人的經驗聯繫在一起，使文章更加有說服力。

可見，無論是同一作者的不同文章，還是不同作者的同一類文章，都具有獨特的風格，佈局謀篇、寫作思路也都各具特色，可以通過比較閱讀，總結其中的要點，融彙到學習者自己的文章寫作中。

第四節　從《古文觀止》的評點看其體現的教學思想

評點學的產生和發展有其特定的軌迹，是中國文學批評的傳統方式之一。中國古代對文本的讀解、品評、鑒賞，在形式上比較接近我們今天的文學批評，任何重大理論的提出都要以對文本的解讀為基礎。這種批評方式「往

往和選本結合在一起，為讀者點明精彩，示以文章規矩，但也因此而被通人譏訾。」〔註43〕

一、《古文觀止》的評點方式

　　《古文觀止》之所以歷經數代經久不衰，除了選文、體例編排的獨具匠心之外，它的評注也十分講究。吳興柞讚歎《古文觀止》：「析義理於精微之蘊，辨字句於毫髮之間。」任何文選讀本的評注都有可取性，同時也存在一些問題。

（一）《古文觀止》的評點對歷代文選評點的繼承與發展

　　評點到底起源於何時，說者不一。魏晉六朝時掀起諸家探討文學重大問題之風，至唐代，文學批評日趨精細化。評論家們開始更注重品評、咀嚼作品本身及對其修辭等細節的總結歸納。他們希望通過對文本的解讀總結出一些普遍性的規律，以便於後學學習詩文寫作。批評家們將目光逐漸轉向對文學作品作細緻的聲律、對仗、用典的總結歸納。到宋代，出現了對文的評點。依附於文本本身，論文者可以對有關文氣、句式、段落、論點、修養等進行品評。對文章評點力圖使文本解讀、品評精細化，並對後學有所啟示。另外，它有鮮明的實用目的，即作為「教科書」應對科舉考試。南宋以後，詩文評點日趨興盛。評點，包括「評」和「點」，而且與所評的文本聯繫在一起，宋代文人把幾者合而為一，使其成為一種文學批評的樣式。宋代影響較為廣泛的古文評點範本有三：呂祖謙《古文關鍵》、謝枋得《文章軌範》、樓昉《崇古文訣》。這三種古文評點選本「奠定了評點的基本形式」，「有助於後學沿著其指點揣摩原文作者命意遣詞的精微奧妙處」。〔註44〕縱觀宋代的評點選本，可以總結出兩個特徵：一是對文本的解讀、品評過於精細化，二是這精細的分析根本是為了揣摩古人作文之法。明代以唐順之、茅坤等人為代表的「唐宋派」高舉古文旗幟，繼承宋代文人的做法，選取前代文人之經典美文，編輯並加以品評，刊印發行。明清之際，小說和戲曲批評數見不鮮。

〔註43〕張伯偉：《中國古代文學批評方法研究》，中華書局，2002 年 5 月第 1 版，第543 頁。

〔註44〕林崗：《明清之際小說評點學之研究》，北京大學出版社，1999 年 11 月第 1版，第 55 頁。

（二）《古文觀止》的評點方式

《古文觀止》的評點可大致分成兩部分：夾批和尾批（或總評）。具體說來，它們具有以下幾個特點。

1. 對字句的注釋

二吳對文章字句的注釋首先是從「審音辨字」開始的，吳興祚在《古文觀止・序》中評價其注釋：「審音辨字無不精切而確當。」他們在編選《例言》中提到：「字音今人頗多忽略，是編音聲無一字不注，且即注於本字之下，便於誦讀。」二吳對於字音辯證的重視程度可見一斑。注音的方法主要是直音和反切。直音是利用已學過的簡單字音來注釋新字讀音的一種注音方法，這種注音方法在《古文觀止》中比較常見。在首篇《左傳・鄭伯克段於鄢》中有這樣一句話：「愛公叔段，欲立之，亟請於武公。」此句中，「亟」對於剛啓蒙的童生來說，是一個生字，所以，在其下注了一個大家熟悉的字「器」，二者的讀音相同，這種注音方法就是直音。《燭之武退秦師》中「夜縋而出」句，在「縋」下標一「墜」字，也是用的直音法。如果給生字注音時找不到聲調相同的字，那麼就採用聲母韻母相同的字加上平上去入的方法。如《左傳・駒支不屈於晉》中「乃祖吾離披苫蓋、蒙荊棘以來歸我先君」一句，「苫」是生字，編者在其下注「閃平聲」。反切注音指的是用兩個熟悉的字爲一個生字注音，即用前一個字的聲母加上後一個字的韻母組合而成。如《左傳・鄭伯克段於鄢》中「故名曰寤生，遂惡之」句，編者在「惡」字下面標注的是「烏故切」，這是反切注音。除此之外，在遇到多音字的時候，二吳也作標注。有時直接標注聲調，有時用直音法來標注。如《禮記・有子之言似夫子》「問喪於夫子乎」句，「喪」讀去聲，故二吳就在其下直接標注「去聲」。另外「食」用作動詞時應該讀去聲，故二吳直接用「寺」作注。〔註45〕

除了對生字的注音之外，二吳對借字、異體字、通假字也進行了標注。

2. 對文章的「釋義」是二吳對《古文觀止》注釋的重要部分

其在釋義方面最顯著的特點就是「利用舊注而又改注舊注」〔註46〕正如吳乘權在《例言》中所說：「是編遍採名家舊注，參以己私毫無遺漏。」雖然有些誇大的成分，但是其注釋確實既充分運用了舊注而又不刻板的追求與其完全相同，而是取舊注之精華，改善其認爲不妥之處。

〔註45〕同〔註24〕，第179頁。
〔註46〕同〔註39〕。

如，卷一、卷二所選《左傳》的文章，其注釋既吸收了晉杜預《春秋經傳集解》的注解，又有所修改。《季梁諫追楚師》（桓公六年）一文中的「公（按：指隨侯）曰：吾牲牷肥腯，粢盛豐備，何則不信？」二吳注是：「牲，牛、羊、豕也。牷，純色完全也。腯，肥貌。黍稷曰粢，在器曰盛。」以及後面季梁對話中「博碩肥腯」的二吳注釋：「博，廣也。碩，大也。」就幾乎是杜預的原注。但除此之外，本文的其他注解與杜預的不盡相同。如對「祝史矯舉以祭」中的「矯舉」，杜預注為「詐稱功德以欺鬼神」。而二吳注為「謂詐稱功德以告鬼神」。改「欺」為「告」，「祭」的內容就更為具體。暫且不論其改動究竟是否恰當，僅看二吳這種既借鑒古人的注解又不照搬死抄的態度，就值得後人稱讚。

又如，《齊桓公伐楚盟屈完》（僖公四年）中的「爾貢包茅不入，王祭不共，無以縮酒，寡人事徵。昭王南征而不復，寡人是問。」二吳注「包，裹束也。茅，菁茅也。」「昭王，成王孫也，南巡狩，渡漢水，船壞而溺死。」基本上是按照《左傳》杜預注進行注解，但對「縮酒」的解釋卻與杜預有別。杜預注「束茅而灌之以酒為縮酒」，二吳注釋「縮酒，束茅立之祭前，而灌鬯酒其上，象神飲之也」。相比之下，後者較前者更為具體、形象，也更容易理解。

首先，縱觀二吳對《古文觀止》的注釋，確實有令人稱道之處。由於編選該書的目的、服務對象的限定，使得他們注重注釋內容的簡單易懂，以利於初學者的理解。吳乘權在《古文觀止》的《例言》中說：「雜選古文，原為初學設也。是編於艱奧須解者固細加闡發，即目前便語亦未嘗率意忽過，庶於初學有補。」

以選文中兩段文字的注釋為例。《史記·五帝本紀贊》中的「太史公曰：「學者多稱五帝，尚矣。然《尚書》獨載堯以來，而百家言黃帝，其文不雅馴，薦紳先生難言之。」裴駰的《史記集解》只在「薦紳」下做了注，司馬貞的《索隱》只在「尚」字下做了注，張守節的《正義》比前兩者詳細一些，也不過在「太史公」和「雅馴」兩處作了注，而二吳為了便於初學者理解，在五處作了較為詳細的注。一在「太史公」下注：「司馬遷自謂也，遷為太史公官。」二是在「尚矣」下注：「五帝，黃帝、顓頊、帝嚳、堯、舜。尚，久遠也。學者多稱五帝，已久遠矣。」三是在「然《尚書》獨載堯以來」下注：「其可徵而信者，莫如《尚書》。然其所載，獨有堯以來，而不載黃帝、

顓頊、帝嚳。則所徵者，猶有藉於他書也。」四是在「薦紳」之「薦」字下注：「同搢。」五是在「薦紳先生難言之」句下注：「馴，訓也。百家雖言黃帝，又涉於神怪，皆非典雅之訓。故當世士大夫皆不敢道，則不可取以爲徵也。」

以上五處既有對詞義的解釋，也有對句意的注解，這些都是初學者讀懂這段文字的基礎，又如《戰國策・鄒忌諷齊王納諫》中「鄒忌修八尺有餘，而形貌昳麗，朝服衣冠，窺鏡，謂其妻曰：『我孰與城北徐公美？』」此處南宋鮑彪未作注，南宋姚宏做了三處注。二吳作注更著意於初學者之所需，除在「鄒忌」下注明「齊人」外，其它皆是對詞義的注解：「修，長也。昳，日側也。言有光豔」。「朝，晨也。服，著也」。由此可見，二吳的注釋更注重基礎，以利初學。

其次，其對詞義的訓釋「精確而恰當」。如李密《陳情表》中「外無期功強近之親，內無應門五尺之童，」中「童」字，當今的一些注釋家們理解爲，童子，兒童。而二吳的注釋則更加簡潔明確，「童，僕也」。究竟哪一個更準確更能切近文義，我們嘗試從許慎的《說文解字》中找到證據。《說文解字》說：「男有罪曰奴，奴曰童。」清代文字學家王筠說：「男有罪爲奴曰童。⋯⋯此童僕之童，僮子之僮從人，今互易之。」〔註47〕段玉裁也說：「奴婢皆古之罪人也。今人童僕字作僮，以此爲僮子字。」〔註48〕由此可見，童即奴僕也。「內無應門五尺之童」可以解釋爲，家中沒有照應門戶的五尺高的小奴僕。所以晉武帝司馬炎看過這篇表之後立即「賜奴婢二人，使郡縣供其祖母奉膳」。〔註49〕由此可見，二吳將「童」解釋爲「僕」更加準確，也更切合文義。

又如，《史記・屈原列傳》中「明於治亂，嫻於辭令」的「嫻」字，二吳注爲「習也」。「人又誰能以身之察察，受物之汶汶者乎？」二吳注：「察察，淨潔也。汶汶，垢蔽也。」《報任安書》的「拳拳之忠，終不能自列」，二吳注：「拳拳，忠謹貌。列，陳也。」陶淵明《歸去來兮辭》的「田園將蕪胡不歸！」二吳注：「胡，猶何也。」這些對詞義的解釋既簡潔又準確，使初學者清晰易懂。

〔註47〕王筠：《文字蒙求》，中華書局，1962年10月第1版，第146頁。

〔註48〕段玉裁：《說文解字注》，上海古籍出版社，1988年2月第2版。

〔註49〕常璩：《華陽國志》，商務印書館，2004年3月第1版。

第三，二吳的注解注重疏通文義，並且注意交待史實、背景等。《左傳·子革對靈王》中「王是以獲沒於祇宮」一句，二吳除了對「祇宮」作注外，還交待了這一句的背景，即：「穆王聞諫而改，故得善終於祇宮，而免篡弒之禍。」《左傳·楚歸晉知罃》中，楚王的問話，「子歸，何以報我？」「對曰：『臣不任受怨，君亦不任受德，無怨無德，不知所報。』」二吳對文義作了這樣的疏解：「言我未嘗有怨於君，君亦未嘗有德於我，有怨則報怨，有德則報德，我無怨而君無德，故不知所報也。」經過二吳一番疏解後，對讀者正確理解文義起了很大作用。此文開頭，「晉人歸楚公子谷臣與連尹襄老之屍於楚，以求知罃。」二吳注：「宣公十二年，晉楚戰於邲，楚囚知罃。知莊子射楚連尹襄老，載其屍；射公子谷臣，囚之。以二者還。莊子，知罃父也，至是晉歸二者於楚，以贖知罃。」此注釋概括了兩國交戰的史實，以交待晉向楚贖知罃的背景。再如，《國語·諸稽郢行成於吳》中，「吳王夫差起師伐越」句，二吳給出的解釋是：「魯定十四年，吳伐越，越敗之於檇李，闔廬傷足而死。後三年，夫差敗越於夫椒，報檇李也。大夫種求成於吳，吳許越成。至是吳又起師伐越。」這就把吳王起師伐越的背景、原因及此前二國之間的關係交待清楚了。

3. 對層次結構的解析

在前文中提到了《古文觀止》的選編目的、背景，它們使其把評點的側重點放在對文章層次的解析上。如在王勃《滕王閣序》中有「四具美，二難並。窮睇眄於中天，極娛遊於暇日。天高地迥，覺宇宙之無窮；興盡悲來，識盈虛之有數。」這一段中，二吳做了四處夾批：在「二難並」處批曰：「此段敘宴會之人歌、飲、文詞，無所不妙」，這是在概括此段大意，是爲「起」；在「窮睇眄於中天」下批曰：「起『天高地迥』一句」，是爲承；在「極娛遊於暇日」處批曰：「起『興盡悲來』句」；在「覺宇宙之無窮」處批曰：「二句收拾上文勝景」。這四句的點評正概括了文章章法中起承轉合的寫作手法。又比如，《左傳·宮之奇諫假道》尾批：「宮之奇三番諫諍，前段論勢，中段論情，後段論理，層次井井，激昂盡致。奈君聽不聰，終尋覆轍。讀竟爲之掩卷三歎。」這是從總體上梳理了文章的結構層次，便於讀者閱讀理解。

4. 歸納文章大意，發掘「言外之意」

《古文觀止》的評點中，二吳比較重視概括歸納文章的內容，並且在此基礎上發掘文字以外之意。比如，首篇《左傳·鄭伯克段於鄢》的尾批：「鄭

莊志欲殺弟，祭仲、子封諸臣，皆不得而知。『姜氏欲之，焉避害』、『必自斃，子姑待之』、『將自及』、『厚將崩』等語，分明是逆料其必至於此，故雖婉言直諫，一切不聽。迨後乘時迅發，並及於母。是以兵機施於骨肉，眞殘忍之尤。幸良心忽現，又被考叔一番救正，得母子如初。左氏以純孝贊考叔作結，寓慨殊深。」這段既概括了文章的大意，而且在此基礎上挖掘了文章的言外之意。

又如，在《史記·外戚世家序》中二吳總評道：「齊家治國，王道大端，故陳三代之得失，歸本於六經，而反覆感歎，以天命終焉。全篇大旨，已盡於此。『孔子罕稱命』一轉，恐人盡委之於命，而不知所勸戒，故特結出性命之難知，蓋欲人弘道以立命也。此史公言外深意，不可不曉。」二吳的評點除了上述特點外，還注重交待事件發生的背景和原委。如《左傳·齊國佐不辱命》中「賓媚人致賂，晉人不可，曰：『必以蕭同叔子爲質，而使齊之封內盡東其畝。』」二吳在此句下批：「蓋前此晉郤克與臧孫許同時而聘於齊，頃公之母躋於楹而窺客，則客或跛或眇，於是使跛者迓跛者，使眇者迓眇者。夫婦人窺客，已是失體，矧侮客以取快乎？出爾反爾，無足怪也。」

另如，二吳在《滕王閣序》總評中把王勃作此序的背景說的非常清楚：「唐高祖子元嬰爲洪州刺史，建此閣，後封滕王，故曰滕王閣。咸亨二年，閣伯嶼爲洪州牧，重修。九月九日，宴賓僚於閣。欲誇其婿吳子章才，令宿構序。時王勃省父，次馬當，去南昌七百里。夢水神告曰：『助風一帆。』達旦，遂抵南昌與宴。閣請眾賓序，至勃，不辭。閣恚甚，密令吏得句即報。至『落霞』二句，歎曰：『此天才也。』想其當日對客揮毫，珍詞繡句層見迭出，洵是奇才。」

5. 對文法精妙之處進行評點

《古文觀止》的評點除了對文章結構的解析、義理的闡釋之外，還有相當一部分是對文章的藝術形式方面的價值的評點。這方面的評點我們也應該用辯證的眼光去看待。這部分的評點有一些確實是從藝術欣賞的角度來品評，並且表露出對該文的喜愛之情，也有很大部分的評點是爲了時文服務的，即是以學習古文筆法來指導時文創作。但是，在《古文觀止》評點中經常出現的情況是二者有機的融合，既是對古文藝術形式的欣賞，又明顯地帶有指導八股文的痕迹。例如《宋玉對楚王問》之總評曰：「意想平空而來，絕不下一實筆，而騷情雅思，絡繹奔赴，固軼群之才也。『夫聖人』一段，單筆短掉，

不說盡，不說明，尤妙。」在《史記·管晏列傳》第二段末，編者夾批曰：「忽排五段，前實事既略，此虛事獨詳，前以緊節勝，此以排語佳，相間成文。」另外，二吳在評點到文章的精妙之處，還經常會有「妙」「警語」「辭令妙品」等畫龍點睛的評價，讓我們感覺到，二吳不僅僅只是普通的私塾先生，還是兩個頗具文學修養的舊時知識分子。

6.《古文觀止》評點之得失

首先，《古文觀止》的評點方式多樣，評點恰切。《古文觀止》的評點不是一成不變的按照上述的模式，而是根據文章的特點進行有側重的評析。他們有時是從文章的句法和用字入手進行分析，如韓愈《送孟東野序》尾批語：「句法變換，凡二十九樣，如龍之變化，屈伸於天，更不能逐鱗逐爪觀之。」歐陽修《醉翁亭記》尾批語：「通篇共用二十九個『也』字，逐層脫卸，逐步頓跌，句句是記山水，句句是記亭，句句是記太守，似散非散，似排非排，文家之創調也。」有時，他們又從文章的寫法結構上入手進行分析，如賈誼《過秦論》末評語：「過秦論者，論秦之過也。秦過只是末『仁義不施』一句便斷盡，從前竟不說出，層次敲擊，筆筆放鬆，正筆筆鞭緊，波瀾層折，姿態橫生，使讀者有一唱三歎之致。」蘇軾《喜雨亭記》末評語：「只就『喜雨亭』三字，分寫、合寫、倒寫、順寫、虛寫、實寫，即小見大，以無化有，意思愈出而不窮，筆態輕舉而蕩漾。」他們很重視文章須有真情，如韓愈《祭十二郎文》末評語：「情之至者，自然流為至文……未嘗有意為文，而文無不工。」也很懂得作者的身世思想與作品內容風格之間的聯繫，如《史記·屈原列傳》末評語：「史公作屈原傳，其文便似《離騷》，婉雅淒愴，使人讀之，不禁歔欷欲絕。要之窮愁著書，史公與屈子實有同心，宜其憂思唱歎，低回不置云。」總之，這些評語大都比較貼切精彩，具體而微，容易啟發人的聯想。

另外，在《古文觀止》的評點中，有一個顯著的特點，那就是對文章的結語有著特殊的規定，一般分成兩種情況：一是承接「詞婉理直」的主流觀點，追求結語含蓄，辭盡意不盡。一是要求「冷雋」「冷峭」「冷妙」「冷絕」，即追求不同於含蓄的峭拔文風。這樣的評點在《古文觀止》中比比皆是。

其次，評點時內容、形式兼顧。二吳在評點時時而闡發文章義理，如《國語·祭公諫征犬戎》尾批曰：「『耀德不觀兵』，是一篇主腦，迴環往復，不出此意。」時而細析古文章法，如《左傳·吳許越成》尾批曰：「寫少康詳，寫

句踐略；而寫少康，正是寫句踐處，此古文以賓作主法也。」但是在評點中很少出現只評文章內容或只評藝術形式的情形，一般是內容和形式並舉。這種做法主觀上也是由《古文觀止》的編選目的決定的，在層次、段落或全文之後的評語，有的概括段落大意，有的指點做法，分析結構，有的稱讚其精妙之處，對初學有一定的用處；同時也在客觀上形成了內容和形式兼顧的評點樣式。這樣的例子很多，如《國策‧樂毅報燕王書》尾批云：「察能論行，則始進必嚴。善成善終，則末路必審。樂毅可謂明哲之士矣。」這是對文章義理的闡發。緊接著又論道：「至其書辭，情致委曲，猶存忠厚之遺。」這又是對其文辭特色的評點。又如韓愈《送董邵南序》總評中，二吳先概述一下此文的主要內容：「董生憤己不得志，將往河北，求用於諸藩鎮，故公作此送之。始言董生之往必有合，中言恐未必合，終諷諸鎮之歸順及董生不必往。」接著，筆鋒一轉，涉及到文章藝術形式方面的評價：「文僅百十餘字，而有無限開闔，無限變化，無限含蓄。短章聖手。」這樣的評點也打破了常人認為《古文觀止》只闡發義理的偏見。

當然，在《古文觀止》的評語中，也有一些不太合適的地方。如對蘇詢《辨奸論》等的評語很明顯帶有封建衛道士的印迹；有些關於層次、結構的起承轉合的評點明顯帶有濃厚的八股氣息；還有部分評點的眼光和識力不夠。如《師說》的總批：「言觸處皆師，無論長幼貴賤，惟人自擇。」「總是欲李氏子能自得師，不必謂公慨然以師道自任，而作此以倡後學也。」這個批語是反對柳宗元的話，柳氏在《答韋中立論師道書》裏說：「今之世不聞有師，有輒嘩笑之以爲狂人。獨韓愈奮不顧流俗，犯笑侮，收召後學，作《師說》，因抗顏而爲師。」可見韓愈的作《師說》，是反抗流俗，不怕笑侮，慨然以師道自任的，並不是要李氏子能自得師的。這個評語，抹殺了韓愈的反抗精神，貶低了《師說》的作用。總之，讀這些評點，應該一分爲二，加以分別對待。

另外，有些評點有模倣甚至直接抄錄他人的成果的可能，如《史記‧李斯諫逐客書》的總評就是純用宋代樓昉《崇古文訣》中的批語；近年也有學者考證，《古文觀止》許多思想性較強、藝術分析較爲細緻精到的評語都是抄襲金聖歎的《才子古文》。這當然只是一家之言。二吳在《古文觀止‧例言》中對借鑒前人選本並不諱言：「古文選本如林，而所選之文若出一轍。蓋教學相傳，既爲輕車熟路，欲別加選錄，雖蹊徑一新，反多扞格。故是編所登者，亦仍諸選之舊。」這主要指早《古文觀止》十年的康熙「御選」的《古文淵

鑒》，而非《才子古文》。再說，中國古代散文精品眾多，選本在選文中有雷同實屬英雄所見略同：抄襲篡改評語一說也很難成立，畢竟二吳與金聖歎的思想相去甚遠，行文風格也迥異，這在選本編選及注評中均有明顯地體現。可見，《古文觀止》的評點不乏對前人成果的借鑒，但不能說是抄襲。

二、從評點方式看其體現的教學思想

《古文觀止》的評點既繼承了前人的成果，又注入了自己的判斷和理解。從它的評點中，我們不難看出其中暗含很多較為先進的教學思想。

（一）闡釋義理委婉、含蓄

二吳的評點體現出他們注重對文章所蘊含道理的闡釋。文中的總評、尾評、夾批都或多或少地提到文字以外所包含的「義理」。但是，他們不崇尚道德式的說教，而是婉轉地通過評點挖掘言外之意，使初學者更容易接受和理解。在《石碏諫寵州吁》尾批中又突出「義」字：「石碏有見於此，故以教之義方為愛子之法。」有時，二吳在文末總評時直接說理，如「讀竟，令人忠孝之心，油然而生，真關係世教之文。」（《古文觀止》卷九李覯《袁州州學記》總評）「發先儒所未發，為後學之階梯，是大有功名教之文。」（《古文觀止》卷七韓愈《原道》總評）

二吳的評點中很多都在倡導文章作者應具備很好的道德素養，這對文章所體現出的「文氣」有很大影響。在李白《與韓荊州書》尾批裏云：「至於自述處，文氣騷逸，詞調豪雄，到底不作寒酸求乞態。」這裏談到的「騷逸」的「文氣」便是指作者文品與人品的有機統一。另如在蘇軾《潮州韓文公廟碑》尾批中云：「是氣猶浩然獨存。東坡極力推尊文公，豐詞瑰調，氣焰光采。」在論述「文氣」時，二吳更加偏重於指文章行文的跌宕氣勢。如在《戰國策‧唐雎說信陵君》尾批中，二吳評道：「文有寬而不懈者，其勢急也；詞有復而不板者，其氣逸也。」在韓愈《原道》尾批中云：「理則布帛菽粟，氣則山走海飛。」它如「文勢汪洋，筆力雄壯，讀之令人心胸曠達，寵辱都忘。」（蘇轍《黃州快哉亭記》總評）「文亦浩落蒼涼，讀之凜凜有生氣。」（茅坤《青霞先生文集序》總評）

（二）重視對後學寫作能力的培養

如前所述，無論是八股文還是古文，他們都有共通之處，即必須遵循一定的文法。很多大家如湯顯祖、方苞等，既是制義高手又是古文名家。由於

《古文觀止》編選的目的是為科舉服務，所以評點中論法不可避免。但《古文觀止》畢竟不是八股選本，在二吳的評點中，我們更多地感受到了他們對文章精神實質、多變文法的追求。這些可以理解為他們對後學寫作能力的重視。我們可以把寫作能力分為基本能力和專門能力。基本能力又分為觀察力、思考力、聯想力、想像力；專門能力分為審題立意能力、佈局謀篇能例、運用多種表達方式能力、運用書面語言能力、修改文章能力等。以佈局謀篇能力的培養為例，是指「按照中心思想的需要，進行選材、組材，並把文章結構成篇的能力」。〔註50〕如在《醉翁亭記》的總評中，二吳這樣寫道：「通篇共用二十個『也』字，逐層脫卸，逐步頓跌，句句是記山水，卻句句是記亭，句句是記太守。似散非散，似排非排，文家之創調也。」〔註51〕這就是對歐陽修精湛的佈局謀篇大加讚賞。又如《鄒忌諷齊王納諫》的總評曰：「鄒忌將己之美、徐公之美，細細詳勘，正欲於此參出微理。千古臣諂、君蔽，興亡關頭，從閨房小語破之，快哉！」〔註52〕這是在解釋文章的議論方法，即以小見大，縱深式議論。

二吳論法，不僅僅單指篇章結構、遣詞造句的程序，而且還指統帥文章的精神氣勢，強調文法的跌宕多變，並且明顯地體現在對先秦文和唐宋文的評點上。如評點《左傳·陰飴甥對秦伯》曰：「通篇作整對格，而反正開闔，又復變幻無端。」《左傳·呂相絕秦》：「深文曲筆，變化縱橫，讀千遍不厭也。」《國語·召公諫厲王止謗》：「妙在將正意、喻意，夾和成文，筆意縱橫，不可端倪。」到唐宋文時，文法多變發展到極至。如韓愈《原道》夾批云：「起伏頓挫，如層峰疊嵐，如驚波巨浪，自不覺其重複，善句法善轉換也。」《後十九日復上宰相書》尾批曰：「到底曲折，無一直筆，所見似悲戚，而文則宕逸可誦。」《雜說一》尾批；「寫得婉委曲折，作六節轉換，一句一轉，一轉一意，若無而又有，若絕而又生，變變奇奇，可謂筆端有神。」可見，二吳是非常重視文法的變化的。

同時，他們還發現了一個能使文法多變的秘訣，即在《戰國策·趙威后問齊使》總評中所說的「文法各變，全於用虛字處著神」。如在韓愈《與廿九日復上宰相書》夾批中，二吳論道：「字有多少，句有長短，文有反順，起伏

〔註50〕同〔註38〕，第218頁。
〔註51〕同〔註24〕，第628頁。
〔註52〕同〔註24〕，第202頁。

頓挫，如驚濤怒波，讀者見其精神，不覺其重疊，此章法、句法也。」接著，在總評中點破機關：「只用一、二虛字，斡旋成文。」另看李斯《諫逐客書》尾批曰：「精神愈出，意思愈明，無限曲折變態，誰謂文章之妙不在虛字助辭乎！」由此可見，二吳是深諳作文之法的，不僅知其然，還知其所以然。我們若從論「法」的角度來反觀二吳選文情況的話，也可以解釋二吳之所以偏重秦漢文和唐宋文的原因。晚明散文領域素有秦漢文和唐宋文之論爭，唐順之便認為秦漢之文「法寓於無法之中，故其為法也密不可窺」，唐宋之文「以有法為法，故其為法，也嚴不可犯」。〔註53〕既然如此，二吳就採取折衷的辦法，學文先從「有法」的唐宋文學起，然後上窺秦漢，以臻「無法」之境界。所以《古文觀止》所選秦漢文和唐宋文共一百九十八篇，約占篇目總數的十分之九。而在先秦文中，「法莫備於《左傳》甚矣」〔註54〕所以選《左傳》達三十四篇，約占秦漢文的三分之一。在唐宋文中，文法最具變化的莫過於韓愈。儲欣曾評價道：「層次法度，昌黎本色。」所以，選韓愈文二十四篇，占唐宋八大家文的百分之三十，占全書的十分之一還多。

（三）「創造性閱讀」理念初現

創造性閱讀對學生思維能力的拓展有著十分重要的意義。閱讀的過程可以分為理解性閱讀和創造性閱讀。從二吳對《古文觀止》中篇章語境的分析可以看出其對創造性閱讀的重視。我們可以把語境分為內外兩種。內部語境指「一定的言語片斷和一定的上下文，包括詞語之間、句子之間、段落篇章的關係」；外部語境是「存在於言語片斷之外的語言交際的社會環境，包括事件、場合、地點、對象、話題乃至使用語言的人流露出的思想感情等等」。〔註55〕

1. 對內部語境的分析

解析內部語境就要對文章的上下文進行梳理。「藝術作品不是特徵的總和，而是功能系統的結構。」〔註56〕功能「指一個語言成分在話語中以及在

〔註53〕唐順之：《董中峰侍郎文集序》，轉引自鄔國平、王鎮遠：《清代文學批評史》，上海古籍出版社，1995年第1版，第355頁。

〔註54〕金聖歎：《西廂記·驚豔》夾批，轉引自鄔國平、王鎮遠：《清代文學批評史》，上海古籍出版社，1995年第1版，第199頁。

〔註55〕鮑昌主編：《文學藝術新術語詞典》，百花文藝出版社，2001年8月第1版，第283頁。

〔註56〕同〔註55〕，第50頁。

同別的成分的結構關係中所起的作用」。〔註57〕從本書的評注來看，對語境的分析可以分為詞與詞、句與句、段與段之間的聯繫。王國維說過：「詩人對宇宙人生，須入乎其內，又須出乎其外。入乎其內，故能寫之；出乎其外，故能觀之」。〔註58〕閱讀文章亦如此。教師在教學過程中首先要進入文中解釋詞句，並要細細品味、設身處地地體會。「個人生活在群體中，多少能體會別人，多少能為別人照相。關心朋友，關心大眾，恕道和同情，都由於設身處地為別人著想；甚至替古人擔憂，也由於此」，「人情或人性不相遠，而歷史是連續的，這才說得上接受古文學」。〔註59〕不僅如此，還要「出得來」，要站在文章之外，總體把握文章的思想脈絡，用自己的頭腦去思考、判斷，從而有讀者自己的理解。

2. 對外部語境的分析

一篇成功文章往往有其「言外之意」，在《古文觀止》中，二吳利用其評點把暗含在文章中之意清晰的呈現到讀者眼前。首篇《鄭伯克段於鄢》中，二吳將文中莊公沒有直接表白出的意思揭露出來。如其母欲為段請求封地一段，二吳點評：「莊公似為愛段之言，實恐段居制邑，太險難除。他邑雖極大，諒不若制邑之險，適可以養其驕而滅除之。『他邑唯命』四字毒甚。邑大可以養驕，而不除亦必易制，故使居之。大叔者，張大其名，所以張大其心也。莊公處心積慮，主欲殺弟。封邑之始，已早計之矣。」二吳正是抽身於事件之外，站在歷史的角度審視整個事件的始末，從而讓讀者更加清晰地理解文章。

從二吳對文章語境的分析中，不難看出其中初現的對創造性閱讀的端倪。對內部語境的分析是理解性閱讀的體現，理解性閱讀要求與作者「求同」。讀古人的文章需要我們穿越千年的時空，回到他生活的年代去體會當時作者的心情和境遇，找到與作者經歷的契合點，就容易激發相近的情感，而讀者的生活經歷與作者相似，更會引發強烈的感受。而讀文章不能過於「咬文嚼字」，要透過文章的表面看其所表達的實質。這就要求我們探究，要求我們有獨創性、有批判性。如《鄭伯克段於鄢》，乍讀文章，大多會認為莊公處處忍讓母親和弟弟，而二人不知報恩步步緊逼，最終釀成惡果。而二吳的評點正

〔註57〕同〔註55〕，第113頁。
〔註58〕郭紹：《中國歷代文論選》（四），上海古籍出版社，2001年10月第1版，第373頁。
〔註59〕俞伯平等：《最完整的人格——朱自清先生哀念集》，北京出版社，1988年8月第1版，第200頁。

是創造性的解釋了暗含其中的「潛臺詞」。當莊公得知共叔段欲起兵之時，曰：「可矣！」二吳評點曰：「鄭莊公蓄怨一生，到此盡然發露，不覺一句說出來。」讀者一看便明白，鄭莊公自始至終是在處心積慮地把弟弟送上絕路。

（四）對啟發式教學的探究

啟發式教學中「啟發」一詞最早來源於孔子在《論語·述而》中的經典性論斷：「不憤不啟，不悱不發。舉一隅不以三隅反，則不復也。」此句宋代朱熹在《四書集注》中解釋為：「憤者，心求通而未得之意；悱者，口欲言而未能之貌。啟，謂開其意；發，謂達其辭。物之有四隅者，舉一可知其三。反者，還以相證之意。復，再告也。」這清楚地闡釋了啟發式教學的兩個基本特徵：第一，必須等學生急於弄懂一件事情而又不懂的時候，想說卻又不能說的時候，把握住啟發的最佳時機，「開其意」「達其辭」，方能取得好的效果。第二，啟發式教學是要讓學生舉一反三，教師作為知識的傳達及引導者，重要的是讓學生獲得學習的方法和途徑，能自主學習，擴大知識範圍。此後的很多教育家又發展孔子的這一思想。在《古文觀止》的評點中我們便能清楚地感受到對這一思想的繼承。

（五）在教學中激發學生的情感

從二吳對「情」的表述中，我們可以將之分為三個方面：情理、情趣、情感。

情理是指符合人之常情或符合事物客觀規律的一般道理，如卷三《國語·申胥諫許越成》的夾批中的「一喻尤入情」，卷五《史記·屈原列傳》夾批：「道出人情，真而切。」卷六《漢書·晁錯論貴粟疏》夾批曰：「情事愈透」。卷四《戰國策·鄒忌諷齊王納諫》夾批：「情理固然」。這種人之常情事理便和黃宗羲所倡的「萬人之情」相似。

情態或曰情趣，主要指人或物的性情志趣，二吳有時也稱之為「情狀」「情致」。如卷五《史記·管晏列傳》夾批云：「描寫情狀，呼之欲出。」卷四《戰國策·樂毅報燕王書》尾批中歎道：「情致委曲，猶存忠厚之遺。」卷九柳宗元《捕蛇者說》的夾批中有：「情態曲盡，而一段無聊之意，溢於言表。」這裏的「情」不僅包括人之情也包括物之情；真正情感意義上的「情」在《古文觀止》的夾批中不勝枚舉，並且二吳對「情」的特點有著自己的規定性，即真、曲、深。他們強調情感真實是散文的生命，如卷九柳宗元《捕蛇者說》夾批：「摹擬自得光景，真情真語，大有筆趣。」卷十歐陽修《瀧岡阡表》夾批也有

「描情真切」之句。在強調情感真實的基礎上，二吳多次在夾批中強調情感抒發的間接性，即曲折委婉地表達情感，使文章跌宕起伏，富有變化。如在其評點中經常會出現「文情宕逸」「情文婉切」「筆情婉宕」「文情開拓」等詞語。

另外，與黃宗羲論文之「一往深情」相似，二吳也倡深情、至情。如評點文章「感慨情深」「情至而語深」「深情遠想」等，這裏的「情」一般特指「一人之情」。同時，二吳還從表達效果上表現「至情」的巨大力量。諸如「文情感憤壯烈，幾於動風雨而泣鬼神。」（卷六《漢書‧李陵答蘇武書》總評）「語語入情，只覺動人悲感，增人涕淚。」（卷十歐陽修《瀧岡阡表》總評）這種強調「至情」的思想很明顯延續了晚明王學左派（即泰州學派）心學的影響及湯顯祖、徐渭等「真情」「真我」觀，同時清初大思想家、文學家黃宗羲的「至情」觀也是家鄉後學二吳學習的楷模。

第五節　《古文觀止》對現代語文教學的啓示

在前面幾節中，通過對《古文觀止》的編者、編撰背景、目的、選篇、編排體例、評點方式等方面的分析，總結出其體現的教學思想，很多都是比較先進的。在研究古文選本時，應該注意其中體現出的教學思想，去粗取精，為今所用。

一、對現代語文教材編寫的啓示

語文教材的範圍很廣，它不等同於課堂上教學用的教科書。「凡是根據教學大綱和教學需要而編寫或製作的教學材料都可稱作教材。」〔註60〕語文教材主要包括語文教科書（即語文課本）、語文補充教材、課外閱讀教材、語文練習冊以及為語文教學製作的掛圖、幻燈片、投影片、電影片、錄相片、錄音帶等。我們這裏所提到的語文教材是語文教科書，即語文課本。語文教材有很多種類型，根據題材分為文字教材和音像教材；根據編輯形式分為分編型和綜合型。這裏主要研究《古文觀止》對現代文學教材的一點啓示。

（一）對選篇的啟示

葉聖陶說：「教材無非是例子，教學是通過這些例子教給學生方法的」，這裏所說的例子，主要指的是課文。選擇什麼樣的篇章作為學生學習的「例

〔註60〕同〔註38〕，第104頁。

子」十分重要，它們是學習語文的方法和門徑，從而形成語文能力。因為，「讀」是學習語文的第一步驟，而讀的能力的獲得就是通過閱讀文章形成的，只有大量的閱讀訓練和實踐才能形成較強的讀的能力。寫作是語文能力中的另一個重要因素。寫作訓練中需要有名家名篇作範例，學生們可以從中汲取各家之長，提高寫作水平和能力。聽範文朗讀、分析、討論的過程都是提高聽力的過程；範文的語言一般都比較規範、經典，因此在朗讀課文的同時也豐富了自身的語言，提高了說話的能力。可見，一篇好的文章對於學生語文能力的提高具有相當大的作用。

因此，在選擇文章作為學生邁入語文殿堂的第一把鑰匙時，《古文觀止》的選篇思想的確有我們可借鑒之處。暫且拋開其為時文服務而選擇的一些文章，大多數無論從知識上、思想上、藝術上都可以稱作是古文的典範。所以，我們不僅僅要選擇語法、修辭知識皆規範的文章，更要考慮到語文的實用性。而且抽象的語文知識不會引起學生學習的興趣，與實踐聯繫也不大，不會起到提高語文能力的作用。如果選擇那些能開闊學生的視野，增長知識，使其受到思想情感教育和審美教育的文章，讓學生享受語文、熱愛我們國家的語言文字，可能語文課堂就不再枯燥，學生們也不會把學習語文當成負擔了。選擇「文質兼美」和一些與現代生活密切相關、反映時代發展的文章，既能起到教育作用，又能提高學生的綜合能力，充分體現語文的實用性與教育性的統一。

（二）對編排體例的啟示

《古文觀止》的編排體例可以概括為：以時代為經，作家為緯。這樣的編排體例對現代語文教材的編寫也是有一定借鑒作用的。我國語文教材的編寫，不同時期有不同特點。解放前的國文教本一般只選文言文，大多以時間為序。從《詩經》、諸子文章、秦漢、唐宋，一直到現當代文學。還有的課本以文體為序，這種編排方法是我國傳統的編輯方法，歷代的文選大都採用這種方法。現行通用的語文教材有很多也都是按文體進行分類的，這便於學生研習某一類的文章及其寫作手法。還有的課本以思想內容為序或以培養語文能力為序。我們不妨把時代與文體結合起來，選取某一時期的名家名篇，把同一文體的歸為一類，把歷代名家經典清晰有序的展現在學生眼前。

二、對現代語文閱讀的啟示

隨著科技的發展，人們的生活逐步加快節奏，容易忽視閱讀的重要性。

我國有著幾千年的文明歷史，承載這些文明的大多是書籍、文章，只有通過閱讀，才能在歷史發展的長河中抓住中華民族的文化精髓，並將之發揚光大。

（一）大量背誦經典文章

《古文觀止》是我國古文選本的經典，現在的課外閱讀教材也應該加大古代及現當代經典文章的數量，以供學生熟讀、背誦。人的語文能力特別是說寫能力的形成和提高，必須建立在一定的知識積纍和語言材料積纍的基礎上，大聲朗讀、熟於背誦，以至於形成語感，作用於寫作。背誦的過程就是把別人的語言爛熟於心，慢慢形成自己的血肉。巴金能背誦二百篇的《古文觀止》，茅盾能背誦全本的《紅樓夢》。我國古文大多是語言的經典，熟記背誦後能使自己的語言越積越豐富，越豐富自然就能融會貫通，寫文章時就會如滔滔江水，連綿不斷，傾瀉而下。因此，現在的語文教學應重視對經典文章特別是古代名家美文的理解和背誦。

（二）創造性閱讀的多種形式及現代價值

二吳的評點中可以找到創造性閱讀的影子，在現代語文教學中，創造性閱讀可以有多種形式。除了發掘文章中前人沒有涉足的問題之外，還可以讓學生把書本與社會實踐結合起來，用自己的感受閱讀文章。教師可以結合學生的特點，讓他們用自己喜歡的方式朗讀文章，把自己對於文章的理解表達出來。其實，世間沒有兩片完全相同的樹葉，同樣的道理，每個人對於文章的理解也不盡相同，不能說前人理解的就是正確的，也不能說學生的理解就是錯誤的。

另外，可以在學生閱讀過程中加入適當的配樂，讓其身臨其境，更加切身地感受到作者情緒的變化，加深理解和體驗。還可以讓學生走到生活中去，用筆記錄下身邊發生的事情，用錄音機錄下生活中的各種聲音，積攢下自己的有聲資料。在閱讀一些寫景寫人的文章時，可以讓同學們邊讀便畫，把文字用形象的圖畫表現出來，增強學生想像和聯想的能力。也可以把一些小說、戲劇、話劇等敘事性的文章用表演、辯論、演講等形式進行改編等，都可以是創造性閱讀的形式。

作為文選讀本本身，《古文觀止》的選本價值、文本價值、文化價值是顯而易見的，它曾對中國文人產生過深遠的影響，巴金年少時就背下了《古文觀止》，賈平凹也說過：「我上大學後讀的書比較多，《四書五經》雖沒有系統看過，但通讀了《古文觀止》。」王蒙在和余光中先生談到散文創作時也說：「我對散文的理解也是從《古文觀止》開始的。」

　　本章嘗試突破以往對《古文觀止》的鑒賞、注釋、評點、譯文、版本考辨、編排體例等方面的研究，在其中所體現的教學思想方面作進一步的研討。在對前人研究成果的借鑒參考的基礎上，我總結出了以下幾點：

　　第一，《古文觀止》的選篇全面豐富，各種文體甚至一些駢文均在編選之列，通過對其選篇內容及標準的研究，我們可以找到當中體現出的教學思想：注重語文基礎學習、強調知識的積纍、作文要合乎法度、切身感悟體現生活以及崇德尚學。這些教學思想是現代語文教學中必不可少的基礎和支撐。

　　第二，從《古文觀止》的編排體例上看，它突破了以往文選讀本繁雜的編排方式，而採用以時代為經、作家為緯的編排體例，對前人既有繼承又有發展。這種編排體例，使後學在閱讀過程中更具有條理性和整體協調性，並且可以在同一作家的不同篇章中體會不同的寫作方法和風格，指導自己作文。

　　第三，《古文觀止》的評點繼承並發揚了評點傳統及前人對選本中一些文章的評點，而且富有創新意識。在評點過程中，二吳也有意無意地滲透了一些教學思想。他們不追求道德式的說教，而是善於委婉含蓄地把道理講明白；對一些寫作方法、技巧、修辭的評點有利於後學寫作水平的提高；在其評點尤其是對文章語境的分析中，我們能找到「創造性閱讀」的端倪；啓發式教學雖不是二吳的首創，但卻在其評點中得到很好的體現和發揚；二吳一直認為情感是文章的精髓所在，無論是作文還是做人，都應有血有肉，有真情實感，這樣的文章才能真實生動，這樣的人生才會豐富多彩。

　　最後總結了《古文觀止》的教學思想對現代語文教學的意義和啓示，在教材編寫上、文章閱讀上都應借鑒其先進的部分，使語文教學在對傳統的繼承中有所發展。

　　中華民族的語言文化博大精深，需要後人傳承和發展，它不僅承載著民族的文明歷史，也是我們工作和學習及日常交流的工具。《古文觀止》中的文章不僅是我們寫作的範本，其中包含的治國經驗、先哲們的抱負、人生道理等在現代也依舊煥發光彩。而其中體現的很多先進的教學思想更應為後人所研習。把傳統的語文教育與現代的教學方法、手段結合在一起，拓展思維，開闊眼界，點亮學生心靈深處的明燈，使學生在輕鬆、愉快的環境中享受祖國的語言文化。

（本章撰稿人：張凌彥）

第二章 《唐詩三百首》的詩教價值

　　我國是詩歌的國度，詩歌不僅是一種文化，而且是一種象徵，象徵一個朝代的昌盛。詩歌主要通過選本來傳播，詩歌的選本種類繁多，如作為童蒙詩歌讀本的《神童詩》《千家詩》《唐詩三百首》等，更是受到歷代人們的鍾愛。其中《唐詩三百首》是佼佼者，無論從當前還是長遠的發展來看，都應該是青少年詩歌閱讀的最佳選擇。

　　研究《唐詩三百首》不僅可以加強唐詩的傳播，而且能夠增強人們對同類詩歌選本的認識。唐詩是我國文化的一部分，它的承載和傳播，主要也是通過詩歌選本，但是，隨著圖書市場的日益繁榮，越來越多的唐詩選本進入人們的視野，但往往也魚龍混雜。人們盲目追求新穎，優秀的傳統選本卻經常被忽視。《唐詩三百首》是承載唐詩的優秀選本，對其進行研究，可以加強人們的認識。

　　研究《唐詩三百首》可以讓更多人瞭解到它的教育特性，對教師的教和學生的學都有很大幫助。當代青少年的詩歌學習，受應試教育限制，教師提供給學生的詩歌也往往都是與考試有關，學生自身的選擇權很少，這樣不僅可能導致青少年缺乏對唐詩整體和全面的認識，而且也不符合學生知識結構合理地建立，不能滿足學生強烈的求知欲。《唐詩三百首》作為詩歌輔助教材，可以填補學生對唐詩認識的空缺。因此，必須對《唐詩三百首》進行研究。

　　研究《唐詩三百首》可以引導人們對青少年課外詩歌讀本的正確選擇。古代詩歌是語文教學中的重點，青少年必須掌握一定數量的詩歌，但是，人們對讀本的選擇依然存在問題，沒有認識到《唐詩三百首》不僅僅是古代童蒙詩歌讀本，而且發展到現在，依然是很好的詩歌輔助教材。所以，《唐詩三

百首》研究，可以引起人們對它的重視，以更好地利用其詩歌教學的價值。通過研究，還可以看到《唐詩三百首》的不足，引導人們更好地對《唐詩三百首》進行補注和評析，發揮詩歌教育的輔助作用。

《唐詩三百首》是童蒙教育後期主要的詩歌讀本，對其進行研究，可以豐富人們對蒙學詩歌讀本的研究，推進蒙學研究，加強對文化的傳承。

第一節　《唐詩三百首》的編纂目的及其特點

中國古代所謂的「小學」教育階段，即我們通常所說的蒙養教育階段，專指七八歲至十五六歲兒童的教育階段。《漢書·藝文志》中記載：「古者八歲入小學」，〔註1〕《論語正義》中說：「故十五成童志明，入大學，學經術」。〔註2〕而關於「蒙養」，最早的解釋則來自於《易經》，《蒙》卦云：「蒙以養正，聖功也。」〔註3〕所謂「蒙養」，主要是強調運用正確的教育來啓迪兒童的心智和心靈，促進兒童的健康成長。用於蒙養教育的書本即爲蒙學讀本，古代的這種蒙學讀本又被稱爲蒙學教材，所以本文在以下所提到的蒙學詩歌讀本即爲蒙學詩歌教材。

蒙學讀本自周秦至清末綿延數千年，根據兒童的學習特點，大部分蒙學讀本從一開始就講求押韻，但這卻不是眞正意義上的詩歌讀本。直到蒙學讀本被分類編寫，眞正的詩歌讀本才出現，張志公說：「蒙學用的詩歌讀本，最早的是胡曾《詠史詩》」，〔註4〕之後，《神童詩》《千家詩》和《唐詩三百首》則是使用較爲普遍的詩歌讀本。林德春說：「宋元明清之際，最流行的詩歌蒙學讀本是《神童詩》《千家詩》和《唐詩三百首》。」〔註5〕發展到現在，《唐詩三百首》依然具有一定的流行度。

一、《唐詩三百首》的編纂目的

《唐詩三百首》的編選目的有二：

一是用作「家塾課本」。選者在題辭中說：「因專就唐詩中膾炙人口之作，

〔註1〕張舜徽：《漢書藝文志通釋》，湖北教育出版社，1990年8月第1版，第92頁。
〔註2〕劉寶楠：《論語正義》，中華書局，1957年6月第1版，第26頁。
〔註3〕童占方譯注：《易經全譯》，青海人民出版社，2002年9月第1版，第21頁。
〔註4〕張志公：《傳統語文教育初探》，上海教育出版社，1962年10月第2版，第87頁。
〔註5〕林德春：《蒙學讀本》，吉林人民出版社，1998年1月第1版，第34頁。

擇其尤要者，每體得數十首，共三百餘首，錄成一編，爲家塾課本」，〔註6〕可見，選者的目的很明確，即作爲私塾的教育用書。而且，選者編選這本家塾課本的原因也很明確，在題辭的開頭，選者就說：「世俗兒童就學，即授《千家詩》，取其易於成誦，故流傳不廢，但其詩隨手掇拾，工拙莫辨，且止五七律絕二體，而唐宋人又雜出其間，殊乖體制」，〔註7〕由此可知，選者是因爲不滿於《千家詩》選詩不精、不全、不純的缺點，所以立志編選一本精而全的唐詩選本作爲家塾課本。

二是詩歌欣賞。對這一目的，我們可以從三方面得知：

（一）選者在題辭中說：「諺云：『熟讀唐詩三百首，不會吟詩也會吟。』請以是編驗之。」〔註8〕可見，選者希望通過對《唐詩三百首》的熟讀，來吟誦、欣賞詩歌。

（二）讀本中的詩歌幾乎都是精品。詩歌的思想、藝術俱佳，這不僅起到典範作用，而且利於提高讀者的欣賞水平。

（三）選者說：「俾童而習之，白首亦莫能廢。」也就是說，除了兒童通過此讀本來學習詩歌，年長者也可以閱讀此書。對於年長者來說，閱讀的目的主要是去欣賞詩歌，而不是去學習創作詩歌。因此，選者希望《唐詩三百首》能夠老少皆宜、雅俗共賞。

對於創作目的，因爲《唐詩三百首》主要是以童蒙爲閱讀對象，是具有普及性的詩歌讀本，所以不具有創作的目的。而且，《唐詩三百首》是以詩歌爲主，選者沒有在讀本中進行大篇幅的點評，特別是有關創作的方法更是沒有涉及，因此，如果說選者的初衷是要達到寫詩範本的目的，無論從題辭中還是從選者的點評中，這一編選目的都難以看出。但是，因爲讀本中選取的詩歌都很具有代表性，所以，如果說它在流傳中產生了寫詩範本的作用，這是很可能的。

由此可見，《唐詩三百首》的編纂目的明確直接：一是「家塾課本」，二是詩歌欣賞。選者想通過編選這麼一本大眾化的詩歌讀本，對人們，特別是蒙童進行詩歌教育，普及推廣唐詩。

〔註6〕（清）蘅塘退士：《唐詩三百首》，浙江人民出版社，1980年9月第1版，第1頁。

〔註7〕同〔註6〕。

〔註8〕同〔註6〕。

二、《唐詩三百首》的特點

一部選本能夠流傳下來，必然具有其他選本不可具備的特色和其存在的特有價值，鄒雲湖說：「從選本的存在價值來看，一部選本的存在價值大致由『選』的目的（爲什麼選），『選』的標準（選什麼）『選』的方法（怎樣選）幾個方面的因素來決定。而中國古典文學選本不勝數，而最終能產生較大影響的並因此得以流傳下來的選本往往在這三個因素中至少必居其一。」〔註9〕《唐詩三百首》具有自己獨特的選詩目的和標準。對於編纂目的，我們以上有所論述。而關於選詩的標準，題辭中說：「因專就唐詩中膾炙人口之作，擇其尤要者，每體得數十首，共三百餘首，」選詩的標準：首先，因爲以前的童蒙詩歌讀本《千家詩》雜有宋詩，所以《唐詩三百首》選詩必須是唐詩，不能兼有宋詩。其次，所選詩歌必須膾炙人口之作。最後，精益求精。因此，在明確的目的和嚴格的標準之下，《唐詩三百首》的內容和編選結構擁有自己的特點。

1. 內容特點

（1）題材廣泛

《唐詩三百首》取其整數，名爲「三百首」，實則三百一十三首，數量上雖然不能與《全唐詩》相媲美，但是題材很豐富。《唐詩三百首》所選詩歌按照題材可分爲：友情詩、親情詩、愛情詩、山水田園詩、邊塞詩、思鄉詩、閨怨詩、詠史懷古詩、詠物詩等，這些也幾乎是整個唐詩中的題材類型，可見《唐詩三百首》所選詩歌題材的廣泛。

友情詩。友情是詩人經常描寫的題材，《唐詩三百首》中對友情詩的選取體現在三個方面：一是有關送別的，如李白的《送友人》《送孟浩然之廣陵》、王勃的《送杜少府之任蜀州》、王昌齡的《芙蓉樓送辛漸》、李頎的《送陳章甫》等，表達的是對友人的不捨之情。二是對友人的思念，如杜甫的《夢李白》《天末懷李白》、王維的《相思》、李商隱的《涼思》等，表達的是對友人的思念之情。三是對友人的讚美酬答，如李白的《贈孟浩然》、孟浩然的《留別王維》、王維的《贈郭給事》、韓愈的《八月十五夜贈張功曹》等，表達了對友人的讚美感激之意。

親情詩。《唐詩三百首》中的親情詩主要表現爲對家人的思念，如杜甫的《月夜》，鄜州的月讓詩人感到對妻子更加思念、對兒女更加牽掛。他的《月

〔註9〕鄒雲湖：《中國選本批評》，上海三聯書店，2002年9月第1版，第283頁。

夜憶舍弟》表達的是對分散各地的兄弟的思念。李商隱的《夜雨寄北》、岑參的《逢入京使》等表達的都是對家人的懷念。

愛情詩。李商隱是描寫愛情的大家，在《唐詩三百首》中，他的愛情詩選錄最多，主要是他的「無題」詩，如《錦瑟》《春雨》等，將戀人間的愛慕、相思、哀怨之情委婉地表達出。白居易的《長恨歌》也是對愛情的表達，抒寫了唐玄宗與楊貴妃淒美的愛情。李白的《長相思》抒寫同樣的是纏綿俳惻的相思之情。

山水田園詩。山水田園詩在《唐詩三百首》中所佔比例較大，從王維、孟浩然、韋應物和柳宗元等主要代表詩人的作品選取數量來看，山水田園詩所佔比例約為 20%。王維的詩共 28 首，其中山水田園題材的有 14 首，如他的《渭川田家》將鄉村初夏黃昏時的甜美農家生活生動的描繪出，表達詩人對恬然生活的嚮往。《山居秋暝》：「空山新雨後，天氣晚來秋。明月松間照，清泉石上流」，秋天山中的景色在詩人手中變得空靈怡人，沁人心脾。《鹿柴》中體現出的幽靜之意似乎讓流淌著的時間靜止了，一幅淡淡的美景在詩人筆下緩緩流出。孟浩然的《過故人莊》《宿建德江》《春曉》等家喻戶曉的詩，將生活細細描繪出，自然、親切的氣息感染每一個讀過的人。韋應物和柳宗元的山水田園詩與王、孟的山水田園詩一脈相承，如韋應物的《滁州西澗》、柳宗元的《江雪》《溪居》《漁翁》等，都是將自然美景以寧靜的清幽之態展現在我們面前，讓我們在喧囂中感受大自然的安寧。

邊塞詩。邊塞詩主要有兩種形式，一種是寫邊塞將士的生活和戰爭的殘酷，另一種是對邊塞景色的描繪。《唐詩三百首》對這兩種形式的詩歌都有所選錄，前者如高適的《燕歌行》，「少婦城南欲斷腸，征人薊北空回首空。」以及「殺氣三時作陣雲，寒聲一夜傳刁斗。相看白刃血紛紛，死節從來豈顧勳」，詩中的氣勢磅礴、蒼涼悲壯和哀怨的相思糅合在一起，表現出亙古不變的英雄之氣。王昌齡的《塞下曲》表現出戰場殺敵的昂揚之氣。對邊塞風景的描繪，岑參的詩較為優秀，如他的《白雪歌送武判官歸京》《走馬川行奉送封大夫出師西征》《輪臺歌奉送封大夫出師西征》等，對邊塞雄偉的自然風景和惡劣的氣候都有所描寫，對自然的崇敬、敬畏之意油然而生。

思鄉詩。對於思鄉，詩歌主要表達的是遊子對家鄉的思念。如李頻的《渡漢江》「近鄉情更怯，不敢問來人」，詩中細膩的心理描寫將思鄉之情表現得淋漓盡致。王維的《九月九日憶山東兄弟》表達了在佳節之日異客濃烈的懷

鄉之情。宋之問在《題大庾嶺北驛》中將去國懷鄉之情表達得情真意切。崔塗的《除夜有懷》抒寫詩人客居四川時的懷鄉之情。

閨怨詩。《唐詩三百首》中的閨怨詩也佔有一定的比例，主要表現在兩個方面，一是深宮女子的幽怨。如杜牧的《秋夕》寫了深宮失寵女子的孤寂生活。朱慶餘的《宮詞》以新穎的構思抒寫了宮女的寂寥。白居易的《後宮詞》、顧況的《宮詞》、劉方平的《春怨》、李白的《玉階怨》、張祜的《何滿子》、元稹的《行宮》等，都是對此類題材的描寫。二是深閨女子的哀怨。如李白的《怨情》、李商隱的《為有》、王維的《秋夜曲》、王昌齡的《閨怨》等，描寫了深閨女子對情人、對丈夫、對生活的抱怨。

詠史懷古詩。這是唐詩中的一大題材，如杜牧的《赤壁》、李商隱的《隋宮》、劉禹錫的《烏衣巷》《西塞山懷古》、溫庭筠的《蘇武廟》、劉長卿的《長沙過賈誼宅》、杜甫的《詠懷古迹》等，都是通過古今對比抒發詩人的思古幽情。

詠物詩。《唐詩三百首》中選錄了一部分詠物詩，但是，大部分是通過對事物的描寫來表達自己的情感或志向。如崔塗的《孤雁》，以大雁的孤獨抒寫詩人的寂寞。李商隱的《落花》《蟬》、駱賓王的《在獄詠蟬》等，都是詩人借物言志的名篇。

除了以上幾種題材，《唐詩三百首》還選錄了悼亡詩，如元稹的《遣悲懷》三首，詩人以淺近的語言表達對妻子的深切思念。諷喻詩，如杜甫的《麗人行》、白居易的《琵琶行》等，通過對比，諷喻時事。另外，有對音樂的描寫，如李頎的《聽董大彈胡笳聲兼寄語弄房給事》《聽安萬善吹篳篥歌》、李白的《聽蜀僧濬彈琴》、杜甫的《觀公孫大娘弟子舞劍器行並序》等，都是對音樂的描摹。

《唐詩三百首》對多種詩歌題材的廣泛選取，不僅反映出唐朝豐富的生活，而且有助於蒙童更好地掌握唐詩，開闊他們的思維和眼界。

（2）風格各異

《唐詩三百首》中所選詩歌的風格各異。主要從慷慨豪放、清幽明秀、沉鬱悲愴和哀怨纏綿等四個方面，對以上所提到的題材類型在風格上進行論述。但是，因為同一類風格的詩人、作品在風格的具體表現上又不免存在一定的差異，所以，對《唐詩三百首》中的詩歌進行四個大方面的分類，並對作品風格的具體表現進行具體分析。

慷慨豪放。《唐詩三百首》中慷慨豪放風格的詩歌佔了很大一部分比例，

主要體現在李白詩歌的豪邁奔放和邊塞詩人的雄厚剛健兩方面。《唐詩三百首》中選取李白詩26首，在數量上居於第三位。李白詩歌中體現豪邁奔放風格的主要作品在《唐詩三百首》中都有所選錄，如《夢遊天姥吟留別》《蜀道難》《將進酒》《行路難》《月下獨酌》《早發白帝城》等，這些詩歌表現出氣勢磅礴、自由奔放之意，將浪漫激情盡情揮灑。而邊塞詩人的雄厚剛健之風又有所不同，這主要表現在兩個方面，如王昌齡的《出塞》《塞上曲》、王翰的《涼州曲》等，表現的是一種清剛勁健的風格。而高適的《燕歌行》、岑參的《白雪歌送武判官歸京》《走馬川行奉送封大夫出師西征》《輪臺歌奉送封大夫出師西征》、王之渙的《出塞》等，體現出的則是一種慷慨奇偉之風。

清幽明秀。《唐詩三百首》中對具有清幽明秀風格的詩，也進行了較多比例的選取，這主要體現在山水田園題材的詩歌上。但是，雖然同樣具有此類風格，不同詩人卻依然各具特色，王維的詩歌體現的是一種空明寧靜的意界，如他的《山居秋暝》《鹿柴》《渭川田家》《過積香寺》《渭城曲》等，詩歌將詩人對自然細緻地觀察和敏銳的感受一一流露出。而孟浩然的詩，如《過故人莊》《宿建德江》《春曉》等則給人以平淡、自然、樸素之美。同時，與王維、孟浩然的靜逸明秀風格一脈相承的韋應物和柳宗元，他們的詩風也各具特色，如韋應物的《賦得暮雨送李冑》《秋夜寄丘員外》等寫出的是一種清新秀雅、優美細膩之美。而柳宗元的《江雪》《溪居》《漁翁》等則透出清幽之意。因此，雖然同是具有清幽明秀的風格，但是從更細處看，卻依然不同。

沉鬱悲愴。這一風格的詩，《唐詩三百首》選取較多，主要表現在杜甫等詩人憂國憂民和詠史懷古的詩歌上。杜甫的詩《唐詩三百首》中選取最多，共37首。他的大部分詩歌，如憂國憂民的《兵車行》《麗人行》《哀江頭》《春望》《聞官軍收河南河北》等，懷古的如《八陣圖》《詠懷古迹》等，這些都是對國家前途的擔憂和民生疾苦的關心，表現出沉鬱、遒勁、悲愴之風。元結的《賊退示官吏並序》、李頎的《古從軍行》、劉長卿的《長沙過賈誼宅》、劉禹錫的《西塞山懷古》《烏衣巷》等，透出蒼涼悲愴之意。

哀怨纏綿。愛情、閨怨等題材的詩歌往往表現出哀怨纏綿之意。李商隱的詩共選取23首，如他的大部分「無題」詩，將戀人的相思之苦、女子對愛情的渴求等心裏活動細膩地展現，透出一種哀怨纏綿之風。元稹的《行宮》、杜荀鶴的《春宮怨》、朱慶餘的《宮詞》、杜牧的《秋夕》、張祜的《何滿子》等，都是對女子心裏、行為、神態的描寫，體現出哀怨纏綿的風格。

《唐詩三百首》中作品風格各異的特點還體現在：對於同一主題的詩歌，不同詩人也有著不同的表現風格。如送別這一題材，王維的兩首《送別》表達了悠悠的傷感和無奈歸隱的心情，「但去莫復問，白雲無盡時。」「春早年年綠，王孫歸不歸？」都帶有一點點離別的惆悵和憂傷。王勃的《送杜少府之任蜀州》：「海內存知己，天涯若比鄰。無為在歧路，兒女更沾巾。」詩中沒有俗套的離別時的應酬之語，沒有無病呻吟之語，取而代之的是一種昂揚進取的精神。李白的《送友人》：「浮雲遊子意，落日故人情。揮手自茲去，蕭蕭班馬鳴」，詩中雖有難捨之意，卻無消沉之聲，婉轉蘊藉，餘味無窮。同樣是愛情詩，白居易的《長恨歌》可以表達得如此直白，李商隱的《錦瑟》卻又可以如此含蓄。同樣是對國家的憂慮，李白的《蜀道難》《夢遊天姥吟留別》天馬行空，磅礴大氣，杜甫的《春望》《兵車行》《哀江頭》卻是沉鬱頓挫，淒婉動人。

《唐詩三百首》不同風格的詩歌和詩人可以讓蒙童全面而系統地看到唐詩的繁榮。在清代，它是士子們詩歌應試的最佳選擇，王步高認為：「清代科舉仍考詩歌，故此書也為應考的舉子、秀才學寫詩作參考。」〔註10〕在當代，它是青少年課外閱讀的最佳選擇。朱自清認為：「無論它從前的地位如何，現在它卻是高青少年最合式的一部詩歌選本。」〔註11〕

2. 結構特點

《唐詩三百首》的結構獨具特色。結構的合理安排，內容的錯落有致，使讀本顯示出一定的藝術性和強烈的教育特性，增強了對蒙童的吸引力。朱自清對此的評價是：「沒有單調或瑣屑的弊病。」〔註12〕以下將從分體編排和主次分明兩個方面論述。

（1）分體編排

詩歌選本的編排必須有序，大部分的詩歌選本往往都有自己的編排形式。在我國，分類編排是早期編排的主要形式，之後，隨著詩歌的發展和詩歌選本的不斷出現，人們開始採用多種形式進行編排。徐安琪說：「唐詩選本在詩歌的編排體例上也是面貌各異：有根據作家時代先後排列的，如王安石

〔註10〕 王步高：《對〈唐詩三百首〉的再認識》，載《中國典籍與文化》，1998年第1期，第30頁。

〔註11〕 朱自清：《朱自清說詩》，上海古籍出版社，1998年12月第1版，第237頁。

〔註12〕 同〔註11〕，第254頁。

的《唐百家詩選》、喬億的《大曆詩略》。有按音韻來分類排列的，如焦袁熙的《此木軒唐五言律詩七言律詩讀本》……有按題材內容分類編選的，如趙孟奎的《分門纂類唐歌詩》……」〔註13〕詩歌體裁越來越詳細，按體分類的作品出現。徐安琪說：「按詩體排列較早的是宋人劉辰翁的《王孟詩評》……最著名的是高棅的《唐詩品彙》，此書選錄了六百二十位作家的五千七百六十九首詩，共有九十卷，按詩體排列」，〔註14〕並說：「《唐詩三百首》承襲了《唐詩品彙》和《唐詩別裁集》的分體編次法」，〔註15〕按照他的說法，《唐詩三百首》的依體編排是有所借鑒的。王步高也說：「此書就體例而言，它因襲了《唐詩品彙》《唐詩別裁集》等一些大型唐詩選本的分體編排」。〔註16〕

《唐詩三百首》對《唐詩品彙》和《唐詩別裁集》確實有所借鑒。高棅的《唐詩品彙》將唐詩分爲古詩、絕句、律詩，並以五言和七言的形式分開，五言律詩中又分出五言排律。然後，每種體制分出卷數，最後將詩人分類，分成正始、正宗、大家、名家、羽翼、接武、餘響、傍流和長篇等，每種體制之前都有一個「敘目」。沈德潛的《唐詩別裁集》共二十卷，前八卷是古詩，接下來是十卷律詩，最後是兩卷絕句，每種體制也分爲五言和七言，五言律詩中也分出五言長律，但是，不再將詩人再進行歸類，結構相對比較簡單。

《唐詩三百首》同樣將唐詩分爲古體詩、律詩和絕句三大種類，各列卷數，然後按照五言和七言分開，這顯然是對《唐詩品彙》和《唐詩別裁集》的借鑒。但是，因爲排律太長，不適合初學者學習，而《唐詩三百首》主要是童蒙詩歌讀本，故將排律摘除，增加了樂府這一體裁，並將其獨立，這是其創新之處。在《唐詩別裁集》和《唐詩品彙》中，選者都沒有將樂府獨立，因爲沈德潛在《唐詩別裁集》凡例中說：「唐人達樂者已少，其樂府題，不過借古人體制，寫自己胸臆耳，未必盡可被之管絃也。故雜錄於各體中，不另標樂府名目」，〔註17〕《唐詩三百首》卻將其獨立，並細緻的分類，使得整個讀本分類詳細、排列有序。

〔註13〕徐安琪：《大唐文化的奇葩〈唐詩三百首〉》，雲南人民出版社，1999 年 8 月第 1 版，第 34 頁。

〔註14〕同〔註13〕，第 35 頁。

〔註15〕同〔註13〕。

〔註16〕同〔註10〕。

〔註17〕沈德潛：《唐詩別裁集》，上海古籍出版社，1979 年 1 月第 1 版，第 1 頁。

分體編排使《唐詩三百首》的結構更加清晰，能夠明確容易混淆的體例，有助於更好的學習唐代詩體。賀嚴認為：「《唐詩三百首》分體編排，詩歌體制一目了然，便於初學者對詩體特點的掌握，也便於學詩時的模倣」，〔註18〕因此，不管是對學生的學習還是對現代教學用書的編寫，《唐詩三百首》分體編排的特點都是一種啟示。

（2）主次分明

在分體編排的基礎上，《唐詩三百首》從整體上對所選詩歌進行主次篩選，主要表現為兩個方面：一是體制選取上有主有次，二是詩人選取上有主有次。

① 體制選取上主次分明

對詩歌體制的選擇，選者以律詩和絕句兩大體制為主，將古體詩和樂府詩放入次要位置。雖然《唐詩三百首》選取了古體詩、律詩、絕句和樂府等四大詩歌類型，並將各體分為五言和七言體（五言律詩除外），但是，作者並沒有眉毛鬍子一把抓，而是有主有次。眾所週知，律詩是唐詩的主要表現形式，是詩人情感表達的最佳形式。《唐詩三百首》中的律詩所佔比例最多，五言律詩和七言律詩共 130 首，約佔全詩的 43%。同時，絕句最為簡單，比較適合兒童學習和模倣，但是，對於當時參加科舉考試的士子們來說，它又過於簡單，所以選者將其放入第二位，共有 80 首，約佔全部詩歌的 26%。

對於初學者來說，古詩體不僅難理解，而且也不好模倣。但是，因為學生發展具有不平衡性，不管是在古代還是現代，教育用書中的選篇都要有難有易，而且，古體詩對思想和情感的表達往往比較深刻，可以適當地提高童蒙後期學生的思想認識水平，對他們以後的學習也有相當大的幫助，所以，選者對此也選取了一定的數量。

在唐代，一些詩人善於運用樂府來抒情，如李白的樂府詩運用的非常好，而且，在唐代也出現了新樂府，如白居易、元稹的新樂府。但是，相對於律詩絕句，樂府詩仍然較難掌握，並且流行度小。因此，選者按照詩歌體制的難易程度和運用的普遍度對所選詩歌進行了主次上的劃分。

② 詩人選取上主次分明

這包含兩個方面：一是《唐詩三百首》中共選取了唐代 77 位詩人的作品，

〔註18〕賀嚴：《清代唐詩選本研究》，人民出版社，2007 年 3 月第 1 版，第 88 頁。

從時間跨度上，唐代每個階段的詩人都有選錄，其中主要詩人基本被選錄，如陳子昂、沈佺期、宋之問、李白、杜甫、王維、孟浩然、王昌齡、岑參、高適、韓愈、白居易、孟郊、韋應物、柳宗元、李商隱、杜牧等，從其作品的數量看，以上詩人以盛唐詩人為主。其他詩人如丘為、盧綸、戴叔倫、朱慶餘、鄭畋、陳陶、張泌等，其作品數量極少。

二是根據詩人所擅長的詩歌形式，對其作品進行主次選取。比如李白，雖然李白是「詩仙」，但是，他並非能將每一種體制都寫得非常好。古體詩和樂府是李白運用最為嫻熟的體制，能將其思想表達的最為深刻，所以，選者在《唐詩三百首》中選取李白的古詩較多，如主要詩篇有《月下獨酌》《春思》《關山月》《子夜秋歌》《夢遊天姥吟留別》《蜀道難》《行路難》等。李白的絕句也是一絕，他的膾炙人口的作品也基本都有入選，如《夜思》《早發白帝城》《送孟浩然之廣陵》等，而他的律詩僅選 7 首。杜甫的律詩可為第一，他的律詩不僅格律嚴謹，而且思想深刻，因此，在《唐詩三百首》中，杜甫的律詩被選取最多，在所選取的 37 首詩歌中有 23 首是律詩，絕句僅選 1 首。王昌齡的絕句赫赫有名，選者在《唐詩三百首》中以他的絕句為主進行選取，如《芙蓉樓送辛漸》《閨怨》《出塞》等。其它的詩體僅選取了五言樂府《塞上曲》和《塞下曲》兩首。可見，《唐詩三百首》對詩人和詩人所擅長的作品形式進行了主次選取。

《唐詩三百首》將選詩分體編排，對初學者來說，可以清晰全面地掌握唐詩的體裁。主次分明的特點可以引導他們把握重點，提高對唐詩的認識。

第二節 《唐詩三百首》的性質

《唐詩三百首》於 1763 年至 1764 年間由蘅塘退士選編而成，從以上的分析中我們得知，它的編纂目的之一是用作家塾課本，根據這一編纂目的，《唐詩三百首》出版後成為蒙童教育後期的詩歌讀本。

一、教育對象

《唐詩三百首》有明確的教育對象，在題辭中可以看出，題辭說：「世俗兒童就學，即授《千家詩》，取其易於成誦，故流傳不廢，但其詩隨手掇拾，工拙莫辨，且止五七律絕二體，而唐宋人又雜出其間，殊乖體制，因就唐詩中膾炙人口之作，擇其尤要者，每體得數十首，共三百餘首，錄成一編，為

家塾課本，俾童而習之，白首亦莫能廢，較《千家詩》不勝遠耶？諺語：『熟讀唐詩三百首，不會吟詩也會吟。』請以是編驗之」。〔註19〕選者在題辭中明確表明《唐詩三百首》的教育對象是「蒙童」。首先，選者在題辭的開頭點明，世俗兒童入學被教授《千家詩》，《千家詩》雖然易於成誦，但是卻又存在不少問題，因此選者要編選《唐詩三百首》，仍然採用詩的方式，即利用唐詩，特別是唐詩中格律詩的音韻優美、平仄工整的特點，利於蒙童誦讀學習。雖然詩歌讀本換了，但是教育對象並沒有換，依然是兒童。其次，選者直接指明《唐詩三百首》的教育對象，他說：「爲家塾課本，俾童而習之，白首亦莫能廢」。由此可以看出，《唐詩三百首》的教育對象爲兒童。

雖然《唐詩三百首》的教育對象爲兒童，但是這裏的兒童的概念與現在的不一樣，主要是年齡段的不同。古代的蒙養或兒童教育階段專指對七八歲至十五六歲孩子的教育，所以《唐詩三百首》的教育對象是七八歲至十五六歲的兒童。朱自清說：「它（《唐詩三百首》）跟《古文觀止》一樣，只是當時的童蒙書，等於現在的小學用書，不過在現在的教育制度下，這部書給高中生讀才合式。」〔註20〕因此，在古代，《唐詩三百首》是以蒙童教育後期的兒童爲教育對象，而在現當代，它的最佳教育對象是青少年。

「蒙學教育後期」也是對教育對象的限定，說明這一階段的兒童必須具有一定的識字和閱讀水平。與之相比，年齡較小的兒童的教育要求也主要局限於識字和認字的層次，對《唐詩三百首》中的大部分詩篇可能讀不懂，而主要採用《百家姓》和《千字文》等以識記爲主要要求的蒙童讀本，而年齡較大者則需要更深的讀本進行閱讀，如《古唐詩合解》等，選題更爲廣泛，詩詞之意更爲悠長艱深，適合於更高年齡層次的人群細細閱讀品味。

從詩歌的難易程度中，可以看出「蒙學教育後期」這一性質。相對於其它的蒙童詩歌讀本，如《神童詩》《千家詩》等，《唐詩三百首》學習起來有一定的難度。《唐詩三百首》中的詩歌既有簡單的也有較難的，簡單的主要表現爲絕句，數量達到了八十首，比例達到了總體三百首中（實際爲 301 首）的接近百分之三十，比絕句稍難，而比古體詩和樂府相對簡單的五言和七言律詩則達到了一百三十首，因此從選材的數量上來看，相對簡單的律詩和絕句的數量達到了整體詩集中數量的百分之七十，占到所選詩集中的絕大部

〔註19〕同〔註6〕。
〔註20〕同〔註11〕。

分。相對蒙童層次上來說較爲艱深的古體詩和樂府數量上則只占到了百分之三十，不是選題的主要內容。

從選詩內容上看，兒童日常能夠熟吟的幾乎都有所包含，如王維的《鹿柴》、孟浩然的《春曉》、柳宗元的《江雪》、賀知章的《回鄉偶書》、王昌齡的《芙蓉樓送辛漸》、杜甫的《江南逢李龜年》、王翰的《涼州曲》、張繼的《楓橋夜泊》等，人們都較爲熟悉。律詩中如杜甫、王維、李商隱等詩人的律詩選取較多，他們的詩思想性強，又朗朗上口，最適合具有一定詩歌基礎的兒童來學習。

卷一二三中的一些古體詩，如李白的《夢遊天姥吟留別》《蜀道難》、韓愈的《石鼓歌》、李商隱的《韓碑》、杜甫的《麗人行》《哀王孫》等，這些詩對蒙童來說比較難理解，但是數量較少，並沒有影響《唐詩三百首》作爲童蒙用書的性質，而且保留的少許數量的古體詩也可使蒙童對古體詩有初步的感性認識，爲蒙童的後續的繼續深入學習提供基礎。

總之，從《唐詩三百首》的選詩類型的數量特點和內容特點上來看，是以童蒙教育後期的兒童爲教育對象，適合於處於該階段蒙童的學習能力和認知能力，因而成爲家喻戶曉的詩歌讀本。

二、教材性質

選者在題辭中說明《唐詩三百首》是用作家塾課本，既然用作家塾課本，那麼，它必然具備教材的性質。從現代的語文教材來看，語文教材包含四個系統，陳建偉說：「語文課本一般包含著四個系統：範文系統、語文基礎知識系統、作業（包括作文）系統、助讀系統。這些要素有機結合，形成一個有著完整體系的語文教育文本。」〔註21〕

《唐詩三百首》是古代的文選類讀本，以詩歌爲範文，同時，每首詩歌之後都有選者簡單的注釋，幫助蒙童閱讀，這說明《唐詩三百首》具有了範文系統和助讀系統，儘管這兩者的系統性不強。其語文基礎知識系統和作業系統不明顯，陳建偉說：「古代語文教學以讀文爲主，語文基礎知識隱含在範文中由教師相機傳授。」〔註22〕《唐詩三百首》以讀詩爲主，引導蒙童從整體上去感受詩歌，因此，它所具有的詩歌的基礎知識也隱含在詩歌中。《唐詩

〔註21〕陳建偉：《中學語文課程與教學論》，暨南大學出版社，2003年6月第1版，第44頁。
〔註22〕同〔註21〕。

三百首》沒有明顯的作業系統，因為古代教材不夠完善，作業系統和基礎知識系統一樣，都要有教師來相機傳授，而古代蒙童有作詩的要求，同時《唐詩三百首》是唐詩的精選本，所以，蒙童學習後必然要進行詩歌寫作。由此可以看出，《唐詩三百首》擁有較為完整的系統，具備了教材的性質。

《唐詩三百首》雖然具有以上所說的教材的四個系統，但是作為古代詩歌讀本，它的範文系統最為明顯，這主要表現為所選詩篇的示範性。與其他唐詩選本相比，我們可以看出《唐詩三百首》詩篇具有較強的示範性。

《全唐詩》收唐詩近五萬首，但是對蒙童來說，這近五萬首唐詩不可能都具有示範性，而且受時間和能力的限制，蒙童不可能去翻閱《全唐詩》。《唐詩別裁集》和《唐詩品彙》等唐詩選本，雖然詩歌的格調較高，但是也正是因為其格調高，選者的主觀愛好明顯，作為對詩歌瞭解甚少的蒙童來說，這樣的唐詩選本太難理解，因此，不可能成為蒙童詩歌讀本。較早流行的蒙童詩歌讀本有《神童詩》《千家詩》等，但是，《神童詩》詩歌內容的思想性過強，而且還有高官厚祿、榮華富貴等思想存在，如《勸學》（二），詩歌藝術性不強，對蒙童審美等情感的培養缺乏示範性。《千家詩》中雖然唐宋中具有代表性的一些詩人都有所選取，如唐代的李白、杜甫、王維、孟浩然、高適、王昌齡、韋應物、李商隱、杜牧等，宋代蘇軾、王安石、王偶然、范成大等，但是從其所選的詩歌的數量來看，選者在選編時沒有突出重點，選詩較雜，所選二百二十餘篇作品中，作者達到了 125 人，所選作者中上至皇帝、宰相、官宦、名人學士，下至僧人、牧童、無名氏，甚至還有少量女子的作品，「邊緣」詩人較多。同時，《千家詩》中存在的許多應制詩只顧韻律，堆砌詞藻，歌功頌德，因此沒有太多的文學價值，這樣《千家詩》的示範功能較弱。所以，《唐詩三百首》作為後起之秀，選詩題材廣泛、風格各異，這說明其選詩「全」，選者主觀參與較少，基礎性強。在「全」的基礎上，《唐詩三百首》追求「精」，即詩篇都是名人名作，具有代表性，且重點突出。同時，在對《唐詩三百首》教育對象性質分析時，我們已經明確詩歌有難有易，而且難易適中。這些都是與其它詩歌選本相比，《唐詩三百首》特有的教材特點。

除此之外，與其他詩歌選本相比，《唐詩三百首》在結構上也具有蒙童教材性質。從以上結構特點的分析中，我們知道《唐詩三百首》分體編排、主次分明，這比《神童詩》《千家詩》等蒙童詩歌讀本更適合兒童來學習。雖然

《神童詩》和《千家詩》都是分體編排，但是，兩者對詩歌體制的選取並不全面，如《神童詩》均爲五言絕句。對於蒙童來說，絕句最爲簡單，但是詩歌體制多樣，且都需要蒙童逐漸掌握，因此，僅有五言絕句顯然是不夠的。《千家詩》增加了七言絕句、七言律詩和五言律詩，律詩和絕句是近體詩的主要形式，但是古詩和樂府中也不乏有蒙童值得學習的優秀詩歌，如李白的古詩和樂府。而且，蒙童教育具有發展性和不平衡性，同一階段的蒙童的水平必然高低不同，雖然古詩和樂府相對較難，但是作爲蒙童的詩歌讀本，《唐詩三百首》對這兩種詩歌體制必須有所選取，以適應這種發展性和不平衡性，但是依然以律詩和絕句爲主，這是對《神童詩》和《千家詩》的發展，也是眾多童蒙詩歌讀本中《唐詩三百首》特有的特點。這種清晰明朗、有主有次的結構適合兒童循序漸進的學習特點。

總之，作爲童蒙詩歌讀本，《唐詩三百首》有自己明確的教育對象，教材性質明顯，是對童蒙詩歌教材的繼承和發展。

第三節 《唐詩三百首》的詩教功能

《唐詩三百首》以七至十五歲的蒙童爲教育對象，這一階段的兒童正處於啓蒙後的發展期，他們的世界觀、人生觀和價值觀等都處於萌芽或迷茫狀態，因此，這一時期對他們的教育和引導至關重要。《唐詩三百首》作爲詩歌教材，它對兒童的教育主要是通過對三百餘首唐詩進行精選和編排，使兒童在閱讀後，能夠在思想、道德、情感和認識等方面達到教化作用，即發揮其詩教功能。清代處於封建社會，儒家的詩教是統治階級歷來所提倡的，所以，作爲儒家讀本，《唐詩三百首》其溫柔敦厚的詩教原則貫穿於始終。

溫柔敦厚，《禮記·經解》說：「溫柔敦厚，詩教也……，其爲人也，溫柔敦厚而不愚，則深於詩也。」〔註23〕中和之美，這是孔子的詩教主張之一，他說：「小子何莫學夫詩？詩，可以興，可以觀，可以群，可以怨。邇之事父，遠之事君；多識於鳥獸草木之名。」〔註24〕孔子從思想情感、倫理道德和認知等方面來說明溫柔敦厚之意，要怨而不怒，要忠君仁愛，要有性情，以現代教育視角來審視，這是從教的方面對詩教的闡述。從學生學的方面來看，「學生的學習過程可以分爲兩個相互關聯的領域：認識領域和情感領

〔註23〕陳澔：《禮記集說》，上海古籍出版社，1987年3月第1版，第273頁。
〔註24〕楊伯俊譯注：《論語譯注》，中華書局，1980年12月第2版，第185頁。

域」。〔註25〕而情感包括思想情感、審美情感等，因此，針對《唐詩三百首》的特點，根據教和學的要求，本文以下將從情感教化和認知教育兩個方面對其詩教功能進行論述。

一、情感教化

「情感」一詞含義豐富，情感教育也包括多個方面，從《唐詩三百首》的選篇來看，它的情感教育主要體現在道德情感教化和審美情感陶冶兩個方面。

1. 道德情感教化

《唐詩三百首》是詩歌類教材，無論是通過它來學習知識還是進行詩歌審美，作為儒家蒙學讀本，它發揮的首要功能是在道德情感上對兒童進行啟蒙教化，使之符合統治階級的道德要求，這樣，培養出的人才才能為統治階級所用，利於鞏固統治地位。古代儒家的道德情感教育更側重於其社會的功用性，《唐詩三百首》以符合統治階級溫柔敦厚的詩歌內容和形式，對蒙童進行道德教化，從選篇的思想內容和語言風格中可以看出。

（1）內容上憂國憂民及仁愛思想情感的道德教化

《唐詩三百首》中杜甫的詩歌選取最多，究其原因，除選者個人喜愛杜甫外，杜甫憂國憂民的儒家情懷是關鍵。就杜甫本人而言，他的儒家思想根深蒂固，這與他的生活環境有著不可分割的聯繫。杜氏家族是有名的名儒世家，《唐代文學史》中這樣描述：「杜甫十三世祖為晉代名將兼名儒杜預，杜氏家族是『奉儒守官，未墜素業』的。」〔註26〕其父杜審言是初唐才高名大的才子，杜甫在思想上無不受其影響，奉儒守官。而且，杜甫一生坎坷，既經歷了盛唐的繁榮，也經歷了安史之亂帶來的國破和民生疾苦，他是與社會和與人民接觸最多的詩人。因此，其憂國憂民的儒家情懷最為明顯，是具有模仿特點的童蒙最佳的學習對象，是對儒家憂國憂民、忠君愛民和仁愛思想情感進行道德教化的典範。

就《唐詩三百首》所選的杜詩而言，其憂國憂民的詩歌大體可以分為兩類，一類是直接表達對國家、人民的憂慮，如《野望》《登樓》《聞官軍收河南河北》《宿府》《閣夜》《春望》《麗人行》《韋諷錄事宅觀曹將軍畫馬圖》等，

〔註25〕宋暐：《人文精神與情感教育》，載《河南師範大學學報》（哲社版），2000年第2期，第110頁。

〔註26〕喬象鍾、陳鐵民主編：《唐代文學史》，人民文學出版社，1995年12月第1版，第482頁。

這些詩歌對國家的擔憂、人民的同情之意一目了然。一類是作者通過對自己身世的感懷，表達對國家的擔憂之情，如《旅夜書懷》《登高》《登岳陽樓》《古柏行》《詠懷古迹》等詩歌，婉轉地表達了自己對國家前途的擔憂和民生疾苦的哀痛。同樣受儒家教育，韓愈的忠君愛國思想情感卻不同於杜甫，《唐代文學史》中說：「韓愈所主張的『臣罪當誅，天王聖明』式的愚忠。他（杜甫）所理解的忠君主要是『諫君之失』」。〔註27〕所以，《唐詩三百首》中韓愈的詩僅選 4 首，這是對忠君思想情感的合理引導。蒙童作為社會中正在成長的主要群體，古代教育的首要任務是建立他們對社會、對國家的責任感，使之朝著忠君愛國的思想情感發展，杜甫的這些憂國傷時的詩歌正是對這種情感進行道德教化的最好示範。

所選的杜詩中還有一部分是儒家仁愛道德情感的體現，這種「仁者，愛人」的基本倫理道德主要表現在詩人對家人和朋友的關愛中，如《月夜》《月夜憶舍弟》等表達了對妻兒對親人的思念和牽掛。《贈衛八處士》《夢李白》《天末懷李白》《別房太尉墓》等則是對朋友至情至性的關切。受知識和生活經驗的限制，蒙童對仁愛道德情感的理解不可能面面俱到，但是其中一部分在生活中會經常遇到，因為蒙童沒有很強的分辨能力，所以對所接觸到的道德情感的好壞沒有判斷，容易被誤導。因此，《唐詩三百首》中杜甫的這類有關仁愛道德的詩篇是對蒙童最好的教導。

關於憂國憂民和仁愛的儒家道德情感，除杜甫詩歌以外，《唐詩三百首》中的其它很多作品都有所體現，如李白的《蜀道難》《夢遊天姥吟留別》《關山月》《子夜秋歌》《贈孟浩然》《渡荊門送別》《送友人》等，高適的《燕歌行》、杜牧的《赤壁》《泊秦淮》、王維的《老將行》等詩歌，都是明顯地貫穿了儒家忠君仁愛的道德情感，對蒙童來說都是詩教的典範。

（2）語言風格上的溫柔敦厚

《唐詩三百首》所選詩歌除了內容上體現儒家道德情感的詩教功能外，在語言形式和風格上也體現溫柔敦厚之意。

孔子主張怨而不怒，也就是說，人們可以對現實存有不滿，對現實提出批評，但是在表述方式上要溫和，含蓄委婉，不能犀利直白。對於詩歌，這種怨而不怒的要求主要是針對具有諷諫作用的現實主義詩歌，如杜甫的詩歌千餘首，但《唐詩三百首》中僅選38首，他的名作如「三吏」「三別」《自京

〔註27〕同〔註26〕，第495頁。

赴奉先縣詠懷五百字》等都沒有選取，這主要是因為「三吏」「三別」等詩歌語言直白犀利，對統治階級或現實的不滿噴發而出，而不像《唐詩三百首》中的詩篇那樣溫厚和平，杜甫沉鬱頓挫的詩歌風格正符和儒家溫柔敦厚的要求。同樣，如元白詩派、韓孟詩派的作品選取較少，白居易、元稹等的詩歌在語言上最大的特點就是直白犀利，將對現實的不滿表現的淋漓盡致。韓愈、孟郊、賈島等詩人的詩歌語言陡峭險怪，這都與溫柔敦厚之意相違背，所以，《唐詩三百首》對他們的詩歌選取很少，而即使選取的少量的作品，在語言風格上也都從容委婉，如孟郊的《遊子吟》、賈島的《尋隱者不遇》等。

《唐詩三百首》是在儒家溫柔敦厚的詩教要求下精選唐詩，更好地對蒙童進行忠君仁愛的道德情感的培養。

2. 審美情感陶冶

詩歌是審美的，作為儒家讀本，《唐詩三百首》注重對蒙童審美情趣的培養，這主要包含兩個方面，一是按照儒家溫柔敦厚的詩教要求，引導蒙童審美人格的形成。二是對自然流暢的詩歌語言的審美。

（1）在對大自然的審美中形成儒家審美人格

袁濟喜說：「儒家將審美人格與天地自然溝通，其意義是很深廣的。在秦漢儒家看來，人格的最高層次是超功利的，惟有超功利的人格，才能面對各種艱難困苦，憑著道德的自覺，無私無畏地去履行自己的信仰」。〔註28〕「儒家認為，人格之所以為人格，就在於它的自我體悟，而這種自我體悟的本體則是天，因為天是至中不偏，至誠無欺的。」〔註29〕胡承英認為：「中國儒家在其生命哲學中也引自然之真以立人性之誠。」〔註30〕有清一代，統治階級依然奉行儒家這種將審美人格與天地自然溝通的觀點，《唐詩三百首》對此也嚴格奉行，以體現儒家的溫柔敦厚。

對自然的審美，《唐詩三百首》體現在山水詩的選篇上。在以上對《唐詩三百首》內容特點的分析中，我們知道山水田園詩佔了相當大的比例，特別是王維的詩歌，山水田園詩佔了其所選詩歌的 50%。這些山水田園詩中所表現出的「靜」的審美情趣引導審美人格的形成。「靜對人的主要意義是養性存

〔註28〕 袁濟喜：《論儒家審美人格的構成》，載《中國人民大學學報》，2002 年第 2
期，第 114 頁。

〔註29〕 同〔註28〕。

〔註30〕 胡承英：《論王維山水詩歌的審美意蘊》，中央民族大學，2006 年古代文學專
業碩士論文。

眞」「達到一種安慰平和的心裏狀態。」〔註31〕讀本中王維的《山居秋暝》《鹿柴》《青溪》《終南山》《過積香寺》《漢江臨眺》《積雨輞川莊作》等詩歌使「靜」的意蘊達到了極點，能夠引導蒙童走進如畫的詩歌，淨化心靈，保持心靈的純潔，養性存眞。

同時，我們應該注意到，雖然釋、道兩家都講求自然中的眞和靜，王維本身也信佛，但是，他卻不是要求道家似的完全歸隱和佛教的不問世事，而是希望在山水詩歌的「眞」和「靜」中實現心裏上的平和，以溫柔敦厚的感情爲官爲民，通過《唐詩三百首》中有關其懷才不遇的詩歌，蒙童可以體會到這種儒家特有的情懷，如《洛陽女兒行》《老將行》等表達了對現實的不滿和對自己懷才不遇的不平之情。《酬張少府》則在尋求安靜的同時流露出牢騷之意，可見，詩人雖然有歸隱之意，但依然不能放懷對社會對人民的關心。因此，《唐詩三百首》對自然的審美情趣的培養是要實現儒家審美人格的形成。

（2）對自然流暢的詩歌語言的審美

詩歌的語言風格有含蓄朦朧的，有直白犀利的，也有自然流暢的，《唐詩三百首》中的詩歌語言一部分是含蓄朦朧的，這是爲達到儒家溫柔敦厚的道德情感所必需的，另一部分詩歌的語言則是自然流暢的，自然流暢的語言對情感的表達更爲眞摯，因此，蒙童對這種詩歌語言的審美更側重對其表達出的眞摯情感的直接感受，感受到「眞」的同時也感受到了「美」。

選者在題辭中明確指出選詩的標準之一是「膾炙人口之作」，這是對詩歌語言的要求。膾炙人口在某些方面可以理解爲語言的自然流暢，《唐詩三百首》確實遵循了這一標準，通過作者自然而流暢的語言，使蒙童感受到作者強烈而眞摯的情感、對人生樂觀的態度、教化人格之美。選詩中山水田園詩的語言自然流暢，能夠體現自然樸素之美，如孟浩然的《宿建德江》《春曉》《過故人莊》等，詩歌朗朗上口，眞實的描寫自然、生活，表達對恬淡生活的眞切嚮往，流露出的是詩人對自然生活的眞實情感，給人樸素平淡之美。李白詩歌語言以自然流暢著稱，《唐詩三百首》選李白詩 26 首，以古體詩和絕句爲主，而他的古體詩和絕句的語言是自然流暢風格的代表，其古體詩的語言天馬行空，使作者內心的情感一瀉千里。即使是苦悶中的李白，這種眞摯的情感也會眞實地被表達，呈現眞實而瀟灑的自我，這種眞實和瀟灑是蒙童應該去感受和學習的，感受情感中的眞，學習瀟灑的態度，如他的《夢遊天姥

〔註31〕同〔註30〕。

吟留別》《蜀道難》《宣州謝脁樓餞別校書叔雲》《將進酒》等，都是通過語言的自然流暢來表達詩人真實的情感，這種「真」無論是對社會的不滿還是期望，詩人都沒有隱晦，而是將內心的情感噴湧而出，體現出人格之美，蒙童可以在語言中體會詩人的情感，體會詩人的人格美。

　　李白的絕句語言清新、自然、流暢，給人自然天成之感，如《送孟浩然之廣陵》沒有一般送別詩的憂愁苦恨，而是明朗輕快、詩意盎然，這種特別的情感正是詩人的真實情感。《早發白帝城》將遇赦回返的輕鬆喜悅心情表達而出，沒有謙虛，沒有遮掩，真真實實地寫自己的心情。即使是格律要求較嚴的律詩，李白詩歌語言依然能夠自然流暢，如《贈孟浩然》《渡荊門送別》《送友人》等，通過自然的語言再現詩人的真實情感，只有這樣，蒙童才能真實感受詩人的情感體驗，才能實現對其人格的審美。所以，《唐詩三百首》注重在語言上引導蒙童感受自然真摯的情感，保持純真的心靈，並學會將自己內心真摯的情感表達出，從而構建健全的審美的人格。

　　《唐詩三百首》按照儒家詩教的要求，對蒙童的思想情感、道德情感進行教化，使之單一、純真。

二、認知教育

　　詩教除了教化人的思想和道德等情感以外，還有較強的認知功能，如孔子所說「多識於鳥獸草木之名」。《唐詩三百首》作為蒙學詩歌讀本，在認知上不同於其它的蒙學讀本，如《三字經》《百家姓》《千字文》等以識字為主，《弟子規》《小兒語》等以學習儀禮為主，《小學》《漢書蒙拾》等以學習歷史為主，而《唐詩三百首》主要以學習詩歌為主，這種學習並非對平仄、對仗等具體的格律知識的學習，而是從整體上認識唐詩創作的精妙之處，即詩歌的意境，這主要通過如對優美字詞的恰當運用、創作手法的使用等來感知。

　　清代，近體詩依然是文人創作的主要形式，但是成就卻沒有以前的輝煌，主要表現在詩歌意境的缺失等方面，唐詩作為近體詩的代表自然成為清代詩歌創作的模倣對象。而且，清代的科舉考試包含詩歌寫作，賀嚴說：「由於科舉試詩的特殊背景，《唐詩三百首》的編選自然也不能不考慮到科舉時代的需要。」〔註32〕所以，《唐詩三百首》在選詩上即要求內容的典雅莊重，又需要有意境。

〔註32〕同〔註18〕，第77頁。

　　首先，意境往往通過語言如對字詞的運用來體現。《唐詩三百首》中王維詩歌境界高遠。字詞的運用在詩歌意蘊形成中起了關鍵作用，如「空山不見人，但聞人語響。返景入深林，復照青苔上」（《鹿柴》），這裏的每一個字都有一種讓人寧靜得如夢裏一般輕渺，是「詩中有畫，畫中有詩」的佳作。《山居秋暝》中的「明月松間照，清泉石上流」，一個「明月」一個「清泉」，兩個詞語帶動出清涼空幽之意。《過香積寺》「泉聲咽危石，日色冷青松」，一「咽」一「冷」，有聲有色，透出清冷。《終南別業》「行到水窮處，坐看雲起時」，每一個字，每一個詞，特別是「水窮」「雲起」的搭配都透著禪意，回味無窮。

　　除王維外，《唐詩三百首》中選取了不少對字詞運用較好的詩歌，如柳宗元的《江雪》「千山鳥飛絕，萬徑人蹤滅」，一個「絕」冠以詩歌空靈壯美的意境。王之渙的《登鸛雀樓》「欲窮千里目，更上一層樓」，「窮」字將心中更上一層的美好願望和迫切心情淋漓盡致的體現出來。李頻的《渡漢江》「近鄉情更怯，不敢問來人」，「怯」字展現出遊子那種忐忑不安的心，思鄉之情隨之更濃。杜甫的《登高》「風急天高猿嘯哀，渚清沙白鳥飛回。無邊落木蕭蕭下，不盡長江滾滾來」，幾個互不相干的詞經詩人精心組合，蒼涼悲壯之感油然而生。《旅夜書懷》「星垂平野闊，月湧大江流」，「垂」和「湧」字將長江的雄渾闊大生動的表達出。

　　其次，詩歌創作手法對詩歌意境的形成也起了關鍵作用。李白的詩歌是這方面的代表，主要表現在大膽的想像和誇張手法以及打破常規的寫法，如《夢遊天姥吟留別》敘述了一個奇特的夢，運用誇張和想像寫出在夢中遊覽天姥山的景象，「天姥連天向天橫，勢拔五嶽掩赤城。天台四萬八千丈，對此欲倒東南傾。我欲因之夢吳越，一夜飛度鏡湖月。」《將進酒》「君不見高堂明鏡悲白髮，朝如青絲暮成雪。」「烹羊宰牛且為樂，會須一飲三百杯。」等都是誇張手法的運用，促成詩歌意境的形成。《蜀道難》《宣州謝朓樓餞別校書叔雲》等詩歌除了運用誇張和想像外，打破了詩歌常規寫法，起句突兀，一開始就運用了驚人的語句來先聲奪人。如「噫吁戲，危乎高哉！」「棄我去者昨日之日不可留，亂我心者今日之日多煩憂。」等以驚人和奇特之語引人入勝。

　　對於具體的格律知識，蒙童可以使用專門的讀本，通過記憶的方式來學習，但是一首好的詩歌還體現在意境上，而詩歌的意境不是簡單的記憶能夠完成的，它需要日積月累，需要體悟，體悟不同詩人的創作過程，揣摩對字

詞的運用和創作手法的選用，在這方面，《唐詩三百首》是一本很好的範本，引導蒙童去認識唐人是如何運用各種技巧來形成詩歌意境。

總之，《唐詩三百首》符合孔子「小子何莫學夫詩」的詩教主張，成爲儒家蒙童詩歌的教育讀本，對蒙童的思想、道德等情感和對詩歌的認識都具有一定的教化功能。

第四節 《唐詩三百首》對當代青少年人文素養形成的影響

在當代，《唐詩三百首》依然作爲青少年的教輔用書而受到人們的喜愛，特別是在倡導素質教育的今天，《唐詩三百首》的詩教功能有所轉變，側重於青少年的全面發展。青少年的閱讀範圍越來越廣泛，《全日制義務教育語文課程標準（實驗稿）》（以下簡稱《語文課程標準》）對中小學生的古詩文閱讀也有一定的規定：「要求 1-6 年級學生背誦古今優秀詩文 160 篇（段），7-9 年級學生背誦 80 篇（段），合計 240 篇（段）。」〔註33〕新課標中推薦了 120 篇（段），其中的一部分詩歌在《唐詩三百首》中也有選錄。但是，從青少年長期的學習積纍來看，這顯然不夠，《語文課程標準》中也說：「其餘部分可由教材編者和任課教師補充推薦。」〔註34〕青少年語文素養的形成不僅僅是靠灌輸，王曉輝說：「作爲一種內在的品質，素養具有『不可傳輸性』。它只能有學習主體憑藉自身的經驗與體驗，在社會性相互作用中，通過吸收、轉化、重組等一系列心智操作才能生成與發展。」〔註35〕因此，《唐詩三百首》作爲課外詩歌讀本，因爲具有以上所談到的特點，能夠激發學生學習詩歌的興趣，調動其積極性，所以是培養青少年語文素養的最佳選本。

《語文課程標準》對語文素養的描述：「語文課程應培育學生熱愛祖國語文的思想感情，指導學生正確理解和運用祖國語文，豐富語言的積纍，培養語感，發展思維，使他們具有適應實際需要的識字寫字能力、閱讀能力、

〔註33〕《全日制義務教育語文課程標準（實驗稿）》，北京師範大學出版社，2001 年7 月第 1 版，第 23 頁。

〔註34〕同〔註33〕。

〔註35〕王曉輝：《新課程：語文教育怎樣改革》，四川大學出版社，2003 年 10 月第 1版，第 33 頁。

寫作能力、口語交際能力。語文課程還應重視提高學生的品德修養和審美情趣，使他們逐步形成良好的個性和健全的人格，促進德、智、體、美的和諧發展」。〔註36〕《唐詩三百首》作爲教輔用書，在對語文知識能力的提高方面影響較小，主要是對青少年人文素養的影響。因此，本文將從豐富情感、健全人格、完善思維和文化修養等方面論述《唐詩三百首》對青少年人文素養形成的影響。

一、培養豐富的情感

《唐詩三百首》在古代對蒙童情感的教化主要是道德和審美情感的教化，發展到當代，青少年的情感更加豐富，《唐詩三百首》作爲教輔用書，在青少年的閱讀中，促進他們豐富情感的培養。但是，當前由於各種外在的原因，青少年的情感流失比較嚴重，如朋友間缺乏交往、愛國熱情有所減退、早戀傾向嚴重，愛情觀錯誤等。因此，擁有健康而豐富的情感是當前青少年教育所應該關注的。而且，青少年擁有很強的模仿力，英雄崇拜是這一時期青少年成長的特點，而希望情感獨立也是這時期的特點，兩者的矛盾往往使青少年無所適從，所以，對青少年情感的引導至關重要。針對當前青少年容易出的情感問題，從友情、親情、愛國情和愛情等四個方面，論述《唐詩三百首》對這四種情感培養的影響。

友情。青少年在成長中感受到較多的是友情。對於友情，青少年往往將其看成是仗義、哥們義氣，而這些都是盲目的。眞正的友情首先要志同道合，其次是相互理解和支持，不離不棄。《唐詩三百首》中如杜甫的《夢李白》、《天末懷李白》等，在表達對友人的思念的同時，表現的是對友人的關心，對其處境的同情和理解。李白的《送友人》、王勃的《送杜少府之任蜀州》等，說明即使天各一方，友情依然是不變的，所以，不要因爲離別而傷心。李頎的《送陳章甫》等，表達的是對友人的不離不棄，沒有了往日的風光，眞正的朋友還是不問枯榮一如既往的給以支持。古人的這種深厚不變和相互理解支持的友情對情感不穩定的青少年來說無疑是一種榜樣。

親情。大多數青少年擁有最多的往往是親情，但是，由於過分寵愛，青少年們往往忽視了這份親情，因此，在詩歌的閱讀中，將青少年置於一個旁觀者的位置，引導他們去品嘗他人的親情，驚醒自己，重新審視自己的情感。

〔註36〕同〔註33〕第1頁。

如「慈母手中線，遊子身上衣。臨行密密縫，意恐遲遲歸。誰言寸草心，報得三春暉。」（孟郊《遊子吟》），膾炙人口的佳句，母親對即將遠行的孩子的不捨和關心，在細微處感受母愛的偉大。「今夜鄜州月，閨中只獨看。遙憐小兒女，未解憶長安。香霧雲鬟濕，清輝玉臂寒。何時倚虛幌，雙照淚痕乾。」（杜甫《月夜》），即使相隔千里，詩人對妻子的思念和兒女的牽掛依然時時縈繞心頭，月夜裏，對家人的思念更加強烈。這些充滿情感的詩教導青少年：無論在哪裏，父母永遠是最關心最牽掛他們的人，因此，要懂得珍惜，懂得去回報。

愛國情。青少年處於世界觀、人生觀和價值觀的萌發期，所以，愛國情感的引導顯得格外重要，特別是在和平時期，人們往往忽視對青少年愛國情感的培養，因此必須加強愛國思想情感教育。《唐詩三百首》是儒家思想下的教本，所選詩歌首先必須符合儒家思想，所以，愛國思想貫穿於大部分詩歌當中，有對祖國大好河山的誇吟的，如李白的《夢遊天姥吟留別》，同時也表達了詩人對時事的擔憂。有痛斥戰爭的殘酷和訴說人民的悲苦的，如杜甫的《兵車行》，表達出憂國憂民的情感。有對統治者荒淫的控訴，如杜甫的《麗人行》等，各種形式的愛國思想可以啟發青少年對不同時期愛國情的認識，首先愛國是必須的，無論何時都要有一顆愛國心。其次，愛國的形式是多樣的，古人的戰場殺敵是愛國，對民生疾苦的關心是愛國，對祖國的讚美也是愛國。

愛情。對於當代的青少年來說，愛情或許並不陌生，但朦朦朧朧難以理解。處於青春期的青少年禁不住想要觸摸愛情，但是不獨立的自我又不允許他們去接觸，這就形成了一對矛盾體，因此，叛逆中的青少年對愛情是一種什麼樣的情感，經常存在著誤解。課堂上教師常用儒家思想來教導青少年的愛情觀，這是片面的。如果不能全面地給學生來闡釋愛情，好奇的他們依然會「以身試法」，所以，引導是關鍵，學生多方面的瞭解愛情至關重要。

《唐詩三百首》中愛情詩雖然不多，但是詩中流露出的真實情感值得我們去感受，不同詩人對愛情有著不一樣的感受和表達，有的感到甜蜜，也有的感到苦澀；有直白的表達，也有含蓄的表達。多種愛情觀可以讓青少年在對比中明白不同時期的愛情是不一樣的，正確的定位自己的所處的情感階段，特別是能夠區分愛情和友情。李商隱的愛情詩《唐詩三百首》中選取最多，「身無彩鳳飛雙翼，心有靈犀一點通。」（《無題》）「相見時難別亦難，東

風無力百花殘。春蠶到死絲方盡，蠟炬成灰淚始乾。」(《無題》)「春心莫共花爭發，一寸相思一寸灰。」(《無題》)「此情可待成追憶，只是當時已惘然。」(《錦瑟》)等，這些愛情詩隱晦、朦朧、含蓄，對於青少年來說比較難以理解，但是，詩中對愛情表達出的是一種美好的嚮往，一種情感的交流，一種境界，它不只是纏纏綿綿，更多的是一種美好的感覺。教導青少年在面對這樣的情感時，不是如何去迴避，而是如何引導自己將這樣的情感轉化，尋求平衡。

對愛情觀全面而正確的引導，使萌動期的青少年會以一種理智而平和的心態去面對自身的感情，解除困惑，培養健康的心理，這對於處於青春期的青少年來說是至關重要的。因此，《唐詩三百首》自由而正確的愛情觀對青少年來說是素質教育的重要組成部分。

《唐詩三百首》中詩歌所體現出的豐富的情感是青少年學習的榜樣，可以多角度、多方面培養青少年的情感。

二、塑造健全的人格

什麼是人格？至今沒有一個能夠為大家所公認的定義。《培養獨生子女的健康人格》說：「據美國心理學家奧爾波特 1937 年統計，人格定義已達 50 多種，人格的現代定義也有 15 種之多。」〔註37〕可見，對人格作全面而準確的定義很難，其簡單的定義是：「人格是個人內在的動力組織及其相應的行為模式的統一體」。〔註 38〕對於什麼是健康的人格，我們可以從它的特徵來看，「馬斯洛歸納出自我實現的人所具有的如下 16 種人格特徵：1. 客觀地認識現實。2. 全面接納自己、他人及周圍的世界。3. 自然地表達思想感情，而不矯揉造作。4. 專注並熱愛工作，有責任感和獻身精神，很少考慮金錢、名望和權勢等個人利害得失。5. 有獨處和獨立的需要。6. 自主地活動。7. 永不衰退的鑒賞力。8. 經歷過高峰體驗並受到震撼，感受到這種體驗對於自己的人生意義。9. 愛人類並認同自己為全人類的一員。10. 與為數不多的人有深厚而親密的關係。11. 民主的態度和作風。12. 明確的分辨善惡……堅持自己的道德標準。13. 富於哲理的善意的幽默感。14. 富於創造性。15. 抵制

〔註37〕孫雲曉、卜衛主編：《培養獨生子女的健康人格》，天津教育出版社，1998 年 8 月第 2 版，第 16 頁。

〔註38〕全國十二所重點師範大學聯合編寫：《心理學基礎》，教育科學出版社，2004 年 8 月第 6 版，第 168 頁。

適應現存文化。16. 能彌合各種分裂和對立而達到整合協調的狀態。」〔註39〕青少年正處於身心急速發展的時期，其自我意識逐漸增強，自我評價越來越實際，開始探討人生，因此，這一時期，對青少年正確的教育和引導至關重要。《唐詩三百首》中詩人在作品中體現出的一些人生態度，可以引導青少年健全人格的形成。以下將根據馬斯洛歸納的自我實現的人的人格特徵，從樂觀精神的培養和責任感的建立兩個方面來論述健全人格的建立。

1. 樂觀精神的培養

《唐詩三百首》中的詩歌的總格調是積極樂觀的，它能夠引導青少年感受古人樸素的哲思和對宇宙、對人生、對國家的樂觀精神，培養學生獨立思想。《唐詩三百首》選詩三百餘首，篇篇經典，篇篇哲理。陳子昂的詩僅選一首，卻幾乎是古人對宇宙認識的經典，「前不見古人，後不見來者。念天地之悠悠，獨愴然而涕下。」（《登幽州臺歌》）詩人在一片悲涼中認識到天地的無窮，人生的短暫，將一己的悲歡情懷放入天地時空中，雖然渺小，但詩中透露出的開拓精神依然能夠感覺得到，這種對事物客觀的分析和主觀的努力精神能夠引導青少年更加清晰的認識世界。李白浪漫灑脫，其詩歌也充滿了豪情，對國家、對自身的發展，李白一直有著清醒的認識，雖然也有過迷茫，但對於人生，李白一直是樂觀有干勁，「天生我材必有用，千金散盡還復來。」（《將進酒》）「長風破浪會有時，直掛雲帆濟滄海。」（《行路難》）這種在苦悶中對未來的信心和憧憬讓整首詩歌都散發著理想和自信的光彩，這才是青少年心目中英雄的形象，可以引導他們認識到道路的曲折是必然的，面對困難不能怨天尤人，萎靡不振，樂觀自信才應該是人生的態度。

2. 責任感的建立

國家興亡匹夫有責，這是對國家責任感的體現。詩人的思想往往比較積極，心懷國家、憂國憂民是他們在詩歌中經常表達的情感，這也是對國家責任感的體現。《唐詩三百首》中憂國憂民和詠史主題的詩佔了很大一部分，杜甫的詩自不必說，沉鬱悲愴的憂國憂民思想幾乎是他詩歌的全部，且思想透徹深刻，所以，杜甫的詩在《唐詩三百首》中數量最多，如他的《春望》《聞官軍收河南河北》《詠懷古迹》《兵車行》等，都表達了對國家的關心。李白雖然豪放灑脫，但仍心懷國家，《蜀道難》《行路難》《夢遊天姥吟留別》等看

〔註39〕同〔註38〕，第185～186頁。

似暢快淋漓，但對國家前途的擔憂之情也油然而生，狂放不羈中流露憂國之情。杜牧詩，如《赤壁》《泊秦淮》等，也是將一己之情懷放入國家，體現出對國家強烈的責任感。王昌齡、高適、岑參等邊塞詩人將對國家的擔憂通過戰爭、邊塞生活來體現，如王昌齡的《出塞》《塞下曲》等，高適的《燕歌行》、岑參的《白雪歌送武判官歸京》等。

　　在新時代下，青少年依然對生命的意義、對人生的價值、對人生的定位存有困惑，因此，多多接觸古人的作品，感受他們的思想，對青少年人文素養的形成無一不是一種指引。青少年豐富情感的培養和健全人格的形成，不可能一蹴而就，需要在生活的點點滴滴中去學習，所以，青少年可以對《唐詩三百首》自由的閱讀，真實地體會其中的思想，促進人文素養的形成。

三、完善思維方式

　　古代對蒙童教育有詩歌創作的要求，所以，他們對詩歌的欣賞更注重對詩歌創作技巧和手法的學習，如想像、聯想、誇張等技巧和手法。而對於當代的青少年來說，他們對古典詩歌的欣賞，並非學習詩歌創作的技巧，而是通過對形成詩歌意境的意象的賞析來訓練思維方式。《唐詩三百首》在當代作為輔助教材，對青少年創造性思維的形成有一定的積極作用，「直覺思維和靈感思維是創造性思維關鍵階段上起重要作用的思維方式。」〔註40〕詩歌的創作恰好是這兩種思維的完美結合。詩歌是詩人靈感的體現，但是詩人的靈感思維我們看不到。直覺思維的形成與詩歌意象有著直接關係，而意象是可以賞析的。《唐詩三百首》選取的都是唐詩中「膾炙人口」的「尤要之作」，意境高遠，這些意境的形成很大一部分是來自於意象的完美組合。

　　李白是意象運用和組合的高手，他的詩歌意象主要分為兩種類型：壯美型和優美型。《唐詩三百首》對此都有選取，壯美型的如「連峰去天不盈尺，枯松倒掛倚絕壁。飛湍瀑流爭喧豗，砯崖轉石萬壑雷。」（《蜀道難》）「山隨平野盡，江入大荒流。月下飛天鏡，雲生結海樓。」（《渡荊門送別》）「欲渡黃河冰塞川，將登泰山雪滿山。」（《行路難》）等，這些吞吐山河、包孕日月的壯美意象給人以崇高感。優美型的如「玉階生白露，夜久侵羅襪。卻下水晶簾，玲瓏望秋月。」（《玉階怨》）「美人卷珠簾，深坐蹙蛾眉。但見淚痕濕，不知心恨誰。」（《怨情》）等，白露、明月、美人等清麗的意象豐富了詩歌的意境。

〔註40〕吳德升：《語文教學最優化探索》，吉林人民出版社，2001年12月第1版，273頁。

《唐詩三百首》對王維詩選取也較多，王維山水詩中的意象對色彩和光線的描寫都很明顯，「雲」「松」「竹」「泉」「月」等意象都是王維詩歌經常出現的，如「行到水窮處，坐看雲起時。」（《終南別業》）「明月松下房櫳靜，日出雲中雞犬喧。」（《桃源行》）「明月松間照，清泉石上流。竹喧歸浣女，蓮動下漁舟。」（《山居秋暝》）等，這些意象都有著深層的含義，表現作者清遠的境界。

除此之外，杜甫的「無邊落木蕭蕭下，不盡黃河滾滾來。」（《登高》）崔顥的「黃鶴一去不復返，白雲千載空悠悠。晴川歷歷漢陽樹，芳草萋萋鸚鵡洲。」（《黃鶴樓》）柳宗元的「千山鳥飛絕，萬徑人蹤滅。孤舟蓑笠翁，獨釣寒江雪。」（《江雪》）等詩歌都是對意象運用的佳作，《唐詩三百首》中的詩人幾乎都有自己獨特的意象群。

中國傳統中對「月」這一意象情有獨鍾，它主要代表一種思念，《唐詩三百首》中通過月來抒情的詩較多，而且各不相同，如李白的《月下獨酌》《夜思》《玉階怨》等，杜甫的《月夜》《月夜憶舍弟》等，張九齡的《望月懷遠》、劉方平的《月夜》等，表達出作者在月夜之時對親人的思念和孤獨之情。

通過對這些意象的賞析和感受，青少年可以突破語言的限制，還原當時的生活情境，體會作者當時的心境，形成直覺思維，這也可以推動青少年敏銳的觀察力。在品味前人創造的意象的同時，青少年在頭腦中有再造性意象的出現，這樣不僅能夠擴展思維空間，而且也培養了創造性思維。

四、提高文化素養

發展到現代，唐詩主要是以文化的形式存在，對唐詩進行學習和閱讀，是青少年瞭解古典文學，提高文華素養的方式之一，也是保存和傳承文化的方式之一。《唐詩三百首》作為詩歌選本，詩歌數量雖然不能與《全唐詩》相比，但是，選詩精要，從中可以看到整個唐朝和唐詩的情況。鑒於青少年能力和時間的限制，《唐詩三百首》在對青少年文化素養的提高方面發揮重要作用。

詩歌中常常都會包含一些典故，這些典故往往含有濃厚的文化氣息，《唐詩三百首》中的詩歌也大部分含有典故，相對於整個華夏文化，雖然這些典故透露出的文化很少，但是，對於知識量和閱讀量不多的青少年來說，在閱讀《唐詩三百首》的同時，其中的典故可以在一定程度上豐富他們的文化素

養，如王維《送綦毋潛落第還鄉》「遂令東山客，不得顧采薇。」中「采薇」包含了伯夷、叔齊不食周粟，采薇而食的典故。《西施詠》「持謝鄰家子，效顰安可希？」「效顰」則引用了東施效顰的典故。《老將行》中則引用了多個典故，如「射殺山中白額虎，肯數鄴下黃鬚兒」引用晉代周處射殺白額虎、蛟龍，改過自新的典故，「願得燕弓射大將，恥令越甲鳴吾君」則引用了雍門子狄自刎立節的典故，《送梓州李使君》「文翁翻教授，不敢倚先賢」中引用文翁造學宮，發展西蜀文化的典故等。李白的《行路難》「閒來垂釣碧溪上，忽復乘舟夢日邊」中引用了姜尚和伊尹受重用的典故，《長干行》「常存抱柱信，豈上望夫臺？」中運用尾聲守信和望夫臺的典故，來表達忠貞不渝的情感。杜甫詩也大量用典，如《寄韓諫議》《別房太尉墓》《蜀相》《宿府》《閣夜》《詠懷古迹》等，其中都運用了一定的典故，委婉的表達情感。除此之外，《唐詩三百首》中運用典故的詩歌還有很多，如王昌齡的《同從弟南齋玩月憶山陰崔少府》、丘爲的《尋西山隱者不遇》、岑參的《與高適薛據登慈恩寺浮圖》、韋應物的《寄全椒山中道士》、孟浩然的《夜歸鹿門山歌》、李頎的《故從軍行》等，這些都包含一定的典故，而對青少年來說，這些典故大部分都沒有接觸到，通過閱讀《唐詩三百首》，對這些典故都會有所瞭解，不僅利於詩歌欣賞，而且提高了自身的文化素養。

《唐詩三百首》的詩歌中還包含有許多自然文化知識，閱讀有關描寫自然風景的詩歌，青少年可以感受到南北自然風景、氣候的不同和相同之處。通常情況下，我們接觸到的詩歌都是對北方雄偉壯美風景和南方秀美風景的描寫，如岑參的《走馬川行奉送封大夫出師西征》《輪臺歌奉送封大夫出師西征》《白雪歌送武判官歸京》等，其中都對北方惡劣的自然環境和氣候有所描寫。柳宗元的《溪居》《漁翁》等體現出秀美之氣。但是，《唐詩三百首》中的詩歌還有對北方秀美山水和南方壯美山水的描寫，如李白的《蜀道難》和《夢遊天姥吟留別》等，這是對南方蜀道和天姥山的描寫，寫出了它們的險惡；而王維的《青溪》則是對北方幽美風景的描寫。通過對這些詩歌的閱讀，青少年可以加深對南北在風景氣候上差距的認識，瞭解古代中國的風景氣候。

《唐詩三百首》中有一部分詩歌是對音樂、舞蹈的描寫，如李頎的《聽董大彈胡笳聲兼寄語弄房給事》《聽安萬善吹篳篥歌》、李白的《聽蜀僧濬彈琴》、杜甫的《觀公孫大娘弟子舞劍器行並序》等，詩人用豐富的想像，將音樂訴諸視覺、聽覺和感覺，通過語言的描述傳達給讀者。當代的青少年對此

進行閱讀，不僅可以增加對古代樂器的認識，而且可以通過詩人的引導，感受當時表演的精妙。

《唐詩三百首》中的詩歌蘊含了豐富的文化，青少年可以通過閱讀，直接或間接被薰染，提高文化素養。

《唐詩三百首》流傳至今有二百餘年，作為青少年的詩歌讀本，它的教育價值值得期待，特別是在素質教育走進我國的現代，青少年課外閱讀自主選擇範圍擴大，而圖書市場魚龍混雜，所以選擇一本好的詩歌讀本成為了關鍵。讀本既要增加學生積纍、提高學生語文素養，又要在質和量上符合青少年發展的規律，與其費盡腦汁去創造，不如先看看我國文化中的瑰寶。中國文化沉澱數千年，也蘊含了數代人的心血，隨著歷史的前進，其中的精華也在與時俱進，沒有借鑒就沒有發展。中國是文明古國，教育發揮了舉足輕重的作用，所以對有發展淵源的教育，我們更應該謹慎。在與世界接軌的同時，傳統中的經驗不能丟棄，循著這條原理，重新審視蒙學詩歌讀本《唐詩三百首》，解讀它的童蒙詩歌讀本性質，為當代的詩歌教學閱讀提供更好的借鑒。

通過對《唐詩三百首》的研究，不僅可以對《唐詩三百首》的童蒙詩歌教材的這一性質進行界定，讓大多數人明白它不僅僅是一本普通的詩歌讀本，而是以「家塾課本」的身份誕生，並且流傳很久。《唐詩三百首》從內容的選取到體例的編排都是按照青少年的發展規律進行的，不管是選詩的難度，還是選詩的範圍等，都體現出現代教育的特性。這有利於青少年初步掌握唐詩，通過熟讀《唐詩三百首》達到古人所謂的「不會吟詩也會吟」的目的。對於當代的青少年來說，《唐詩三百首》的價值就是對其語文素養形成的影響，這種影響是潛移默化的，在這種潛移默化中實現對中國傳統文化的瞭解、繼承和發展。

（本章撰稿人：徐明玉）

第三章 《笠翁對韻》與屬對教學

　　《笠翁對韻》是為了滿足兒童學習對仗、平仄、用韻、遣詞造句等的需要而編寫的一部啟蒙課本。「對韻」就是指對偶和押韻。它的作者是康熙年間的李漁。李漁（1611 年～1680 年），初名仙侶，字謫凡，號天徒。中年改名李漁，字笠鴻，號笠翁。所以，這本書就叫《笠翁對韻》。也有學者認為《笠翁對韻》不是李漁寫的，而是託名之作。理由是《笠翁對韻》的對仗中有用同義詞或近義詞相對的，犯了忌諱，如「二冬」第三則「意懶對心慵」「浪蝶對狂蜂」等；《笠翁對韻》還存在一些出韻現象。這兩方面的「問題」，均有待進一步研究。例如，關於對仗中有用同義詞或近義詞相對的「問題」。在一組對句中，出句和對句完全同義或基本同義，稱為合掌，是詩家大忌。但是，《笠翁對韻》是教人對對子的蒙學讀物，對對子就沒有那麼嚴格了，因為對對子有時就是為了能對得工整好看，所以允許合掌的存在。再例如，關於出韻的現象。《笠翁對韻》是依照平水韻編排的，平水韻用於詩韻是不允許出韻的。但是，《笠翁對韻》中的出韻現象，多為鄰韻相混，這「出」的韻，因為是鄰韻，用於詩的首句是可以的，所以，「出韻」也就不是什麼問題了。從另一個角度看，僅僅根據書中存在的某些錯誤，就否定它的作者，這個思維邏輯經不起推敲；儘管李漁是著名的學者和戲劇家，他的著作也不可能完美無缺。而且，我們也沒有任何文獻能夠證明李漁不是《笠翁對韻》的作者。一個人一輩子能寫幾篇好文章，能寫一兩本流傳後世的著作，也就很不錯了，何況李漁的《笠翁十種曲》《閒情偶寄》已經堪稱不朽，我們就不必苛求他的其它著作存在這樣那樣的毛病了。

第一節 《笠翁對韻》的編排體例

編排體例是指一部著作的編寫格式或一篇文章的組織形式。《笠翁對韻》在編排體例上，沒有創新之處。爲了敘述上的前後照應，這裏對《笠翁對韻》的編排體例只做簡單梳理。

一、全書的體例

從全書的體例看，《笠翁對韻》與成書在它之前的《聲律啓蒙》基本相同，都是按照平水韻平聲三十韻分部編寫的。其目次如下：上卷：一東，二冬，三江，四支，五微，六魚，七虞，八齊，九佳，十灰，十一眞，十二文，十三元，十四寒，十五刪；下卷：一先，二蕭，三肴，四豪，五歌，六麻，七陽，八庚，九青，十蒸，十一尤，十二侵，十三覃，十四鹽，十五咸。

這種分部編寫的方法，直接承襲《平水新刊禮部韻略》。《平水新刊禮部韻略》是金代王文郁所編。王文郁將宋人《廣韻》二〇六部合併爲一〇六韻：上下平各十五韻，上聲二十九韻，去聲三十韻，入聲十七韻。這就是「平水韻」。其後，特別是到了明代，詩人已經非常普遍而自覺地運用「平水韻」進行詩歌創作。清代康熙年間編撰的《佩文韻府》《佩文詩韻》，以及此後編寫的詩韻書，分韻也都是一〇六韻，可見平水韻影響之大。

《笠翁對韻》在這樣的學術背景下編成，自然不能脫離時代的影響。因爲格律詩一般押平聲韻，很少押仄聲韻，所以《笠翁對韻》只取「平水韻」的上下平各十五韻三十部。

《笠翁對韻》目錄中的「一東」「二冬」等三十個韻部，是承襲韻書而來。在韻書中，各韻部的標目，叫做韻目。韻書歸併同韻的字爲一部，每一部以其中一個字或二個字爲代表，這個代表的字就叫韻目。與一般韻書不同的是，《笠翁對韻》歸併同韻的字，不是採用一一列舉的方法，而是採用類似詩的和諧可誦的句子，將韻字展示出來。如「二冬·其三」：「繁對簡，疊對重。意懶對心慵。仙翁對釋伴，道範對儒宗。花灼灼，草茸茸。浪蝶對狂蜂。數竿君子竹，五樹大夫松。高皇滅項憑三傑，虞帝承堯殛四凶。內苑佳人，滿地風光愁不盡；邊關過客，連天煙草憾無窮。」用了這麼大的篇幅，只是爲了交待「重、慵、宗、茸、蜂、松、凶、窮」等八個韻字。把韻字鑲嵌在詩句裏，通過誦讀這些詩句，自然而然地掌握了韻字，比韻書中一個一個地孤立地排列韻字，更爲形象生動，易記易學，符合童蒙的心理和教學規律。當

然，這樣的方法不能展示一個韻目的全部韻字，只是具有舉例性質，展示的多是常用的韻字。

二、每個韻部的體例

從每個韻部的體例看，有二則到四則對文不等。每則對文的結構均相同，都是十六句，多數爲八個韻腳。如「八庚·其一」：「形對貌，色對聲。夏邑對周京。江雲對渭樹，玉磬對銀箏。人老老，我卿卿。曉燕對春鶯。玄霜春玉杵，白露貯金莖。賈客君山秋弄笛，僊人緱嶺夜吹笙。帝業獨興，盡道漢高能用將；父書空讀，誰言趙括善用兵。」這則對文共有十六句，組成像詩一樣的對句，共有對句十對，八個韻腳，依次爲：聲、京、箏、卿、鶯、莖、笙、兵，都屬於「平水韻」中的「八庚」韻。

較之《聲律啓蒙》，《笠翁對韻》每個韻部的體例較爲靈活。《聲律啓蒙》每個韻部都有三則對文，數目相等，而《笠翁對韻》則變通爲每個韻部二到四則對文。每個韻部安排幾則對文，有什麼原則嗎？大體的原則是這樣：寬韻的韻部下安排四則對文，所謂寬韻，就是包含字數較多的韻部，如「四支」「七陽」等。

舉「四支」的例子來看一下：

> 泉對石，幹對枝。吹竹對彈絲。山亭對水榭，鸚鵡對鷓鴣。五色筆，十香詞。潑墨對傳卮。神奇韓幹畫，雄渾李陵詩。幾處花街新奪錦，有人香徑淡凝脂。萬里烽煙，戰士邊頭爭保塞；一犁膏雨，農夫村外盡乘時。

其二

> 葅對醢，賦對詩。點漆對描脂。瑤簪對珠履，劍客對琴師。沽酒價，買山貲。國色對仙姿。晚霞明似錦，春雨細如絲。柳絆長堤千萬樹，花橫野寺兩三枝。紫蓋黃旗，天象預占江左地；青袍白馬，童謠終應壽陽兒。

其三

> 箴對贊，缶對卮。螢焰對蠶絲。輕裾對長袖，瑞草對靈芝。流涕策，斷腸詩。喉舌對腰肢。雲中熊虎將，天上鳳麟兒。禹廟千年垂橘柚，堯階三尺覆茅茨。湘竹含煙，腰下輕紗籠玳瑁；海棠經雨，臉邊清淚濕胭脂。

其四

  爭對讓，望對思。野葛對山梔。仙風對道骨，天造對人爲。專諸劍，博浪椎。經緯對干支。位尊民物主，德重帝王師。望切不妨人去遠，心忙無奈馬行遲。金屋閉來，賦乞茂陵題柱筆；玉樓成後，記須昌谷負囊詞。

因爲「四支」是寬韻，所以安排了四則對文。

  窄韻的韻部一般安排二則對文；所謂窄韻，就是包含字數較少的韻部，如三江、十五刪、九青、十蒸、十三覃、十五咸等。

  舉「十五刪」的例子來看一下：

  林對塢，嶺對灣。畫永對春閒。謀深對望重，任大對投艱。裙嫋嫋，佩珊珊。守塞對當關。密雲千里合，新月一鈎彎。叔寶君臣皆縱逸，重華父母是嚚頑。名動帝畿，西蜀三蘇來日下；壯遊京洛，東吳二陸起雲間。

其二

  驕對傲，吝對慳。討逆對平蠻。忠肝對義膽，霧鬢對雲鬟。埋筆冢、爛柯山。月貌對天顏。龍潛終得躍，鳥倦亦知還。隴樹飛來鸚鵡綠，湘筠喚處鷓鴣斑。秋露橫江，蘇子月明遊赤壁；凍雲迷嶺，韓公雪擁過藍關。

因爲「十五刪」是窄韻，所以只選擇了兩則對文。

三、每則對文的體例

  從每則對文的體例看，有一字對、二字對，三字對、五字對、七字對、十一字對等六種對仗形式。以「八庚・其一」對文爲例，一字對，如「形」對「貌」；二字對，如「夏邑」對「周京」；三字對，如「人老老」對「我卿卿」；五字對，如「玄霜春玉杵」對「白露貯金莖」；七字對，如「賈客君山秋弄笛」對「僊人緱嶺夜吹笙」；十一字對，如「帝業獨興，盡道漢高能用將」對「父書空讀，誰言趙括善用兵」。十對對語，由簡到繁，由易到難，順序編排，符合兒童學習心理，便於教學。

  對偶（即對仗）和聲韻是漢語的兩個重要特色。編寫《笠翁對韻》的目的，就是讓童蒙分清字的平仄，學會對仗的技巧，記住韻部。掌握了對偶和聲韻這兩個方面的基本知識，也就爲今後作詩打下堅實根基。《笠翁對韻》雖

然沒有講這兩個方面的基礎理論，但它的每條對句都起到了很標準的示範作用。

清朝道光年間的米東居士評價《笠翁對韻》說：「其採擇也奇而法，其搜羅也簡而該；其選言宏富，則曹子建八斗才也；其錯采鮮明，則江文通五色筆也。班香宋豔，悉入薰陶；水佩風裳，都歸裁剪。或正對，或反對，工力悉敵；或就對，或借對，虛實兼到。揆之詩苑類格、上官儀六對之法，無不吻合。洵初學之津梁，而騷壇之嚆矢也。」〔註1〕此話不失為確論。

第二節　《笠翁對韻》的對仗

對仗是格律詩詞獨有的一種特殊創作技法和規則，它不僅要求上下兩個句子在字數、詞性、結構方面嚴整相對，而且對語音的平仄變化也有嚴格要求。興起於隋唐的格律詩，嚴格要求律詩中的頷聯與頸聯必須對仗。這一方法同時也為詞曲創作所採用，後來又被用於對聯撰寫。對仗是《笠翁對韻》的重點內容。

一、對仗的一般特點

對仗的一般特點，是指對仗所普遍具有的共性，即字數相等、詞類相對、結構相當、平仄相協、意義相關。

（一）字數相等

對仗是利用一個漢字一般代表一個語素，把形、音、義集合在一起，便於獨立使用的特點，巧妙地構成兩兩相對、整齊凝煉的對偶句。漢字是對仗產生、存在和發展的物質基礎，其它文字不具備這種條件。

對仗是由兩個相對稱的詞、句子或句群組成。前一句（群）叫出句或上句，後一句（群）叫對句或下句。出句和對句的字數必須相等，這是最基本的要求。對仗是憑藉字數相等的上下句，構成一個獨立的整體而存在的。在《笠翁對韻》中，不論是一字對、二字對、三字對，還是五字對、七字對、十一字對，都能做到字數各自相等，對稱精當。如「夜雨園中，一顆不彫王子柰；秋風江上，三重曾卷杜公茅。」（三肴·其二）出句、對句字數相等，都是十一個字，內容相對，寫景敘事，精煉概括。

（二）詞類相對

古人把漢語的詞叫字，又把字分作「實字」「虛字」「助字」三大類。「實字」下附有「半實」；「虛字」分「活（生）」「死（呆）」兩小類，並附有「半虛」。

從現代漢語的角度來看，「實字」是指具體名詞，「半實」是指抽象名詞。「虛（活）字」是指動詞，「虛（死）字」是指形容詞，「半虛」除指方位詞之外，還包括意義比較抽象的形容詞和時間詞。「助字」包括連詞、介詞、助詞等。

對仗的詞類要相對，上句用的詞與下句用的詞，要對稱一致，即名詞對名詞，動詞對動詞，形容詞對形容詞，數詞對數詞，量詞對量詞，副詞對副詞，歎詞對歎詞等。如「十月塞邊，颯颯寒霜驚戍旅；三冬江上，漫漫朔雪冷漁翁。」（一東・其一）「十」對「三」，是數詞對數詞；「月」對「冬」，是量詞對量詞；「塞」對「江」，「霜」對「雪」，「戍旅」對「漁翁」，是普通名詞對普通名詞；「邊」對「上」是方位名詞對方位名詞；「颯颯」對「漫漫」，「寒」對「朔」，是形容詞對形容詞；「驚」對「冷」，是動詞對動詞。詞類對仗工整。

漢語的詞類是一個比較大的範圍，同類之中還包括一些小類。比如名詞還分普通名詞、方位名詞、專有名詞等；形容詞中有表示性質的，有表示狀態的等。每類詞中的小類，可以相對。例如：「水北對天南」（十三覃・其一），「水」對「天」是普通名詞對普通名詞，「北」對「南」是方位名詞對方位名詞。

（三）結構相當

用詞（字）組成短語，用詞或短語構成句子，再用句子組成句群，這幾種不同等級的語言單位，在組合過程中，彼此之間就有了不同的結構關係。短語這一級語言單位是最有代表性的，因為它的組合一般具備了各種不同的結構類型。例如「柏秀」對「松枯」，是主謂結構相對；「返璧」對「還珠」，是動賓結構相對；「綠鬢」對「牙梳」，是偏正結構相對；等等。

在《笠翁對韻》三字對、五字對、七字對中，還存在著句法結構，而句法結構與其節奏單位基本一致。例如，

三字對的節奏有：「一──二」式，如「歌──宛轉」「貌──嬋娟」；「二──一」式，如「五色──筆」「十香──詞」。

五字對的節奏有：「二──二──一」式，如「西池──青鳥──使」；「二──一──二」式，如「赫赫──周──南仲」。

七字對的節奏有：「二——二——一—— 二」式，如「邊城——畫角——動——黃昏」；「二——二——二——一」式，如「折腰——肯受——小兒——憐」。

實際上，五字對、七字對都可以分爲兩個較大的節奏單位。五字對分爲「二——三」，七字對分爲「四——三」。這既實用，又具有概括性。

十一字對，出句、對句分別用逗號隔開，分爲前後兩個半句，如「僧占名山，雲繞雙林藏古殿；客棲勝地，風飄落葉響空廊。」（七陽·其二）出句和對句被逗號分隔成前四後七的兩個半句；前半句可以看成四字對，後半句可以看成七字對。七字對上面說過，不再重複。四字對，一般可以看作「二——二」式節奏。

（四）平仄相協

漢語是有聲調的語言，這是漢語的特點之一。聲調是漢字讀音高低升降的變化。古四聲是「平、上、去、入」。平聲字如「中」「東」，聲音舒長而響亮；上聲字如「海」「島」，聲音上揚而重濁；去聲字如「放」「亮」，聲音輕輕送出，分明而尾長；入聲字如「出」「國」，聲音極短，甫發即收。

古四聲可分爲平仄兩大類。所謂平就是平聲，所謂仄就是「上、去、入」三聲。「仄」的意思是「不平」。對仗用字，必須講究平仄。對仗遵照「平對仄，仄對平」的原則。對仗的平仄要相協，出句、對句平仄是對立的。這樣配合，高低抑揚，錯綜相對，具有音韻美。

這裏以常見的五字對、七字對爲例，加以說明。

（1）五字對的平仄格式

① 平起式：平平平仄仄，仄仄仄平平。

例如，「過天星似箭，吐魄月如弓。」（一東·其二）

② 仄起式：仄仄平平仄，平平仄仄平。

例如，「行樂遊春圃，工諛病夏畦。」（八齊·其三）

（2）七字對的平仄格式

① 平起式：平平仄仄平平仄，仄仄平平仄仄平。

例如，「三元及第才千頃，一品當朝祿萬鍾。」（二冬·其一）

② 仄起式：仄仄平平平仄仄，平平仄仄仄平平。

例如，「北牖當風停夏扇，南簷曝日省冬烘。）（一東·其三）

上面說的平仄格式，總起來看，出句是平聲起頭和仄聲落尾的，對句就要仄聲起頭和平聲落尾，這叫平起式。出句是仄聲起頭和仄聲落尾的，對句就要平聲起頭和平聲落尾，這叫仄起式。是平起，還是仄起，都要根據對句的第二個字判斷。因為對仗是兩個字為一「節」，而「節」的重點又自然落到第二個字上。比如七字對的第一個字、第三個字、第五個字，其平仄，在「節」上無關緊要，可以從寬，或平或仄似乎都可以，因此有「一三五不論」之說；而第二個字、第四個字、第六個字，在「節」上至關重要，一定要從嚴，是平是仄必須明確，所以就有「二四六分明」之訓。

（五）意義相關

對仗在意義上的相互關聯有多種情況：有的是相近或相似的關係，有的是相反或相對的關係，有的是上下相連的關係。

沒有關聯的事物不能構成對仗。道理很顯然，出句和對句共同組成一個語言單位，共同表達一個意思，如果兩者毫無關係，毫不相干，那就不叫對仗了。出句與對句不僅形式上要相對，而且內容上也要有關聯。例如，「三箭三人唐將勇，一琴一鶴趙公清。」（八庚·其二）唐將，指唐朝的將軍薛仁貴；趙公，指宋代的趙汴。薛仁貴與趙汴相對，一文一武，一勇猛，一清廉，意義相關，可以說是珠聯璧合

二、對仗形式

《笠翁對韻》中的對仗有一字對、二字對、三字對、五字對、七字對、十一字對等六種形式。以「一東·其一」為例，分別加以說明。

「一東·其一」如下：「天對地，雨對風。大陸對長空。山花對海樹，赤日對蒼穹。雷隱隱，霧濛濛。日下對天中。風高秋月白，雨霽晚霞紅。牛女二星河左右，參商兩曜斗西東。十月塞邊，颯颯寒霜驚戍旅；三冬江上，漫漫朔雪冷漁翁。」

（一）一字對

「天對地，雨對風。」是一個字對一個字，稱為「一字對」。「天」和「地」都是大自然的一部分，二者正好相對。「雨」是一種自然現象，「風」也是一種自然現象，因此可以相對。當然，「雨」也可以與其它自然現象相對，如霜、霧、雪；因為這裏要押「一東」韻，所以用「風」對。

（二）二字對

「大陸對長空。山花對海樹，赤日對蒼穹。」都是兩個字對兩個字，稱爲「二字對」。出句和對句都是同一類事物，語句工整，意思相近，這種情況屬於 「正對」。

（三）三字對

「雷隱隱，霧朦朦。」是三個字對三個字，稱爲「三字對」。「雷隱隱」不僅提到了雷聲，還寫了雷聲的特點：從遠處隱約傳來，因此下句也要對以自然現象，也要提到這種現象的特點，故以「霧朦朦」相對，「霧」是一種自然現象，同時，「朦朦」又寫出了霧的特點：大霧籠罩，模糊不清的樣子。

（四）五字對

「風高秋月白，雨霽晚霞紅。」是五個字對五個字，稱爲「五字對」。其中，「風」對「雨」，「高」對「霽」，「秋月」對「晚霞」，「白」對「紅」，一一對應，非常工穩。出句和對句，分別描繪了兩個完整的畫面。

（五）七字對

「牛女二星河左右，參商兩曜斗西東。」是七個字對七個字，稱爲「七字對」。「牛女」對「參商」，「二星」對「兩曜」，「河」對「斗」，「左右」對「西東」，均非常工整。這兩句寫的都是天象，其中卻包含著深意：牛郎與織女深深相愛，卻被阻隔在銀河的兩岸，難以相見；參星和商星兩顆星星各處於北斗星的東、西兩邊；參星出現，商星隱沒；商星出現，則參星隱沒；兩顆星永遠不會相遇。這兩句表達的意思是一致的。

（六）十一字對

「十月塞邊，颯颯寒霜驚戍旅；三冬江上，漫漫朔雪冷漁翁。」是十一個字對十一個字，稱爲「十一字對」。上下句對得十分工整。「十月」對「三冬」，二者都表示時間，而且兩個詞各包含一個數字「十」和「三」，從結構上看是相對的。「塞邊」對「江上」，二者都是地點，「邊」和「上」又都確定了地點的方位，都是更加具體的表達。「寒霜」和「朔雪」都是寒冷冬天的自然現象，與前面的「十月」和「三冬」緊密相聯。「颯颯」和「漫漫」則分別是形容霜和雪的特徵的。「驚」和「冷」都是動詞，分別表示「受到驚擾」和「感到寒冷」的意思，是人物的內心感受。「戍旅」和「漁翁」分別是上下句的主人公，自然相對。

三、對仗的表現方法

1. 疊字

所謂疊字，就是運用疊字辭格把同一的字或同一的單音詞接連不斷在聯語裏迭用。有的字接連迭用起來像一串珍珠，所以，疊字對又稱連珠對。運用疊字法創作對聯，可以加深對聯的示意深度和廣度，有利於聯語聲律和諧，形象豐富，語意突出。

例如，「燕出簾邊春寂寂，鶯聞枕上漏珊珊。」（十四寒・其一）上下兩句構成對仗。「鶯聞枕上」，本應作「枕上聞鶯」，為了與上句「燕出簾邊」相對，只好調整語序。「春寂寂」「漏珊珊」運用疊字法。寂寂，孤單冷落的樣子；珊珊，緩慢移動的樣子。運用疊字法，使全句節奏舒緩，富有詩意，生動傳神地描摹出春日佳人的孤獨與寂寞。

又如，「鹿麌麌，兔毚毚」（十五咸・其一）也是運用的疊字法。麌麌：獸群聚集的樣子；毚毚：狡猾，一般用於形容兔子。運用疊字法，描摹動物的某種情態，特點突出，對仗工整。

2. 雙聲

雙聲是指兩個音節的聲母相同的詞語，在對仗中，經常有意使用雙聲詞來達到一種整齊和諧的音樂效果。清代李重華在《貞一齋詩說》中說：「雙聲如貫珠相聯，取其宛轉。」〔註2〕王國維在《人間詞話》裏說：「詞之蕩漾處多用疊韻，促結處用雙聲則其鏗鏘可誦，必有過於前人者」。〔註3〕他們都說出了疊韻的奧妙處。

例如，「楊柳對蒹葭」（六麻・其二），蒹葭，聲母都是「j」，構成雙聲詞。又如，「玉液對瓊漿」（七陽・其一），玉液，聲母都是「y」，構成雙聲詞。運用雙聲詞，使語句富有節奏感，具有音樂性。

3. 疊韻

疊韻是指兩個音節的「韻」相同的詞語。在對仗中，經常有意使用疊韻詞來達到一種整齊和諧的音樂效果。清代李重華在《貞一齋詩說》中說：「疊韻如兩玉相扣，取其鏗鏘」。〔註4〕這就是疊韻的奧妙所在。

〔註2〕（清）李重華：《貞一齋詩說》，載《清詩話》，上海古籍出版社，1978年9月新1版，第935頁。

〔註3〕（清）王國維：《人間詞話》，中州古籍出版社，2008年3月第1版，第55頁。

〔註4〕同〔註2〕。

例如，「丹山對碧水」（一先·其一），丹山，秋後山上的樹葉變紅，所以稱秋天的山為丹山。兩個字的韻母都是「an」，構成疊韻。

又如，「詩以史名，愁裏悲歌懷杜甫；筆經人索，夢中顯晦老江淹。」（十四鹽·其三），杜甫，是唐代著名詩人，兩個字的韻母都是「u」，構成疊韻。

運用疊韻詞，使語句富有節奏感，具有音樂性。

4. 聯綿

在漢語中，有一種詞叫聯綿詞。所謂聯綿詞，指由兩個音節連綴成義而不能分割的詞。就是說這兩個字組成一個詞才有意義，若拆開就沒有意義了。在對聯中，聯綿詞必須對聯綿詞，不能與其它詞性的詞相對。嚴式對更主張在聯綿詞中必須名詞對名詞，動詞對動詞，形容詞對形容詞。連綿詞由兩個字構成，但只有一個語素。這兩個字有的是聲母相同，如「慷慨」；有的是韻母相同，如「窈窕」；有的是同音重複，如「孜孜」；還有的兩個音節沒有什麼關係，如「嘀咕」。前三種連綿詞的存在加強了漢語的音樂性。連綿詞一般不能拆開使用，也不能拆開來解釋。

前三種連綿詞，上文已談過，現在說說第四種聯綿詞。

例如，「繾綣對綢繆。」（十一尤·其一）「繾綣」與「綢繆」都是聯綿詞，這是聯綿詞對聯綿詞。

又如，「空中事業麒麟閣，地下文章鸚鵡洲。」（十一尤·其三）「麒麟」與「鸚鵡」都是聯綿詞，這是聯綿詞對聯綿詞。

5. 同旁

漢字大多數是由偏旁部首組成的合體字。利用偏旁部首相同的漢字組成的對聯叫同旁聯。創作這種對聯，必須對漢字的偏旁部首熟練掌握，同時，還得具有較高的文學藝術修養，精心構思，才能創作出最佳的同旁聯。

例如，「隴樹飛來鸚鵡綠，湘筠啼處鷓鴣斑。」（十五刪·其二）「鸚鵡」「鷓鴣」都是鳥類，均為同旁的聯綿詞，用來對仗，非常工整。

又如，「鴛浴沼，鷺飛汀。鴻雁對鶺鴒。」（九青·其一）鴛鴦和白鷺都是惹人喜愛的水鳥，「浴沼」「飛汀」切合各自的生活習性。這兩個對子均運用了同旁法。第一個對子中，「鴛」對「鷺」，同用了鳥字底；「沼」「汀」同用了三點水。第二個對子中，「鶺鴒」同用了偏旁「鳥」。

6. 借對

是指對聯用字時，遇到某種特殊情況，或者要表達某種特殊的內容，以致不能形成工對時，就借用某個字的另外一種含義或某個字讀音可能涉及到與它讀音相同的另外一個字，來構成對偶。漢語具有一字多音、一字多義，或者多字一音的特點，為借對形式的使用，提供了可能和方便。有「借義」「借音」兩種形式。

借義是利用詞的多義性，通過一個詞的某一種意義與相應的詞構成對仗，但所用的並不是這一種意義，而是另一種意義。

例如，「斗柄對弓腰。醉客歌金縷，佳人品玉簫。」（二蕭‧其一）「斗柄」與「弓腰」、「金縷」與「玉簫」，字面上都很工整，而且都用了借對的手法。「弓腰」的「弓」，借用為弓箭的「弓」，與前面的「斗」相對。「金縷」的「金」也沒有金子的意思，只是借用此意與後邊的「玉簫」形成對仗。

借音是利用字詞之間的同音關係，以甲詞（字）來表乙詞（字）。

例如，「絳縣老，伯州犁。」（八齊‧其二）絳縣老，即絳縣老人。伯州犁，人名，春秋時晉國大夫伯宗之子。「絳縣」是地名，「伯州」卻不是地名，按照對仗的嚴格要求來看不太合適。不過，這個巧用借對的方法，使對仗變得工穩了。「伯州」借用「州」的地名之義，與「縣」成對；又借用「伯」與「白」相近的音，與「絳」形成顏色之對，從而使「絳縣」與「伯州」對得順理成章。

7. 對稱

也稱玻璃對。所謂玻璃對，是指對聯上的字寫在玻璃上，無論正面看、反面看，字體均相同，如「大」「文」「因」「天」之類。其特點是，就字形而言，上下或左右字形結構基本對稱一致，本身具有一種形態美。

例如，「疊對重」（二冬‧其三）中的「疊」與「重」，「只對雙」（三江‧其一）中的「只」與「雙」，「慈對善」（五歌‧其二）中的「慈」與「善」，「言對笑」（十二文‧其三）中的「言」與「笑」，均是玻璃對。

8. 集引

集引，顧名思義，即收集、集合和引用、援引的意思。古今文人都愛直接摘取前人詩詞或文章中現成的句子，重新組合成新的對聯，這就叫集引聯或曰集句聯。活用前人佳句，能夠構成新的意境，增強表達效果。

例如，「紅瘦對綠肥。舉杯邀月飲」。（五微‧其一）上句引自宋代李清照

的《如夢令》:「知否,知否?應是綠肥紅瘦。」下句引自唐代李白的《花下獨酌》:「花間一壺酒,獨酌無相親。舉杯邀明月,對影成三人。」

再如,「古往今來,誰見泰山曾作礪;天長地久,人傳滄海幾揚塵。」(十一眞·其一)「古往今來」「天長地久」,引自人們常用的成語,表意相關,句型結構相似,簡直是天造地設的好對。

又如,「秋露橫江,蘇子月明遊赤壁;凍雲迷嶺,韓公雪擁過藍關。」(十五刪·其二)宋代蘇軾《前赤壁賦》:「白露橫江,水光接天。」唐代韓愈《左遷至藍關示姪孫湘》:「雲橫秦嶺家何在?雪擁藍關馬不前。」這個對子分別選取蘇軾和韓愈作品中的句子,稍加改編而引用。前句明言「秋」,後句暗點「冬」。對仗工整,渾然天成。

9. 方位

所謂方位法,即在對句中有意使用方位詞,以造成描寫空間上的特殊效果。常用的方位詞主要有「東、西、南、北、中、上、下、左、右、前、後」等。

例如,「日下對天中。」(一東·其一)「下」「中」都是方位詞,形成對仗,兩兩相對。

又如,「牛女二星河左右,參商兩曜都西東。」(一東·其一),「左右」「西東」都是方位詞,兩兩相對。

10. 物色

物色其實就是給物體飾上顏色。它能創造出鮮明的視覺形象,反映事物的特徵,不僅給人以難忘的印象,還能提高對句的深刻內涵。

例如,「紅對白,綠對黃。」(七陽·其二)「紅」與「白」、「綠」與「黃」,均是表示顏色的詞。

又如,「拋白紵,宴紅綾。」(十蒸·其二)白紵,白麻布製成的衣服。紅綾,即紅綾餅,一種用紅色絲綢包裹的珍貴餅食。「白」與「紅」都是表示顏色的詞。

11. 復辭

復辭,修辭學上又稱反復。它是根據表意的需要,在聯語裏反復使用同一語句,使意思得到重複的表達。運用復辭手法寫作對聯,能突出思想感情,增添旋律美,加強節奏感。恰當的復辭,愼重的反復,不是用詞的累贅,也不是表達的囉嗦,它是不反復不足以表達深刻的思想,不反復不足以抒發強烈的感情,不反復不足以增強語言的節奏。

例如，「闕里門牆，陋巷規模原不陋；隋堤基址，迷樓蹤迹亦全迷。」（八齊‧其二）上句重複使用「陋」字，表達了對顏回高潔的讚美，以及後人對他的尊崇，顏回生前居住在陋巷，身後卻並不「陋」；下句通過兩個「迷」字，寫出了隋煬帝的荒淫奢侈，他生前風光享樂，死後卻無人記起。

又如，「色豔北堂，草號忘憂憂甚事；香濃南國，花名含笑笑何人。」（十一眞‧其三）忘憂，忘憂草，也叫萱草，一種百合科植物，古人認爲栽種此花可以忘憂。含笑，含笑花，產於我們南方，是著名的芳香花木，花開時香氣四溢。重複使用「憂」「笑」，巧借植物名，表達作者的寫作意圖。

第三節　《笠翁對韻》與平仄

《笠翁對韻》是用詩歌形式寫成的，又是教授蒙童學習對對子、作詩的讀本，它是講求平仄和對仗的。其平仄和對仗，與近體詩的平仄與對仗是一致的，也只有這樣，才能起到教學示範的作用。

一、四聲與平仄

漢語中有四聲之分。掌握和區分漢語的四種聲調，是作詩的基本常識。聲調是漢語的一大特點。古代漢語的四個聲調與現代漢語的聲調種類不完全一樣。古四聲分爲平、上、去、入，其特徵大致是：平聲平而長，中平調；上聲用勁念，是升調；去聲強而弱，是降調；入聲短促不能長，是短調。

四聲與韻的關係很密切，不同或不近讀音的字，不能算是同韻，因此在詩中不能用來押韻。

辨別古四聲要特別注意一字兩讀的情況。在古漢語中同一個字，往往有不同意義，且讀音也不一樣。例如：「騎」字，作動詞「騎馬」，讀平聲，作名詞「騎兵」，讀去聲；又如「數」字，作動詞表示計算，讀上聲，作名詞表示數目，讀去聲，作形容詞表示頻繁，讀入聲。什麼字歸什麼聲調，在韻書中都規定得很清楚。值得指出的是，我們讀古人詩詞的時候，常會感到有些韻腳不夠和諧，那是由於時代發展而語言演變的結果，不必懷疑是古人疏忽大意用錯了字。

由於語言的變化，現代漢語普通話的四聲分爲：陰平、陽平、上聲、去聲。它與古漢語相比，有三個變化：（1）古平聲已分解爲陰平、陽平兩聲；（2）古上聲已分解爲上聲和去聲；（3）古入聲已經消失，分別歸到現代普通話的

四聲中去了。現代普通話的陰平讀高平調；陽平讀高升調；上聲讀先降後升曲折調；去聲讀降調。

瞭解四聲之後，對平仄就容易理解了。所謂「平仄」，是詩詞格律中的一個術語。古代詩人把語音四聲分爲平仄兩大類，平就是平聲，仄包括上、去、入三聲。仄通「側」，是不平的意思。

爲什麼這樣分類？因爲平聲是中平調，沒有升降，而上、去、入三聲音調是有升降的，在詩詞中交替運用，就能使聲調多樣化，不至於單調平淡。運用的規則是：（1）每一句中的平仄是交替的；（2）在相對的句中前後兩句（即出句和對句）的平仄是對立的（或基本對立）。這些規則在律詩中表現得更爲明顯。

二、詩的平仄與《笠翁對韻》

《笠翁對韻》是爲了做格律詩而創作的啓蒙讀物，所以其本身也是講究平仄的。所謂平仄，實際就是指漢語的聲調。用四聲區別詞義，是我國先民的一種創造。主要表現爲平仄的間用。這是因爲平仄是漢語特有的現象，能夠依靠聲調來區別詞義，而這是任何別的語種所不具備的特點。

詩歌是語言的藝術。藝術美最忌單調的重複。詩歌的平仄格律就是運用漢字的平仄交替解決有聲語言的單調重複。漢語中的很多成語也都是平仄間用的。如「千言萬語」是平平仄仄，「萬水千山」是仄仄平平。說話尚且如此，何況寫詩。詩歌講究韻律，這不僅是美學的要求，也是人們生理習慣的要求。《笠翁對韻》的編寫就是滿足作詩的這一需要的。

漢語四聲是客觀存在的，但到南朝時才被沈約發現，並努力在寫詩時加以提倡。

若是雙音節詞，那麼兩個音節爲一個平仄單位。從平仄排列規則看，第一個雙音節爲平平，第二個雙音節必爲仄仄；若第一個雙音節爲仄仄，則第二個雙音節必爲平平。這就是雙音節平仄間用的原則。

還有一個單音節字的平仄聲調，則必須與第二個雙音節的聲調相反，而與第一個雙音節相同。至於這個單音節字，是放在兩個雙音節之間，還是放在最後，則要看用韻的情況而定。若這個單音節字是仄聲，則肯定不是韻字，除單句外便不可能放在句末。若這個單音節字是平聲字，則該字可能用作韻字，除雙句或第一句用韻者外，也不可能放在句末。至於這個律句到底是單句還是雙句，則須由黏對規則來決定。

　　黏對規則，是用律句組成律詩的規則，也就是平仄交替原則在安排律句時的具體化。即以每句第一個音節爲準，第二句與第一句平仄完全相反，而第三句則與第二句相同，第三、四句則又相反，第四、五句則又相同，第五、六句則又相反，第六、七句則又相同，第七、八句則又相反。相反叫做對，相同叫做黏。歸納起來說，就是第一、第二句對，第三、第四句對，第五、第六句對，第七、第八句對；第二、第三句黏，第四、第五句黏，第六、第七句黏。這就是律詩排列的規則，既不能失對，也不能失黏。

　　《笠翁對韻》的編寫，主要是爲了蒙童學習寫作近體詩，所以，其體現了以下原則：

　　1. 近體詩都是用平聲韻的，如果用仄聲韻，那就是古體詩而不是近體詩了。如「春眠不覺曉」句，以「曉」字爲韻，曉，上聲，該詩只能說是五言古絕。

　　2. 關於一三五不論，二四六分明。近體詩以雙音節詞爲主，而雙音節詞的重音一般都落在第二個音節之上，所以判斷一個雙音節詞是平平還是仄仄，主要依據其第二音節，而忽略其第一音節，這樣便形成了所謂一、三、五不論的說法。其實，在一個七言律句中，第一字與第三字分屬第一與第二兩個雙音節詞，可以不論；而第五字常常並不屬於第三個雙音節詞，如果也不論，便會破壞平仄間用的大原則，所以一般情況下還是要論的。如杜甫絕句：

　　（1）兩個黃鸝鳴翠柳　仄仄　平平　平　仄仄
　　（2）一行白鷺上青天　平平　仄仄　仄　平平
　　（3）窗含西嶺千秋雪　平平　仄仄　平平　仄
　　（4）門泊東吳萬里船　仄仄　平平　仄仄　平

按照詩的平仄，「一行」應作「平平」，實際是「仄平」，「一」是本句的第一字，可以不論。「西嶺」應作「仄仄」，實際是「平仄」，「西」是本句第三字，也可以不論。「門泊」應作「仄仄」，實際是「平仄」，「門」是本句第一字，也可以不論。但第一句「鳴翠柳」的「鳴」字，決不可以改作仄聲，因爲這個平，自成音節，獨當一面，與後面的仄仄即「翠柳」相配。如也改爲仄聲作「唱翠柳」，就會變成以仄仄仄收尾，成爲古風句式而非近體詩的律句了。

　　3. 關於孤平。所謂孤平是指一個律句，除去韻字之外，只有一個平聲字。犯孤平是近體詩的大忌，一定要避免。比如七言律句仄仄平平仄仄平，除去最後一個平韻字，總共只有兩個平聲字，若第三字再用仄聲字，則除去韻字

便只剩下一下平聲字了，這種句子便叫孤平句。因此像這樣的句子，第三字還是以論爲好。

此外，抉取律詩的一半，即五言四句或七言四句便是絕句，絕句和律詩一樣要遵守黏對交替的規則，只是律詩中間四句一定要對仗，絕句則不一定對仗而已。

三、運用平仄例析

《笠翁對韻》的對句注重了對仗的各個因素。先看兩個例子。

一東‧其一

天對地，雨對風。大陸對長空。山花對海樹，赤日對蒼穹。雷隱隱，霧朦朦。日下對天中。風高秋月白，雨霽晚霞紅。牛女二星河左右，參商兩曜斗西東。十月塞邊，颯颯寒霜驚戍旅；三冬江上，漫漫朔雪冷漁翁。（字下加「＿」表示平聲，字下加「‧」表示仄聲。下同。）

一東‧其二

河對漢，綠對紅。雨伯對雷公。煙樓對雪洞，月殿對天宮。雲靉靆，日曈曨。蠟屐對漁篷。過天星似箭，吐魄月如弓。驛旅客逢梅子雨，池亭人把藕花風。茅店村前，皓月墜林雞唱韻；板橋路上，青霜鎖道馬行蹤。

屬對講究平仄相對，即平聲對平聲，仄聲對仄聲；平聲與平聲或仄聲與仄聲，是不能形成對仗的。古代的平聲相當於現代漢語的第一聲和第二聲，仄聲相當於現代漢語的第三聲和第四聲。如「一東‧其一」的「天對地」，「天」是平聲，「地」是仄聲，可以形成對仗。「雨對風」中，「雨」是仄聲，「風」是平聲，可以形成對仗；如改爲「雨對雪」則不行，因爲「雨」和「雪」都是仄聲字，不能形成對仗。

「一東‧其一」的「牛女二星河左右，參商兩曜斗西東」，「牛」是平聲，應與仄聲字相對，而「參」也是平聲，但這並不妨礙其對仗的工穩。因爲在對仗中，雙音節詞的第二個字是平仄讀音的重點，第一個字可不講求。

「一東‧其二」的「雨伯對雷公」的平仄是「仄仄」對「平平」。按照現代漢語，「伯」是平聲，不能與「公」這個平聲字相對。但是，在古漢語中，「伯」是入聲字，屬於仄聲，這樣就可以對仗了。仄聲字，在現代普通話已

經讀不出來了。這是今天我們分析《笠翁對韻》應該注意的。

「一東·其二」的「過天星似箭」中的「過天星」，這裏指流星。過，可平仄兩讀，這裏讀平聲，是爲了與下句中「吐」（仄聲）相對。

「一東·其二」的最後兩句「皓月墜林雞唱韻」與「青霜鎖道馬行蹤」相對，前面第三字「墜」（仄聲）與後面第三字「鎖」（仄聲）相對，都是仄聲，似乎不符合平仄相對的原則；但這是七言句的第三字，屬於「一三五不論」，所以它們的平仄就不講求了。

第四節　《笠翁對韻》與用韻

前面說過，《笠翁對韻》是用詩的形式寫成的，因此，它是押韻的。

一、韻和韻部

押韻是詩歌的重要特徵。所謂押韻，是讓一首詩的偶數句子或全部句子或一部分句子的末一字的韻母相同，或者韻母雖不完全相同但是韻腹、韻尾要相同，以實現和諧悅耳的聽覺之美。

一個漢字的讀音是一個音節，一個音節包括聲母、韻母、聲調三種成分；其中韻母又不一定由單獨一個音素構成，韻母可以由韻頭、韻腹、韻尾三個音素組合而成。

押同一韻的一組字可以是韻母完全相同。對於絕大多數詩歌來說，押韻字並非整個韻母都相同，而是韻腹、韻尾相同，韻頭不同。押韻只需要入韻字的韻腹、韻尾相同，而不計較韻頭如何。平聲字押韻，是五言、七言詩最常用的押韻方式。近體詩只用平聲字，並且不可以換韻。

古人在押韻方面積纍了豐富的經驗，編出了很多韻書。在韻書裏邊，凡是韻腹、韻尾相同，並且聲調也相同的字，都被歸在一起，算作一類，這樣的類別叫作「韻」。每一個韻還有一個名稱，比如在平水韻裏邊，「開哀來」這些字所在的韻叫灰韻，「沙家花」這些字所在的韻叫麻韻，「間還山」這些字所在的韻叫刪韻。「灰」「麻」「刪」等作爲韻的名稱的字，叫作韻目。韻腹、韻尾相同但是聲調不同的平、上、去三個韻，屬於同一個更大的類，叫作「韻部」。平水韻裏的平聲灰、上聲賄、去聲隊組成一個韻部；平聲麻、上聲馬、去聲禡組成一個韻部。一個入聲韻則單獨成爲一部。詞、曲因爲是平上去互押的，所以詞韻書、曲韻書都只立韻部，不分韻。

古代詩歌用韻還有官韻與自然韻的區別。官韻是由政府頒佈的、作爲書面上的統一標準而推行的用韻體系，唐宋明清時期的科舉考試要遵守官韻，近體詩用韻要遵守官韻。唐代用《切韻》、宋代用《廣韻》、明清時代用平水韻系的韻書作爲官韻韻書。「平水韻」不是某一專書的名稱，而是指金代王文郁所編定的一〇六韻的分韻系統，這個系統事實上也是繼承唐宋官韻的，它在明清時代大行其道，通常稱之爲「詩韻」。自然韻指根據實際口頭語言而形成的用韻系統。古體詩、詞基本上是押自然韻的。自然韻在不同時代、不同方言裏是有區別的。例如先秦的韻部系統不同於兩漢，隋唐的韻部系統不同於兩宋。對於不同時代的詩歌來說，押韻字的分韻分部是互有出入的。曲韻所用的《中原音韻》韻部系統很有些特別，它在元代本來是自然韻，但它在元曲中影響極大，被當作權威和典範來遵守，以至於到了明代中後期，口語系統已經有了較大變化的時候，作曲家仍然奉它爲圭臬，在曲壇上的地位幾近於詩中的官韻。

不同的詩體在所押韻部上有不同的取向，一般不被看作是格律範疇內的問題，但這對於研究古代詩歌也是很重要的問題。

二、押韻的位置與韻部的選擇

《笠翁對韻》是用詩的形式寫成的蒙學課本，但它與一般的詩，諸如律詩和絕句不同。《笠翁對韻》的押韻位置也與一般的詩不同。它一般有八個韻腳。

例如「十三元・其一」：「卑對長，季對昆。永巷對長門。山亭對水閣，旅舍對軍屯。楊子渡，謝公墩。德重對年尊。承乾對出震，疊坎對重坤。志士報君思犬馬，仁王養老察雞豚。遠水平沙，有客放舟桃葉渡；斜風細雨，何人攜榼杏花村。」其中的韻腳依次爲：昆、門、屯、墩、尊、坤、豚、村，共八個，均屬於「元韻」。《笠翁對韻》中，每則多數是八個韻腳，用韻的位置也與此則相同。

只有一則例外，這就是「七陽・其三」：「衰對壯，弱對強。豔飾對新妝。御龍對司馬，破竹對穿楊。讀班馬，識求羊。水色對山光。仙棋藏綠橘，客枕夢黃粱。池草入詩因有夢，海棠帶恨爲無香。風起畫堂，簾箔影翻青荇沼；月斜金井，轆轤聲度碧梧牆。」共有九個韻腳，分別是：強、妝、楊、羊、光、粱、香、堂、牆，與其它則的八個韻腳不同，多了一個韻腳，即在倒數第四句「風起畫堂」，多了一個韻腳「堂」，而在其它則中，這個位置不用韻。

《笠翁對韻》是按照平水韻編寫的。平水韻把漢字分爲上平聲、下平聲、上聲、去聲、入聲，共五大部分。其中的上平聲、下平聲，都是平聲，因爲平聲字多，所以分爲上、下兩卷。

同韻字集在一起的若幹部，叫韻部。

每個聲部都包含若干個韻部：上平聲十五個韻部，下平聲十五個韻部，上聲二十九個韻部，去聲三十個韻部，入聲十七個韻部。

韻部的排列，有固定的序號。如上平聲的十五個韻部，是按照「一東」「二冬」「三江」「四支」「五微」「六魚」等排列的。數字只表示排列順序，沒有其它意義。例如「五微」，只表示「微」這個韻部是排在第五的，並不是說除了「五微」之外還有其它六微、七微之類。微、薇、暉、輝、徽、揮、韋、圍、幃、違……這些字都屬於「五微韻」，或簡稱「微韻」。

每一韻部取一個字作代表，叫韻目。例如天、遷、先、邊、綿、堅等字編在一部裏，取「先」爲代表，「先」就是韻目。

每個韻部都有若干韻字。如「五微韻」的常用字有：微、霏、菲、誹、蜚、非、扉、痱、緋、腓、妃、飛、肥、歸、馞、揮、輝、暉、翬、徽、幾、譏、機、磯、璣、璣、饑、畿、歸、祈、頎、圻、薇、圍、韋、幃、闈、違、巍、威、葳、喂、希、狶、稀、晞、欷、衣、依。

爲了大體瞭解「平水韻」，現把它的一○六個韻部列出來。

上平聲：

一東、二冬、三江、四支、五微、六魚、七虞、八齊、九佳、十灰、十一眞、十二文、十三元、十四寒、十五刪。

下平聲：

一先、二蕭、三肴、四豪、五歌、六麻、七陽、八庚、九青、十蒸、十一尤、十二侵、十三覃、十四鹽、十五咸。

上聲：

一董、二腫、三講、四紙、五尾、六語、七麌、八薺、九蟹、十賄、十一軫、十二吻、十三阮、十四旱、十五潸、十六銑、十七篠、十八巧、十九皓、二十哿、二十一馬、二十二養、二十三梗、二十四迥、二十五有、二十六寢、二十七感、二十八琰、二十九豏。

去聲：

一送、二宋、三絳、四寘、五未、六御、七遇、八霽、九泰、十卦、十一隊、十二震、十三問、十四願、十五翰、十六諫、十七霰、十八嘯、十九效、二十號、二十一箇、二十二禡、二十三漾、二十四敬、二十五徑、二十六宥、二十七沁、二十八勘、二十九豔、三十陷。

入聲：

一屋、二沃、三覺、四質、五物、六月、七曷、八黠、九屑、十藥、十一陌、十二錫、十三職、十四緝、十五合、十六葉、十七洽。

因為作詩一般用平聲韻，所以《笠翁對韻》只選平聲韻目編寫，只用平聲韻目作韻腳。按照「平水韻」，把平聲韻分為上下兩卷，稱為上平聲、下平聲，共三十部。所以，這裏只談平聲韻。

每個韻部包含的韻字，有多有少。因格律詩用韻甚嚴，每首詩的韻腳只能從一個韻部中選字，所以包含字數多的韻部，選字餘地大，比較好用，叫做「寬韻」。寬韻有：支、先、陽、庚、尤、東、真、虞。有的韻部包含的字少，叫做「窄韻」。窄韻有：微、文、刪、青、蒸、覃、鹽。還有的韻，可選用的字很少，叫做「險韻」。險韻有：江、佳、肴、咸。其餘的韻，稱為「中韻」。

三、運用的韻字

《笠翁對韻》淺顯易懂，運用的韻字也體現了這個特點：韻腳多為常用字。韻腳是韻文（詩、詞、歌、賦等）句末押韻的字。一篇（首）韻文的一些（或全部）句子的最後一個字，採用韻腹和韻尾相同的字，這就叫做押韻。因為押韻的字一般都放在一句的最後，故稱「韻腳」。

現在把《笠翁對韻》的韻腳用字，做一個歸納。有的韻腳用了同樣的字，只統計一次，不做重複統計。

上卷

「一東韻」的用字：風、空、穹、朦、中、紅、東、翁、公、宮、
瞳、篷、弓、蹤、嵩、龍、熊、烘。

「二冬韻」的用字：冬、春、松、翁、龍、瓏、鍾、風（當作「烽」）、
濃、鐘、封、蓉、鋒、饕、峰、重、慵、宗、
茸、蜂、凶、窮。

「三江韻」的用字：雙、江、釭、窗、腔、逢、降、邦、龐、杠、
幢、艭、尨、瀧。

「四支韻」的用字：枝、絲、鸎、詞、卮、詩、脂、時、師、觜、
姿、枝、兒、芝、肢、茨、思、栀、爲、椎、
支、遲。

「五微韻」的用字：非、微、扉、飛、肥、歸、危、圍、幃、巍、
薇、旗、璣、威、稀、衣、闈、磯、輝、妃、
龜。

「六魚韻」的用字：榆、裾、蕖、如、盧、虛、書、舒、余、除、
鋤、愚、閭、車、驢、疏、苴、紓、輿、沮（註：
此爲錯韻）、妤、漁。

「七虞韻」的用字：無、壺、都、鵠、湖、疏、吳、沽、蔬、枯、
珠、梳、孤、奴、鳧、壺、爐、鋤、蒲、符、
呼、圖。

「八齊韻」的用字：雞、西、倪、圭、梨、萋、棲、妻、啼、璃、
犁、犀、蹊、奚、迷、齊、閨、梯、霓、畦、
麑。

「九佳韻」的用字：街、荄、釵、淮、差、排、懷、柴、鞋、涯、
階、埋、喈、齋、諧、槐、乖、牌、釵、篩、
楷、崖、豺、柴。

「十灰韻」的用字：哀、才、開、菜、臺、釵、來、哉、腮、雷、
梅、該、猜、杯、苔、栽。

「十一眞韻」的用字：麟、貧、茵、民、珍、人、賓、塵、臣、寅、
仁、巾、倫、秦、闉、陳、筠、蓁、唇、神、
顰。

「十二文韻」的用字：欣、墳、耘、芹、雲、裙、紋、薰、勤、分、
芸、文、聞、軍、勳、蕡、鷘、殷、君。

「十三元韻」的用字：昆、門、屯、墩、尊、坤、豚、村、孫、暾、
魂、恩、根、昏。

「十四寒韻」的用字：安、官、盤、寒、彈、單、珊、杆、寬、鷲、
竿、冠、欄、丹、看、灘、蟠、漫、酸、端、
瀾。

「十五刪韻」的用字：灣、閒、艱、珊、關、彎、頑、間、慳、蠻、
　　　　　　　　　鬟、山、顏、還、斑。

下卷

「一先韻」的用字：年、千、煙、娟、箋、蟬、憐、天、堅、錢、
　　　　　　　　佺、蓮、田、眠、鈿、傳、然、弦、綿、邊、
　　　　　　　　先、前、川、鞭、筵、權、泉、鵑。

「二蕭韻」的用字：瓢、妖、綃、朝、腰、簫、燒、潮、宵、韶、
　　　　　　　　苗、蕭、鑣、蕉、樵、瑤、橈、蕉、遙、橋、
　　　　　　　　消。

「三肴韻」的用字：爻、調、肴、巢、敖、梢、筲、交、嘲、膠、
　　　　　　　　拋、胞、袍、敲、茅、庖、鐃、蛟、郊、膠。

「四豪韻」的用字：蒿、皋、濤、毛、褒、韜、萄、滔、桃、旄、
　　　　　　　　膏、刀、勞、高、號、豪、曹、袍、艚、醪、
　　　　　　　　羔、騷。

「五歌韻」的用字：多、柯、蓑、酡、歌、羅、何、梭、苛、娑、
　　　　　　　　莎、戈、波、鵝、河、荷、蘿、坡、窩、磨、
　　　　　　　　科、和、娥。

「六麻韻」的用字：嘉、誇、牙、槎、華、砂、笳、家、霞、衙、
　　　　　　　　茶、花、葭、涯、斜、嗟、蛇、沙、紗、鴉、
　　　　　　　　麻、叉、嘩、瓜。

「七陽韻」的用字：塘、陽、娘、腸、漿、香、床、常、黃、長、
　　　　　　　　檣、鄉、凰、觴、廊、強、妝、楊、羊、光、
　　　　　　　　梁、堂、牆、王、霜、房、梁、涼。

「八庚韻」的用字：聲、京、箏、卿、鶯、莖、笙、兵、情、行、
　　　　　　　　瀛、評、成、城、清、英、明、晴、兄、生、
　　　　　　　　鳴、平、耕、名。

「九青韻」的用字：丁、廷、屏、汀、鴒、星、鈴、青、寧、庭、
　　　　　　　　萍、亭、型、經、馨、婷。

「十蒸韻」的用字：菱、罾、綾、升、徵、僧、繩、燈、稱、曾、
　　　　　　　　登、朋、蠅、興、丞。

「十一尤韻」的用字：憂、繆、鷗、愁、頭、秋、鈎、疇、裘、幽、
籌、流、丘、謳、悠、鳩、樓、牛、侯、遊、
洲、舟。

「十二侵韻」的用字：吟、今、岑、陰、林、金、砧、針、臨、霖、
深、擒、音、駸、心、陰。

「十三覃韻」的用字：龕、南、談、楠、三、簪、藍、酣、諳、柑、
男、三、嵐、眈、聃、貪。

「十四鹽韻」的用字：炎、嚴、髯、廉、謙、潛、簾、拈、添、恬、
尖、纖、占、鹽、淹、嫌、瞻、簷、箋、奩。

「十五咸韻」的用字：芟、監、銜、毚、緘、喃、巖、帆、杉、咸、
函、凡、讒、瑊、衫、鑱、饞。

四、出韻、錯韻現象

從唐代到清代，人們都是根據平水韻來選字用韻的，作為啟蒙教材的《笠
翁對韻》就是根據平水韻編寫的，然而，其中出韻、錯韻現象卻不止一處，
其主要表現為鄰韻相混。具體情況如下：

（一）東韻與冬韻相混

1. 東韻中混入冬韻的字：

「茅店村前，皓月墜林雞唱韻；板橋路上，青霜鎖道馬行蹤。」（一東‧
其二）

「蹤」，在《廣韻‧三鍾》，為「即容切」，依平水韻，當屬二冬韻，卻用
在一東韻中。

2. 冬韻中混入東韻的字：

① 「垂釣客，荷鋤翁。仙鶴對神龍。」（二冬‧其一）
② 「鳳冠珠閃爍，螭帶玉玲瓏。」（二冬‧其一）
③ 「花萼樓間，仙李盤根調國脈；沉香亭畔，嬌楊擅寵起邊風。」（二
冬‧其一）
④ 「內苑佳人，滿地風光愁不盡；邊關過客，連天煙草憾無窮。」（二
冬‧其三）

翁、瓏、風、窮，均在《廣韻‧一東》，分別為「烏紅切」「盧紅切」「方
戎切」「渠弓切」，依平水韻，當屬一東韻，卻用在二冬韻中。

（二）支韻與微韻相混

主要是微韻中混入支韻的字：

① 「黃蓋能成赤壁捷，陳平善解白登危。」（五微・其一）

② 「占鴻漸，葉鳳飛。虎榜對龍旗。」（五微・其二）

③ 「灞上軍營，亞父丹心撞玉斗；長安酒市，謫仙狂興典銀龜。」（五微・其三）

危，在《廣韻・五支》，為「魚為切」；旗，在《廣韻・七之》，為「渠之切」；龜，在《廣韻・六脂》，為「居追切」；依平水韻，均當屬四支韻，卻用在五微韻中。

（三）魚韻與虞韻相混

1. 魚韻中混入虞韻的字：

① 「羹對飯，柳對榆。短袖對長裾。」（六魚・其一）

② 「參雖魯，回不愚。」（六魚・其二）

③ 「羅浮對壺嶠，水曲對山紆。」（六魚・其三）

榆、愚、紆，均在《廣韻・十虞》，分別為「羊朱切」「遇俱切」「憶懼切」，依平水韻，均當屬七虞韻，卻用在六魚韻中。

2. 虞韻中混入魚韻的字：

① 「花肥春雨潤，竹瘦晚風疏。」（七虞・其一）

② 「羅對綺，茗對蔬。柏秀對松枯。」（七虞・其二）

③ 「蒼頭犀角帶，綠鬢象牙梳。」（七虞・其二）

④ 「祖餞三杯，老去常斟花下酒；荒田五畝，歸來獨荷月中鋤。」（七虞・其三）

疏、蔬、梳、鋤，均在《廣韻・九魚》，疏、蔬、梳為「所菹切」，鋤為「士魚切」，依平水韻，均當屬六魚韻，卻用在七虞韻中。

（四）齊韻與支韻相混

主要是齊韻中混入支韻的字：

「硨磲對瑪瑙，琥珀對玻璃。」（八齊・其二）

璃，在《廣韻・五支》，為呂支切，依平水韻，當屬四支韻，卻用在八齊韻中。

（五）佳韻與灰韻相混

1. 佳韻中混入灰韻的字：

① 「門對戶，陌對街。枝葉對根荄。」（九佳・其一）

② 「陳俎豆，戲堆埋。皎皎對皚皚。」（九佳・其二）

荄、皚，均在《廣韻・十六咍》，分別爲「古哀切」「五來切」，依平水韻，均當屬十灰韻，卻用在九佳韻中。

2. 灰韻中混入佳韻的字：

「青龍壺老杖，白燕玉人釵。」（十灰・其一）

釵，在《廣韻・十三佳》，爲「楚佳切」，依平水韻，當屬九佳韻，卻用在十灰韻中。

（六）寒韻與刪韻相混

1. 寒韻中混入刪韻的字：

「至聖不凡，嬉戲六齡陳俎豆；老萊大孝，承歡七秩舞斑斕。」（十四寒・其三）

斕，在《廣韻・二十八山》，爲「力閒切」，依平水韻，當屬十五刪韻，卻用在十四寒韻中。

2. 刪韻中混入寒韻的字：

「裙嫋嫋，佩珊珊。守塞對當關。」（十五刪・其一）

珊，在《廣韻・二十五寒》，爲「蘇干切」，依平水韻，當屬十四寒韻，卻用在十五刪韻中。

（七）肴韻與豪韻相混

主要是肴韻中混入豪韻的字：

① 「雉方乳，鵲始巢。猛虎對神獒。」（三肴・其一）

② 「祭遵甘布被，張祿念綈袍。」（三肴・其二）

③ 「鮫綃帳，獸錦袍。露葉對風梢。」（三肴・其三）

獒、袍，在《廣韻・六豪》，分別作「五勞切」「薄褒切」，依平水韻，均當屬四豪韻，卻用在三肴韻中。

（八）「沮」爲錯韻

先看「六魚・其三」的對文：「歆對正，密對疏。囊橐對苞苴。羅浮對壺嶠，水曲對山紆。驂鶴駕，侍鸞輿。枲溺對長沮。搏虎卞莊子，當熊馮婕妤。

南陽高士吟梁父，西蜀才人賦子虛。三徑風光，白石黃花供杖履；五湖煙景，青山綠水在樵漁。」按照《笠翁對韻》的體例，「沮」字這個位置應用韻，用平聲六魚韻。但是，沮，在《廣韻·八語》，屬上聲，又在《廣韻·九御》，屬去聲；依平水韻，沮，當屬上聲六語韻，或去聲六御韻，此不當用「沮」字，「沮」為錯韻。

《笠翁對韻》中的出韻，多出現在鄰韻之中；只有「璃」當屬四支韻，卻混入八齊韻，不屬於鄰韻。《笠翁對韻》中的錯韻，只有一例。

第五節 《笠翁對韻》的用典

《笠翁對韻》中包含大量典故，用典是詩文創作常用的手法。蒙童在學習對仗的同時，接觸到這些典故，可以從中學習到豐富的歷史文化知識。如「四豪·其一」的「馬援南征載薏苡，張騫西使進葡萄」，其中就包含兩個歷史典故。

第一，據《後漢書·馬援傳》記載：「初，（馬）援在交阯，常餌薏苡實，用能輕身省慾，以勝瘴氣。南方薏苡實大，（馬）援欲以為種，軍還，載之一車。時人以為南土珍怪，權貴皆望之。（馬）援時方有寵，故莫以聞。及卒後，有上書譖之者，以為前所載還，皆明珠文犀。馬武與於陵侯侯昱等皆以章言其狀，帝益怒。（馬）援妻孥惶懼，不敢以喪還舊塋，裁買城西數畝地槀葬而已。賓客故人莫敢弔會。（馬）嚴與（馬）援妻子草索相連，詣闕請罪。帝乃出（梁）松書以示之，方知所坐，上書訴冤，前後六上，辭甚哀切，然後得葬。」〔註5〕東漢將軍馬援，南征交阯時，以薏苡能治瘴癘，載數車隨行。因南方薏苡果實大，馬援欲以為種。征交趾歸時，載之一車。及馬援卒後，有人上書進讒言，說馬援帶回的皆為明珠、文犀（有紋理的犀角），使其家人蒙冤。後指因涉嫌而被誣謗者，謂之「薏苡之嫌」。

第二，據《史記·大宛列傳》記載：西漢建元三年（公元前138年），張騫奉漢武帝之命，出使西域，看到「宛左右以蒲陶為酒，富人藏酒至萬餘石，久者數十歲不敗。」「漢使取其實來，於是天子始種苜蓿、蒲陶肥饒地。」〔註6〕張騫，西漢人。兩次奉漢武帝之命，出使大月氏和烏孫（西域）。他越過蔥嶺，

〔註5〕（南朝宋）范曄撰，（唐）李賢等注：《後漢書·馬援傳》，中華書局，1965年5月第1版，第846頁。

〔註6〕（漢）司馬遷：《史記·大宛列傳》，中華書局，1982年11月第2版，第3173頁。

親歷大月氏、大宛、康居、烏孫等地，前後達十餘年。他將中原的鐵器、絲織品傳入西域，將西域的音樂，葡萄等傳入的內地。

　　兩個歷史典故的運用，使簡單的兩個對偶句，蘊藏了深厚的內涵，對於提高蒙童的文化史知識，頗有裨益。

一、用典的內涵

　　用典，鍾嶸在《詩品》中稱爲「用事」：「夫屬詞比事，乃爲通談。若乃經國文符，應資博古，撰德駁奏，宜窮往烈。至於吟詠情性，亦何貴於用事？」〔註7〕這裏說的「用事」，指詩文中的典故，包括引述故事和摘引現成詞語。劉勰《文心雕龍》改稱「事類」：「事類者，蓋文章之外，據事以類義，援古以證今者也。」〔註8〕「據事」「援古」就是詩文創作中的用典。也就是說，用典是藉以往的事情來融入自己的思想，既有「類義」的比喻作用，又能夠「以古證今」。

　　以今天的觀點看，既然用典包括引述故事和摘引現成詞語兩方面，就不應該只稱爲「用事」或「事類」；但是，「事」的含義在古代比較寬泛，而在今天，則較爲狹窄；今天若再將用典稱爲「用事」或「事類」，可能會引起片面的理解，以爲我們只談引述古人故事這一方面，用典就是引述故事。

　　今人對「用典」做了多種定義，羅積勇在《用典研究》中，給「用典」下的定義是：「爲了一定的修辭目的，在自己的言語作品中明引或暗引古代故事或有來歷的現成話，這種修辭手法就是用典。」〔註9〕可見，用典是一種修辭手法，爲了表達某種含義，作者在文中引用歷史故事或前人說過的話。

二、用典的來源

　　《笠翁對韻》中的典故來源十分廣泛，歸納起來，用典來源主要有以下四個方面：

（一）來源於歷史事件的典故

　　我們所說的歷史事件，一般來說是歷史上確有其事的，與群眾的口頭傳說不同。在中華民族漫長的歷史發展過程中，出現了眾多著名的歷史事件，《笠

〔註7〕（南朝梁）鍾嶸著，徐達譯注：《詩品全譯》，貴州人民出版社，1990年6月第1版，第20～21頁。
〔註8〕周振甫：《文心雕龍今譯》，中華書局，1986年12月第1版，第339頁。
〔註9〕羅積勇：《用典研究》，武漢大學出版社，2005年11月第1版，第2頁。

翁對韻》的編者運用簡潔的概括性文字表達其內容，形成行文中的用典。

例如，「十二侵・其二」中的「恥三戰，示七擒」分別運用了兩個來源於歷史事件的典故。

第一，三戰，指春秋時魯國曹沫與齊戰，三戰三敗，後來在齊、魯會盟時劫持齊桓公，迫使齊答應歸還魯國的土地，一舉洗去三敗的恥辱。這個歷史事件出自《史記・刺客列傳》：「曹沫者，魯人也，以勇力事魯莊公。莊公好力。曹沫爲魯將，與齊戰，三敗北。魯莊公懼．乃獻遂邑之地以和，猶復以爲將。齊桓公許與魯會於柯而盟。桓公與莊公既盟於壇上，曹沫執匕首劫齊桓公，桓公左右莫敢動，而問曰：『子將何欲？』曹沫曰：『齊強魯弱，而大國侵魯亦以甚矣。今魯城壞即壓齊境，君其圖之。』桓公乃許盡歸魯之侵地。……曹沫三戰所亡地盡復予魯。」〔註10〕

第二，七擒，指歷史上蜀漢軍師諸葛亮七擒孟獲一事。《三國志・蜀書・諸葛亮傳》裴松之注引《漢晉春秋》云：「亮至南中，所在戰捷。聞孟獲者，爲夷、漢所服，募生致之。既得，使觀於營陳之間，問曰：『此軍何如？』獲對曰：『向者不知虛實，故敗。今蒙賜觀看營陳，若祇如此，即定易勝耳。』亮笑，縱使更戰，七縱七禽，而亮猶遣獲。獲止不去，曰：『公，天威也，南人不復反矣。』遂至滇池。」〔註11〕「禽」通「擒」。三國時，諸葛亮爲了鞏固蜀漢後方，於蜀建興三年（公元 225 年）平定南中（包括今四川南部、雲南、貴州等地），曾七次生擒酋長孟獲，又七次釋放了他，使他心悅誠服。

（二）來源於歷史人物的典故

中國文化源遠流長，博大精深，又由於我國歷史悠久，文化典籍汗牛充棟，因而其中涉及的歷史人物可以說是俯拾即是。歷史事件與歷史人物，並不能截然分開，只是兩者的側重點不同而已。

例如，「三肴・其二」中的「祭遵甘布被，張祿念舊袍」分別運用了兩個來源於歷史人物的典故。

第一，「祭遵甘布被」，即祭遵甘願蓋布制的被子。祭遵，東漢人，曾從光武帝劉秀征河北，爲軍市令、刺奸將軍。建武二年（公元 26 年）拜征虜將

〔註10〕 （漢）司馬遷：《史記・刺客列傳》，中華書局，1982 年 11 月第 2 版，第 2515～2516 頁。
〔註11〕 （晉）陳壽撰，（南朝宋）裴松之注：《三國志》，中華書局，1982 年 7 月第 2 版，第 921 頁。

軍，封潁陽侯。取士皆用儒術，雖在軍中，不忘雅樂。身後被列爲「雲臺二十八將」之一。據《後漢書‧祭遵傳》記載，「爲人廉約小心，克己奉公，賞賜輒與士卒，家無私財，身衣韋絝，布被，夫人裳不加緣，帝以是重焉。」〔註12〕

第二，「張祿念舊袍」，張祿，即范雎。據《史記‧范雎蔡澤列傳》記載，戰國時，范雎和須賈同事魏王，須賈出於嫉妒，唆使魏相魏其治范雎幾至於死。范雎逃到秦國，更名張祿，作了左襄王的國相。後須賈出使秦國，范雎故意穿了一身破衣服去見須賈。須賈動了故人之情，就脫了一件綈袍賞給范雎。不久，須賈終於知道范雎原來就是秦相張祿，嚇得趕忙登門請罪。范雎說：根據你舊日對我的態度，本當把你處死；「然公之所以得無死者，以綈袍戀戀，有故人之意，故釋公。」〔註13〕綈，厚綢子。

（三）來源於文學作品的典故

文學作品所涉及的人物和故事，很多成爲人們耳熟能詳的代名詞和典故。不僅如此，文學作品中的詞語，也成爲《笠翁對韻》的典故來源。

例如，「四豪‧其一」中的「辯口懸河，萬語千言常亹亹；詞源倒峽，連篇累牘自滔滔」分別運用了兩個來源於文學作品的典故。

第一，「辯口懸河，萬語千言常亹亹」，形容善於辯論，說起話來滔滔不絕，萬語千言像瀑布一樣不停地奔流傾瀉，有吸引力，使人不知疲倦。其中「辯口懸河」語出唐代韓愈的《石鼓歌》：「安能以此上論列，願借辨口如懸河。」〔註14〕

其二，「詞源倒峽，連篇累牘自滔滔」，是說文辭如江水倒峽而出，層出不窮，形容文章雄健而有氣勢。其中「詞源倒峽」語出唐代杜甫的《醉歌行》：「詞源倒流三峽水，筆陣獨掃千人軍。」〔註15〕

（四）來源於神話傳說的典故

神話是關於神仙或神化了的古代英雄的故事，是古代人民對其所接觸的自然現象、社會生活的一種天真的解釋和深情的嚮往。

〔註12〕（南朝宋）范曄撰，（唐）李賢等注：《後漢書‧祭遵傳》，中華書局，1965年5月第1版，第741頁。

〔註13〕（漢）司馬遷：《史記‧范雎蔡澤列傳》，中華書局，1982年11月第2版，第2414頁。

〔註14〕（唐）韓愈：《石鼓歌》，載（清）彭定求等：《全唐詩》，中華書局，1960年4月第1版，第3811頁。

〔註15〕（唐）杜甫：《醉歌行》，載（清）彭定求等：《全唐詩》，中華書局，1960年4月第1版，第2257頁。

我國秦漢以前，尤其是上古時代的「五帝」時期，是一個神話傳說的興旺時期，產生了豐富的神話故事。從傳下來的神話故事中，也形成了許多典故。

例如，「一先・其四」中的「帝女銜石，海中遺魄爲精衛；蜀王叫月，枝上遊魂化杜鵑」分別運用了兩個來源於神話傳說的典故。

第一，「帝女銜石，海中遺魄爲精衛」，這個神話故事出自《山海經・北山經》：「又北二百里，曰發鳩之山，其上多柘木。有鳥焉，其狀如烏，文首、白喙、赤足，名曰精衛，其鳴自詨。是炎帝之少女名曰女娃，女娃遊於東海，溺而不返，故爲精衛，常銜西山之木石，以堙於東海。」〔註16〕

第二，「蜀王叫月，枝上遊魂化杜鵑」，意思是說，蜀王杜宇的靈魂化爲杜鵑鳥，月夜在樹枝上啼叫。周代末年，杜宇在蜀始稱帝，號曰望帝。一說杜宇後歸隱，讓位於其相開明，時適二月，子鵑鳴叫，蜀人懷之，因而呼鵑爲杜鵑。一說，杜宇通於其相之妻，慚而失國身死，其魂魄化爲杜鵑，故也有稱杜鵑鳥爲「杜宇」。杜鵑又稱子規，「子規啼血」即指此事。這個傳說來源於揚雄的《蜀王本紀》和常璩的《華陽國志》。如《蜀王本紀》云：「有一男子，名曰杜宇，從天墮止。……乃自立爲蜀王，號曰望帝。……望帝積百餘歲，荊有一人名鼈靈。其屍亡去，荊人求之不得，鼈靈屍隨江水上至郫，遂活，與望帝相見。望帝以鼈靈爲相。時玉山出水，若堯之洪水，望帝不能治，使鼈靈決玉山，民得安處。鼈靈治水去後，望帝與其妻通。慚愧，自以德薄不如鼈靈，乃委國授之而去，如堯之禪舜。鼈靈即位，號曰開明帝。帝生盧保，亦號開明。望帝去時子規鳴，故蜀人悲子規鳴而思望帝。望帝杜宇也，從天墮。」〔註17〕

三、用典的分類

用典大致分爲兩種情況：一是從引用典故的性質方面來看，可分爲事典和語典；二是從典故運用的形式來看，可分爲明用、暗用、正用、化用、借用等。

1. 根據引用典故的內容可分：事典和語典

南朝梁代的劉勰第一次將用典分爲兩種：即「舉人事以徵義」和「引成辭以明理」。前者是「用事」，即「事典」；後者是「用辭」，即「語典」。

〔註16〕 袁珂校注：《山海經校注》，上海古籍出版社，1980年7月第1版，第92頁。
〔註17〕 （漢）揚雄：《蜀王本紀》，（清）嚴可均：《全漢文》，商務印書館，1999年
　　　　10月第1版，第539～540頁。

（1）事典

事典是指通過引用歷史故事、神話傳說來表情達意的修辭手法。將歷史故事、神話傳說提煉成簡短的句子，將其引入自己的作品中，以此來影射時事，表達思想，抒發感情。這是一種借古說今的手法。借古是藝術手段，說今是目的，所以，事典不論怎樣隱晦曲折，總寄託著作者的觀點和傾向。

例如，「五微・其三」：「灞上軍營，亞父憤心撞玉斗；長安酒市，謫仙狂興典銀龜」分別用了兩個事典。

第一，「灞上軍營，亞父憤心撞玉斗」，項羽滅秦後自封為西楚霸王。亞父，是項羽對范增的敬稱。玉斗，玉製的酒器。項羽的軍隊駐紮在灞上（古代咸陽、長安之間的軍事要地），與劉邦會於鴻門。范增使項莊舞劍，想借機殺死劉邦。項羽不聽，使得劉邦得以逃脫。范增撞碎劉邦送來的玉斗，說：「豎子（指項羽）不足與謀也。」〔註18〕

第二，「長安酒市，謫仙狂興典銀龜」，謫仙，謫居世間的僊人。古人往往稱譽才學優異的人，謂如謫降人世的神仙。銀龜，與金龜一樣是唐代官員的佩飾，用來表示官職的級別。李白初入長安，與賀知章（時任禮部侍郎、太子賓客）相見，賀知章呼李白為「謫僊人」。李白《對酒憶賀監・序》：「太子賓客賀公，於長安紫極宮一見余，呼余為謫僊人，因解金龜換酒為樂。」〔註19〕從中可見李白的豁達、豪放。

（2）語典

語典指通過選用經史子集中的語句來表達情懷的修辭手法。語典具有特殊的修辭功能，使作品的語言委婉、避忌、幽雅、清新。

例如，「五微・其一」：「太白書堂，瀑泉垂地三千丈；孔明祠廟，老柏參天四十圍。」分別用了兩個語典。

第一，「太白書堂，瀑泉垂地三千丈」，太白書堂，一般指唐朝詩人李白在四川綿州昌隆（今四川江油）的青蓮居。「瀑泉垂地三千丈」語出李白的《望廬山瀑布水》：「飛流直下三千尺，疑是銀河落九天。」〔註20〕

〔註18〕（漢）司馬遷：《史記・項羽本紀》，中華書局，1982年11月第2版，第315頁。

〔註19〕（唐）李白：《對酒憶賀監》，載（清）彭定求等：《全唐詩》，中華書局，1960年4月第1版，第1859頁。

〔註20〕（唐）李白：《望廬山瀑布水》，載（清）彭定求等：《全唐詩》，中華書局，1960年4月第1版，第1837頁。

其二，「孔明祠廟，老柏參天四十圍」，孔明，即三國時的蜀相諸葛亮。東漢末，曾隱居鄧縣隆中，時刻留心世事，被稱爲「臥龍」。劉備三顧草廬，請其出山，成爲劉備的主要謀士，協助劉備建立了蜀漢政權。建興十二年（公元 234 年）卒於五丈原軍中，享年五十四歲。諡忠武侯。後人在成都南郊建武侯祠，祠內古柏蒼鬱，殿宇高大華美。此句語出杜甫的《古柏行》：「孔明廟前有老柏，柯如青銅根如石。霜皮溜雨四十圍，黛色參天二千尺。」〔註21〕

2. 根據引用典故的形式，可分為：明用、暗用、正用、化用、借用等

（1）明用

所謂「明用」就是借其意而明用之，也就是對典故進行比較簡單的概括或者引述，讀者一看就能明白其中的意思。

例如，「李廣不封空射虎，魏明得立爲存麑。」（八齊‧其三）李廣是西漢名將，一生戰功卓著，卻一直未能封侯。據《史記‧李將軍列傳》記載，李廣任右北平太守時，有一次出獵，見到草中的一塊大石頭，以爲是虎，便發箭射去，箭沒入石中。麑，是指幼鹿。據《三國志‧明帝紀》注引《魏末傳》記載，魏明帝曾經跟隨父親魏文帝出獵，見到母子兩頭鹿，文帝射殺了母鹿，讓明帝射殺小鹿。明帝不肯，說：「陛下已殺其母，臣不忍復殺其子。」並流下淚來。文帝被他的仁慈心打動，放過了小鹿，決定立他爲太子。〔註22〕

再如，「王喬雲外鳥，郭泰雨中巾。」（十一眞‧其二）這兩個典故均出自《後漢書》。據《後漢書‧方術傳‧王喬》記載，東漢王喬做葉縣縣令，有神術，每月朝見皇帝兩次。皇帝見他來去頻繁又沒有車馬隨從，很奇怪，叫太史暗地觀察。太史報告說，王喬每次快到朝廷時，總有一對鳧雁飛來。皇帝派人用網捕到這對鳧雁，打開網一看，裏面是一隻朝廷賞給王喬的官鞋。據《後漢書‧郭泰傳》記載，東漢的郭泰，字林宗，是當時士大夫的領袖之一，名望很高。一次，他在閒步時遇雨，頭巾被淋濕，一角下垂。人們以爲他是有意這樣做的，覺得很雅觀，爭相傚仿，也故意把頭巾折起一角，稱爲「林宗巾」。

〔註21〕（唐）杜甫：《古柏行》，載（清）彭定求等：《全唐詩》，中華書局，1960 年 4 月第 1 版，第 2334 頁。

〔註22〕（晉）陳壽撰，（南朝宋）裴松之注：《三國志‧明帝紀》，中華書局，1982 年 7 月第 2 版，第 91 頁。

又如，「南阮才郎羞北富，東鄰醜女效西顰。」（十一眞·其三）前一個典故出自《世說新語》，後一個典故出自《莊子》。據《世說新語·任誕》記載，晉代洛陽阮氏中，阮籍和阮咸叔侄多才多藝，住在路南，其他阮姓宗族住在路北；北阮家富，南阮家貧。據《莊子·天運》記載，春秋越國美女西施有心痛的毛病，犯病時手捂胸口，皺著眉頭，比平時更美麗。東鄰醜女看見了，很羨慕，也傚仿西施捧心皺眉，故意賣弄，卻更顯得醜陋。

（2）暗用

所謂「暗用」就是把想要表達的思想感情暗藏在所引用的典故之中，從表面上看不出使用這些典故的意圖，這樣的典故，也給理解文本帶來一定困難，可是，通過這樣巧妙地用典，可以把文本的含蓄美和朦朧美體現得淋漓盡致，這樣神奇的表達效果，也正是作者用典的初衷所在。

例如，「流涕策，斷腸詩。」（四支·其三）兩句分別用了兩個典故。前一個用賈誼的典故。賈誼在寫給漢文帝的《上疏陳政事》（又名《治安策》）中說，當時的政治局勢有：「可爲痛哭者一，可爲流涕者二，可爲長太息者六。」〔註23〕後一個用朱淑眞的典故。宋代女詩人朱淑眞，遭遇不幸，懷才不遇，自傷身世，因此將自己的詩詞集定名爲《斷腸集》。

再如，「讀三到，吟八叉。」（六麻·其四）兩句分別用了兩個典故。前一個用朱熹的典故。宋代朱熹在《訓學齋規·讀書寫文字》中說：「余嘗謂讀書有三到，謂心到、眼到、口到。」〔註24〕後一個用溫庭筠的典故。據宋代孫光憲《北夢瑣言》記載，唐末詩人溫庭筠才思敏捷，考試作詩賦，雙手相拱八次就寫好了，時人稱之爲「溫八叉」。後代便以此作爲才思敏捷的代稱。叉，叉手，兩手相拱。

又如，「虎類狗，蟻如牛。」（十一尤·其三）兩句分別用了兩個典故。前一個用馬援的典故。據《後漢書·馬援傳》記載，東漢馬援給侄子寫信，告誡他們不要學習豪俠好義的杜季良，說：「你們學杜季良要是學得不像，反而會淪爲輕薄之徒，就像畫老虎不成，反而畫得像狗一樣。」後世常以「畫虎不成反類犬」比喻模倣失眞，不倫不類。後一個用殷師的典故。據《世說

〔註23〕（漢）賈誼：《上疏陳政事》，載（清）嚴可均：《全漢文》，商務印書館，1999年10月第1版，第154頁。

〔註24〕（宋）朱熹：《訓學齋規·讀書寫文字》，載《朱子全書》，上海古籍出版社，2000年12月第1版，第697頁。

新語・紕漏》記載，東晉殷仲堪的父親殷師患病，虛弱心悸，聽到床下螞蟻的響動，以爲是牛斗之聲。

3. 正用

所謂「正用」就是典故本身的含義同作者想要表達的思想感情幾乎完全一致，大多數用典屬於這種類型。

例如，「壯士腰間三尺劍，男兒腹內五車書。」（六魚・其一）兩句分別用劉邦、惠施的典故。據《史記・高祖本紀》記載，漢高祖劉邦說自己以平民身份，手提三尺劍起兵，奪取天下。後世便以三尺劍作爲有志男兒的象徵。據《莊子・天下》記載，戰國時學者惠施很有學問，其書五車。後世便以「五車書」稱讀書多，學問淵博。

再如，「百年詩禮延餘慶，萬里風雲入壯懷。」（九佳・其一）兩個典故分別出自《周易》和韓愈的詩。《周易・坤》：「積善之家，必有餘慶。」〔註25〕唐代韓愈《送石洪處士赴河陽幕得起字》：「風雲入壯懷，泉石別幽耳。」〔註26〕

又如，「涓泉歸海大，寸壤積山高。」（四豪・其三）兩個典故分別出自《荀子》《尚書》。《荀子・勸學》：「不積小流，無以成江海。」〔註27〕《尚書・旅獒》：「爲山九仞，功虧一簣。」〔註28〕

4. 化用

所謂「化用」就是在前人語句的基礎上，根據表情達意的實際需要，將典故重新加以改寫，有時甚至將典故拆散後溶化在字裏行間，與自己的作品渾然一體。化用一般情況都不太難懂，但是，要在字面上找出化用的原文依據卻不太容易，因爲典故引用的原句、意義，同作者使用的句子、意義已經完全融合在一起了。

例如，「巫峽浪傳，雲雨荒唐神女廟；岱宗遙望，兒孫羅列丈人峰。」（二冬・其二）分別化用《高唐賦》和《望嶽》中的語句。戰國宋玉《高唐賦》說，楚國先王曾遊高唐，夢見一神女，神女臨行時說她是巫山之女，「且爲朝雲，暮爲行雨，朝朝暮暮，陽臺之下。」楚王爲之立廟，號朝雲

〔註25〕徐子宏譯注：《周易全譯》，貴州人民出版社，1991年5月第1版，第22頁。
〔註26〕（唐）韓愈：《送石洪處士赴河陽幕得起字》，載（清）彭定求等：《全唐詩》，中華書局，1960年4月第1版，第3806頁。
〔註27〕張覺：《荀子譯注》，上海古籍出版社，1995年12月第1版，第6頁。
〔註28〕江灝等譯注：《今古文尚書全譯》，貴州人民出版社，1992年8月第2版，第250頁。

廟。〔註29〕唐代杜甫《望嶽》：「西嶽崚嶒竦處尊，諸峰羅立如兒孫。」〔註30〕

再如，「花徑風來逢客訪，柴扉月到有僧敲。」（三肴·其二）分別化用杜甫和賈島的詩句。唐代杜甫《客至》：「花徑不曾緣客掃，蓬門今始爲君開。」〔註31〕唐代賈島《題李凝幽居》：「僧敲月下門。」〔註32〕

5. 借用

所謂「借用」就是借用典故來表示一種與典故本身無關的事物。

例如，「榆槐堪作蔭，桃李自成蹊。」（八齊·其二）兩句的字面意思是，榆樹、槐樹都能用樹影給人帶來陰涼；桃樹、李樹因爲有花和果實，人們在它們下面走來走去，就走成一條小路。《史記·李將軍列傳》：「諺曰：『桃李不言，下自成蹊。』」〔註33〕借用這兩句表達的深層意思是，有才華和美德的人，不用張揚，就會得到別人的尊敬。

再如，「御龍對司馬，破竹對穿楊。」（七陽·其三）「破竹」與「穿楊」分別借用《晉書》和《戰國策》中的典故。《晉書·杜預傳》：「今兵威已振，譬如破竹，數節之後，皆迎刃而解」。〔註34〕破竹，劈竹子，借用來比喻循勢而下，順利無阻。據《戰國策·西周策》記載，楚國有個叫養由基的神射手，在百步之外射柳葉，百發百中。穿楊，謂射箭能於遠處命中楊柳的葉子；極言射技之精，也借用來泛指技藝高超。

又如，「繡虎雕龍，才子窗前揮彩筆；描鸞刺鳳，佳人簾下度金針。」（十二侵·其一）「繡虎」「雕龍」是借用。繡虎：相傳三國時，曹植很有才華，曹植曾七步成詩，人稱「繡虎」。後世借用「繡虎」比喻擅長詩文、辭藻華麗的人。雕龍：戰國齊人鄒衍和騶奭善於言談，誇張而美妙，時人稱之爲「談天衍，雕龍奭」。後世借用「雕龍」比喻善於文辭。

〔註29〕（戰國）宋玉：《高唐賦》，載（梁）蕭統編，（唐）李善注：《文選》，上海古籍出版社，1986 年 8 月第 1 版，第 876 頁。

〔註30〕（唐）杜甫：《望嶽》，載（清）彭定求等：《全唐詩》，中華書局，1960 年 4 月第 1 版，第 2415 頁。

〔註31〕（唐）杜甫：《客至》，載（清）彭定求等：《全唐詩》，中華書局，1960 年 4 月第 1 版，第 2438 頁。

〔註32〕（唐）賈島：《題李凝幽居》，載（清）彭定求等：《全唐詩》，中華書局，1960 年 4 月第 1 版，第 6639 頁。

〔註33〕（漢）司馬遷：《史記·李將軍列傳》，中華書局，1982 年 11 月第 2 版，第 2878 頁。

〔註34〕（唐）房玄齡等：《晉書·杜預傳》，中華書局，1974 年 11 月第 1 版，第 1030 頁。

四、用典的修辭效果

《笠翁對韻》在多處成功運用典故，增強了語言的表現力，提升了藝術感染力。典故的運用，使《笠翁對韻》顯得含蓄委婉，形成含蓄蘊藉的藝術風格。

1. 運用典故，可以增強權威性效果

《笠翁對韻》在通過所寫的人物、事物、景物來表達感情，抒發所想，證明觀點的時候，直接引用聖賢所言並以之爲證，既可以增強說服力，又可以增加權威性，使被敘述和描寫的事物更具有典型性，從而擴充了文本的歷史內涵。

2. 運用典故，可以增加典雅的效果

典故扮演了化俗爲雅的角色，即使典故隨著歷史的演進成爲大家所熟見的藝術形式，它也屬於嚴格意義上的雅化，是社會文化積澱的基石。古代經典著作中常被後人用作典故的，往往是能帶來典雅效果的語句，客觀上是由於書卷體本身就顯得莊重，規範；主觀上是因爲後人對所誦經典在文章風格和表達習慣上都奉爲典範。所以，將其放入《笠翁對韻》中，帶來典雅的氣息。

3. 運用典故，可以增添含蓄委婉的效果

用典就是通過時間跨度的蒙太奇效果，給讀者的想像提供空間，從而使意蘊在形象之外。以用典的修辭文本模式來表情達意，可以使表達顯得委婉含蓄。同時，也是李漁在寫作上主動自覺追求含蓄蘊藉的藝術風格使然。

（本章撰稿人：韓建立）

第四章 《文字蒙求》與王筠的識字教學理論

　　《文字蒙求》是清代著名的語言學家、文字學家、教育學家王筠應朋友陳山嵋的請求，爲教他的兩個孫子識字而編寫的一本兒童識字教材。王筠編寫《文字蒙求》主要以漢代許愼的《說文解字》爲基礎，從中輯錄 2050 個漢字。但作爲一本兒童識字教材，王筠並沒有簡單地將《說文解字》中的內容抄錄下來，而是在《說文解字》的基礎上，將自己的文字學研究成果以及兒童識字的規律和特點相結合，使《文字蒙求》成爲了兒童識字的重要啓蒙教材和研讀《說文解字》的入門之書。《文字蒙求》中漢字釋義體例的特點以及其中蘊含的識字教學理論和方法，具有重要的研究價值。

第一節　《文字蒙求》的釋義體例

　　《文字蒙求》的編寫以「蒙學」爲目的，王筠在對輯錄的 2050 個漢字進行釋義的時候，充分考慮到兒童在識字階段的規律和特點，他在《文字蒙求·自序》中說：「說解取其簡，或直不加注，兼以誘之讀《說文》也。」〔註 1〕因此，王筠在《文字蒙求》中的釋義既有與《說文解字》相同之處，也有自己的研究、創新之處。

一、只列楷書和篆文字頭，沒有釋義

　　王筠在《文字蒙求》中，對比較常用、比較簡單的漢字，只列出楷書和小篆的字頭，並不做釋義。如：毛、幾、琴、刀、戈、矛、瓦七字。

〔註 1〕（清）王筠：《文字蒙求·自序》，中華書局，2012 年 10 月第 2 版，第 4 頁。

二、只分析字形，不釋義

有的字，王筠從漢字字形結構的角度進行了分析，但不解釋字的意義。如：

門：「从二户。」（《文字蒙求·卷一》）

敗：「从攴貝。」（《文字蒙求·卷三》）

牧：「从攴牛。」（《文字蒙求·卷三》）

兄：「从人，从口。」（《文字蒙求·卷三》）

在：「从土，才聲。」（《文字蒙求·卷四》）

三、直接採用《說文解字》的釋義

《文字蒙求》不僅是兒童識字課本，還具有「兼以誘之讀《說文》」的目的，因此在《文字蒙求》中有一半左右的漢字直接採用《說文解字》的釋義，這也為學習者進一步閱讀《說文解字》奠定了基礎。如：

京：「人所爲絕高丘也。从高省，｜象高形。」（《文字蒙求·卷一》）

「人所爲絕高丘也。从高省，｜象高形。」（《說文解字·京部》）

休：「息止也，从人依木。」（《文字蒙求·卷三》）

「息止也，从人依木。」《說文解字·木部》

制：「裁也。从刀从未。未物成，有滋味，可裁斷。」（《文字蒙求·卷三》）

「裁也。从刀从未。未物成，有滋味，可裁斷。一曰止也。」（《說文解字·刀部》）

章：「樂竟爲一章，从音十。十，數之竟也。」（《文字蒙求·卷三》）

「樂竟爲一章，从音从十。十，數之終也。」（《說文解字·音部》）

竟：「樂曲盡爲竟。从音从人。」（《文字蒙求·卷三》）

「樂曲盡爲竟。从音，从人。」（《說文解字·音部》）

四、在《說文解字》釋義的基礎上，闡述己見

王筠根據自己對文字學的研究，在許慎《說文解字》的基礎上，提出了自己的觀點。

1. 在《說文解字》釋義後，加「案」進一步闡述自己的見解。如：

兮：「从丂，八象氣越于也。案，兮字『八』在上，試言兮則聲上出也；只字『八』在下，試言只則聲下引也。」（《文字蒙求·卷二》）

厶：「息夷切。姦邪也。韓非曰：『倉頡作字，自營爲厶。』案，營
　　者環也，謂其字曲如環。經典借私爲厶。」（《文字蒙求‧卷二》）

2. 在《說文解字》釋義後，直接加入自己的見解。如：

阜：「大陸，山無石者。其字如畫坡陀者然，層層相疊者也。上不
　　起峰，故曰無石。」（《文字蒙求‧卷一》）「上不起峰，故曰無
　　石。」即王筠在《說文解字》釋義後加入的解釋。

甘：「从口，含一。不定爲何物，故以一指之。」（《文字蒙求‧卷
　　二》）「不定爲何物，故以一指之。」爲王筠在《說文解字》釋
　　義後加入的解釋。

3. 對《說文解字》存疑的，加「竊以爲」進行闡述。如：

七：「柶也。匕、七同形，特柄有在上、在下之異，所以相避也。」
　　《文字蒙求‧卷一》

七：「比也。君子周而不比，相比是反人道也。故从反人。此即象
　　形篇『七』字。《說文》兩義歸之一字。竊以爲未安，故分收
　　之。」（《文字蒙求‧卷三》）

王筠用「竊以爲」來說明，他認爲「匕」應該是字形不同，意義有別的
兩個字，《說文解字》中許愼將它們當作一個字，是錯誤的。因此，在《文字
蒙求》中分別在象形和會意中作了解釋。

五、釋義形象生動，通俗易懂

王筠把《說文解字》中較爲抽象難懂的釋義進行了深入淺出、形象生動
的解釋，力求通俗易懂，更有利於兒童的學習。如：

欠：「張口氣悟也，象氣從人上出之形。案上半似『氣』字而反之。
　　人之欠，氣不循其常也。氣在人上者，人之欠大抵昂頭也。」
　　（《文字蒙求‧卷二》）王筠在「案」字後，對「欠」進行了進
　　一步的解釋說明，生動形象地展現了人在打哈欠時擡起頭的原
　　因和神情，既易於理解，也易於記憶。

子：「上象首，中象臂，小兒之手，不能下垂，故上揚也。下象股，
　　一而不兩者，在襁中也。」（《文字蒙求‧卷一》）王筠的釋義
　　形象刻畫了一個在襁褓中的嬰兒的形象，將「子」字的本義即
　　嬰兒，解釋得栩栩如生。

王筠的釋義充分考慮到兒童在識字初期的特點，盡可能用通俗易懂的語言，生動形象的描述來解釋字義，減少兒童識字的障礙，增加了他們識字的興趣。類似這樣的釋義，在《文字蒙求》中，還有很多。如：

火：「火之形。上銳下闊，其點則火星迸出者也。」(《文字蒙求·卷一》)

人：「象臂脛之形。臂下垂，與脛相屬，故兩而不四。」(《文字蒙求·卷一》)

卵：「鳥卵圓，其形不能確象。此蓋象魚卵也，有膜裹之如袋，而兩袋相比，注中者卵也。」(《文字蒙求·卷一》)

牛：「上曲者角也，丨之上爲項之高聳處，中則身，末則尾，一則後足也。此自後視之之形。牛行下首，故不作首，又無前足者，爲腹所蔽也。」(《文字蒙求·卷一》)

亦：「古掖字。掖在臂下，故以大爲人形，而點記其兩臂之下。」(《文字蒙求·卷二》)

古：「十口所傳，是前言也。」(《文字蒙求·卷三》)

六、提出「字當橫看」的見解

《文字蒙求》從多種觀察角度對漢字進行解釋，其中有四個字，王筠提出應將字橫過來看，更能突出字的象形性，更容易理解記憶。如：

水：「此字當橫看，如畫水者然，長短皆水紋也。益字所从，當是本形。」(《文字蒙求·卷一》)

鼠：「此字當橫看，大首伏身曳尾。」(《文字蒙求·卷一》)

舟：「字當橫看，左艙右底，上爲舟尾，曲則容柁處也。」(《文字蒙求·卷一》)

車：「當橫看，方者輿，長者軸，夾輿者輪，自後觀之，則見兩輪如繩直也。不作輈者，小車一輈，大車兩轅，形不畫一，不能的指，且有無輈之車也。」(《文字蒙求·卷一》)

七、運用神話傳說釋義

王筠在《文字蒙求》中加入神話傳說來解釋字義，不僅可以讓兒童準確記住字形，還可以讓他們瞭解相關的神話傳說，極大增加了兒童的識字興趣。如：

日：「日中有黑影，初無定在，即所謂三足烏者也。」(《文字蒙求‧
卷一》)

月：「月圓時少，闕時多，且讓日，故作上下弦時形也。中一筆本
是地影。詞藻家所謂顧兔桂樹也。」(《文字蒙求‧卷一》)

八、聯繫實際生活釋義

《文字蒙求》中有大量的漢字在釋義時結合了人們日常的生活經驗、社
會實際，便於兒童從熟悉的生活中分析理解漢字的字形、字義，從而達到識
字的目的。如：

斤：「斫木之器。蓋即今之鐯也。」(《文字蒙求‧卷一》)

沙：「水少則沙見。」(《文字蒙求‧卷三》)

表：「古者衣裘，以毛為表，故从衣从毛。」(《文字蒙求‧卷三》)

乳：「人及鳥生子曰乳，獸曰產，从孚从乙。」(《文字蒙求‧卷三》)

婚：「婦家也，取婦以昏時。」(《文字蒙求‧卷三》)

豹：「似虎圓文。从豸勺聲。」(《文字蒙求‧卷四》)

九、運用合文而釋的方法釋義

《文字蒙求》將字形字義相近，或是部首相同的字放在一起分析釋義，
便於兒童在學習中進行對比、區分和集中分析，提高識字效率。如：

絲：「《集韻》以糸、絲為一字，猶中、艸，虫、蟲之即一字也。
各有从之者，斯分系別作覓音。」(《文字蒙求‧卷一》)

自、白：「二字同，古鼻字也。今人言我，自指其鼻，蓋古意也。」
(《文字蒙求‧卷一》)

亯：「獻也。獻是事，上从高省，下象進孰物形，是指事也。亨、
享、烹三字，皆即此字。」(《文字蒙求‧卷二》)

本、末、朱：「本者木之根也，末者木之梢也，朱者木之心也。皆
有形而形不可象，故以一記其處為在上在下在中而已。」(《文
字蒙求‧卷二》)

不、至：「不者否也，至者到也。皆借鳥形以指之。不之一象天，
謂鳥上翔不下也；至之一象地，謂鳥下至於地也。而不至二字，
實不謂鳥，故知其為借也。」(《文字蒙求‧卷二》)

善：「羊，祥也。故善、美、義、羑並从羊。」(《文字蒙求‧卷三》)

匚：「古筐字。凡从音方之匚者，皆器名也。如：匪、匯皆足。」
（《文字蒙求·卷四》）

舌：「古活切，塞口也。从口，丯省聲，亦兼指事矣。适、栝、話、
刮、髻、活、聒、括从之。」（《文字蒙求·卷四》）

复：「古復字，行故道也。从夊，畐省聲。腹、輹、復、鰒从之。」
（《文字蒙求·卷四》）

十、說明古今用字情況

《文字蒙求》對古今字、假借字、異體字、正俗字等複雜的文字現象，進行了具體而扼要的分析說明，不僅有利於兒童識字，更有利於他們閱讀古代典籍。

1. 古今字

止：「古趾字。上象足指，下象跟。」（《文字蒙求·卷一》）

朋：「古鳳字。」（《文字蒙求·卷一》）

於：「古鳥字。象其飛形，小篆鳥則立形。」（《文字蒙求·卷一》）

術：「秫之古文。」（《文字蒙求·卷一》）

冃：「古帽字。」（《文字蒙求·卷一》）

求：「古裘字。」（《文字蒙求·卷一》）

其：「古箕字。」（《文字蒙求·卷一》）

囪：「古窗字。」（《文字蒙求·卷一》）

包：「古胞字。」（《文字蒙求·卷一》）

要：「此古腰字。」《文字蒙求·卷一》

西：「古棲字，象鳥在巢上形。」（《文字蒙求·卷二》）

魁：「古魅字。从鬼彡，彡，鬼毛。」（《文字蒙求·卷三》）

氐：「古柢字。从氏下著一。」（《文字蒙求·卷三》）

或：「古域字。从口，从戈以守一。」（《文字蒙求·卷三》）

瞑：「古眠字，从目冥，冥亦聲。」（《文字蒙求·卷三》）

段：「此鍛鍊之古字。」（《文字蒙求·卷四》）

2. 假借字

丯：「音介，草蔡也，即草芥也。經典借芥及介用之。字形象其散
亂。」（《文字蒙求·卷一》）

气：「此云氣之正字。經典作乞而訓爲求。本是假借，借用既久，
　　　遂以氣代气……」(《文字蒙求・卷一》)

讄：「音誄，禱也。累功德以求福也。从言，累聲……今本借誄。
　　　誄，諡也。」(《文字蒙求・卷四》)

3. 異體字

乙：「烏轄切，燕也。亦作鳦。」(《文字蒙求・卷一》)

飱：「同餐。水沃飯也，故从水食。」(《文字蒙求・卷三》)

貌：「从皃。皃，古貌字。豹省聲。」(《文字蒙求・卷四》)

梓：「从木，宰省聲，或作榟。」(《文字蒙求・卷四》)

4. 正俗字

叒：「若木之若之正字。當以鐘鼎文爲正。」(《文字蒙求・卷一》)

卩：「此符節之節之正字。象相合之形，節，竹約也。」(《文字蒙
　　　求・卷一》)

啚：「此鄙吝之鄙之正字。」(《文字蒙求・卷三》)

扁：「署也。从戶、冊者，署門戶之文也。俗作匾，非。」(《文字
　　　蒙求・卷三》)

匕：「變也。从倒人，此變化之正字。化，教行也，乃教化字，今
　　　合爲一。」(《文字蒙求・卷三》)

第二節　《文字蒙求》的注音體例

王筠在《文字蒙求・自序》中說：「恒見字不加音切，不欲其繁也。」
[註2] 即對較爲簡單常用的漢字不加注音，只對較爲難懂的漢字加注音。

一、反切法注音

1. 反切法是《文字蒙求》中使用較多的注音法，即用「某某切」的
方法標注讀音。如：

隹：「職追切。」(《文字蒙求・卷一》)

兕：「徐姊切。」(《文字蒙求・卷一》)

糸：「莫狄切。」(《文字蒙求・卷一》)

〔註2〕（清）王筠：《文字蒙求・自序》，中華書局，2012年10月第2版，第4頁。

缶：「方九切。」(《文字蒙求・卷一》)

岩：「多官切。」(《文字蒙求・卷二》)

彔：「盧谷切。」(《文字蒙求・卷二》)

朵：「丁果切。」(《文字蒙求・卷二》)

乖：「古懷切。」(《文字蒙求・卷三》)

屖：「初限切。」(《文字蒙求・卷三》)

孱：「士連切。」(《文字蒙求・卷三》)

稟：「筆錦切。」(《文字蒙求・卷三》)

芺：「鳥浩切。」(《文字蒙求・卷四》)

尃：「芳無切。」(《文字蒙求・卷四》)

匄：「虎橫切。」(《文字蒙求・卷四》)

軓：「古案切。」(《文字蒙求・卷四》)

2. 一個漢字，有兩種讀音，用「某某某某二切」標注讀音。如：

畐：「房六芳逼二切。」(《文字蒙求・卷二》)

髟：「必凋所銜二切。」(《文字蒙求・卷三》)

弇：「古南一險二切。」(《文字蒙求・卷三》)

二、直音法注音

直音法就是用相同讀音的漢字進行注音，即用「某音某」的方法標注讀音。如：

丰：「音介。」(《文字蒙求・卷一》)

皿：「音猛。」(《文字蒙求・卷一》)

乀：「音弗。」(《文字蒙求・卷二》)

乁：「音移。」(《文字蒙求・卷二》)

奞：「音睢。」(《文字蒙求・卷三》)

孚：「音律。」(《文字蒙求・卷四》)

三、反切法和直音法同時注音

為了提高讀音的準確性，《文字蒙求》中有些字同時使用了反切法和直音法標注讀音。如：

壴：「音麗，居例切。」(《文字蒙求・卷一》)

屮：「音徹，醜列切。」(《文字蒙求・卷一》)

匚：「音方，府良切。」（《文字蒙求·卷一》）

四、形聲字的注音

1. 用「从某，某聲」的方式注音。如：

尚：「从八，向聲。」（《文字蒙求·卷四》）

徒：「从辵，土聲。」（《文字蒙求·卷四》）

寺：「从寸，之聲。」（《文字蒙求·卷四》）

肖：「从肉，小聲。」（《文字蒙求·卷四》）

2. 用反切法和「從某，某聲」的方式共同注音。如：

鳶：「與專切。……从鳥，屰聲。」（《文字蒙求·卷四》）

黛：「徒耐切。从黑，朕聲。」（《文字蒙求·卷四》）

3. 用直音法和「從某，某聲」的方式共同注音。如：

尐：「音轍。……从小，乀聲。」（《文字蒙求·卷四》）

甡：「音綏。……从生，豕聲。」（《文字蒙求·卷四》）

第三節 《文字蒙求》的漢字教學理念與教學方法

　　王筠的《文字蒙求》打破了以往以教師為中心，不把學生當人看的語文教學思想和方法。他站在兒童學習漢字的立場上，在《文字蒙求》中充分體現了以學生為中心的教學理念和方法。

一、「以人為本」的教學理念

　　王筠在他的《教童子法》中，提出了「學生是人」的教學理念。他認為教師在教學過程中，應該以學生為出發點，尊重學生，讓學生得到健康、全面的發展。這種認識在王筠所處的時代是進步的，是對傳統語文教學思想的發展，也是對傳統語文教學的優秀經驗的總結和提升。在《文字蒙求》的編寫中，王筠正是在「以人為本」思想的指導下，無論是在漢字的選錄上，還是在整書的編排上都充分考慮了兒童的學習特點，從兒童的角度出發，提高兒童識字的效率。

1. 尊重兒童身心發展規律

　　童蒙時期，兒童生性活潑好動，對外界充滿好奇心，充滿求知欲，但學

習和理解能力有限，各個方面的能力還需要不斷完善。王筠在《文字蒙求》的編寫中，從「蒙求」的角度出發，充分考慮到了兒童生理和心理發展的規律，順應兒童學習的天性，注重激發兒童的學習興趣，讓兒童進行愉快的學習，而不是一味的採用灌輸式的方法。

《文字蒙求》在對漢字釋義的過程中，儘量使用通俗易懂的語言和方法，有的還用神話傳說、日常生活知識等進行釋義，力求讓兒童在學習中找到興趣和快樂，從而提高漢字學習的效率。如：

> 子：「上象首，中象臂，小兒之手，不能下垂，故上揚也。下象股，一而不兩者，在襁中也。」（《文字蒙求·卷一》）

> 月：「月圓時少，闕時多，且讓日，故作上下弦時形也。中一筆本是地影。詞藻家所謂顧兔桂樹也。」（《文字蒙求·卷一》）

> 慶：「行賀人也，從心從夊，吉禮以鹿皮爲摯，故從鹿省，猶之虍爲虎文也。」（《文字蒙求·卷一》）

> 位：「從人立，古者朝會君亦不坐。」（《文字蒙求·卷三》）

這些釋義形象生動，容易被兒童理解、接受，順應了兒童成長的規律。這不僅增加了兒童識字學習的樂趣，產生學習的愉悅感，還增強了學習的自信心。

2. 符合兒童學習規律

童蒙時期，兒童的理解能力、接受能力等各方面的能力還不強，在漢字的學習中不能一蹴而就，需要有一個循序漸進的過程。王筠認爲：「童蒙時，先令知某爲象形，某爲指事，而會意字即合此二者以成之，形聲字即合三者以成之。」〔註3〕因此，王筠的《文字蒙求》在全書編排上根據兒童學習的這一規律將全書分爲四卷，即象形、指事、會意、形聲。漢字中的象形字（含部首）、指事字是最基本的字，會意字、形聲字是由這些基本字合成的。教學時先教象形字、指事字，再教會意字、形聲字，即先教獨體字再教合體字。學生掌握了象形字、指事字後，可以將學到的相關知識運用到會意字、形聲字的學習中。這種學習順序的排列有一個由易到難、由淺到深的過程，可以使兒童在日積月累的學習中逐步掌握漢字學習的系統知識和方法，逐步提高對漢字的認知能力，這不但符合漢字的教學規律，還符合漢字的發展規律。這樣，能讓兒童既快又好地學習漢字，提高識字

〔註3〕（清）王筠：《文字蒙求·自序》，中華書局，2012 年 10 月第 2 版，第 1 頁。

教學的效率，同時還能培養學生獨立識字的能力以及探究學習的能力，從而獲得全面的發展。

3. 激發兒童學習的主觀能動性

童蒙時期，正是培養學生良好的學習習慣和學習方法的重要時期。兒童在這一時期如果能得到教師細緻的關懷和悉心的指導，則會大大增加學習知識的信心，提高自主學習的能力。王筠在《文字蒙求》中，改變了以往教育中將學生看作豬狗，抹殺學生天性，制約學生創造性能力發展的教育觀念，積極培養學生學習的主觀能動性。

在識字教學中，採用多種教學方法，培養學生識字能力。例如，王筠在分析合體字時，常常利用字形理據識字法，根據字形的構造規律分析漢字的結構特點。在對某些象形字釋義時，提出改變字的觀察角度，得到漢字的生動形象。這些方法不僅有利於兒童對漢字的識記，還有效的提高了兒童知識遷移的能力，增加了主動學習的興趣。

在識字學習中，培養學生的質疑精神。童蒙時期，學生的求知欲較強，這是學習的有利條件。但是，在知識的學習過程中，如果對所學知識全盤接收，完全相信，則很難獲得進步和提高。因此，王筠在《文字蒙求》中，為兒童做出了表率。《文字蒙求》的編寫以《說文解字》為依託。《說文解字》自成書以來，一直具有較為權威的地位。王筠在對《文字蒙求》的漢字進行釋義時，對《說文解字》中有的漢字釋義提出了質疑，懷疑許慎對某些字的解釋有誤。王筠在釋義中，用「或誤」「恐未然」「竊以為未安」「案此字可疑」等方式提出自己的不同意見。這種質疑精神，對兒童學習會產生潛移默化的影響，讓兒童學會自己去發現問題，思考和分析問題，進行主動學習，而不是迷信權威，被動學習。這樣，才能真正提高兒童的學習能力和學習效果。

二、採用多種識字教學方法

王筠將自己豐富的文字學知識運用在具體的識字教學方法上。作為一部以文字學理論為指導的兒童識字教材，《文字蒙求》既吸取了傳統幼兒識字教材中的精華，又進行了大膽的創新，提出了很多實用性較強的漢字教學法。

1. 字理識字教學法

　　字理，指的是漢字的構形理據。從理論上說，每個漢字都有其構形理據。字理識字，是以「六書」理論爲基礎來分析漢字的各個組成部分，並總結漢字的構形規律。抓住了漢字的組構規律進行識字教學，即抓住了漢字的本質特點進行識字。

　　王筠把選錄的 2050 個漢字，按照字形結構類型分成了象形、指事、會意、形聲四卷，每一卷中又再細分出不同的小類。例如，卷一的象形字，先分爲正例和變例兩類，其中正例按照字義分成五類，分別爲：（1）天地類之純形；（2）人類之純形；（3）動物類之純形；（4）植物類之純形；（5）衣服器械屋宇之純形。變例則按照字形結構特點分爲九類，分別爲：（1）一字象兩物形者；（2）象形字省之仍是象形者；（3）避他字而變其形者；（4）物多此形，因兼其用以象之者；（5）其形不能顯白，因加同類字以定之，是謂以會意定象形；（6）以會意定象形而別加一形者；（7）兼聲意之象形；（8）似會意之象形；（9）全無形而以意聲爲形者。除卷一象形外，卷二指事、卷三會意、卷四形聲也都進行了進一步分類。

　　王筠以六書分類爲基礎，運用理據識字教學法，對漢字構字部件及組合關係進行分析說明，使兒童在識字時能以漢字的構形理據來理解和記憶漢字，從而達到高效識字的目的。例如王筠對會意字的分析，一般先將字分解成幾個部件，讓兒童瞭解各個部分的意義，再將這些意義聯結起來，讓兒童從字的部件和字的意義關係掌握整個字的字形字義。如：

　　　　美：「从大羊。」（《文字蒙求・卷三》）

　　　　祭：「又手也，示，古祇字，手持肉以享神祇。」（《文字蒙求・卷三》）

　　　　男：「从力田。」（《文字蒙求・卷三》）

王筠的字理識字教學法，從兒童瞭解和掌握漢字的結構規律和方法入手，一方面有利於兒童對漢字進行識記，一方面有利於兒童理解字義，提高了識字教學的有效性。

2. 偏旁部首歸類識字教學法

　　偏旁部首歸類識字教學法，是利用漢字結構系統的特點和結構規律，進行識字教學的方法。通過對具有相同聲符系統和相同義符系統的漢字進行歸類學習，可以幫助兒童達到批量識字的效果。對大量的形聲字，王筠採用了這種識字教學法。如：

舌：「古活切，塞口也……亦兼指事矣。适、栝、話、刮、髺、活、聒、括从之。」(《文字蒙求・卷四》)

善：「羊，祥也，故善、美、義、羑並从羊。」(《文字蒙求・卷三》)

偏旁部首歸類識字教學法，教兒童利用漢字的結構特徵進行漢字學習，有利於兒童掌握漢字的構形系統，可以使他們懂得在識字學習中，不是把一個個字作爲孤立的字符進行學習，而是把漢字看做一個互相聯繫的系統，通過對偏旁部首的歸類學習，達到舉一反三的效果。這既降低了識字的難度，又提高了識字的速度。通過這種方法進行教學，兒童可以掌握漢字的結構特點和規律，做到觸類旁通，爲將來學習更多的漢字打下了基礎，達到事半功倍的效果。

3. 同部件字歸類識字教學法

漢字中有些字是通過相同部件組合而成的字。王筠把這些由同一部件構成的字歸類集中在一起，便於兒童利用漢字的這一構形特點，進行批量識字。根據構字部件的數量和結構形式，可以歸納出四種類型。

（1）兩個相同部件按左右結構組合而成的字。如：

林、赫、竝、州、聑、臸、奻、弜、辡、兟、屾、祘、玨、誩、雔等 41 個字。

（2）兩個相同部件按上下結構組合而成的字。如：

炎、哥、多、棗、畕、戔等 12 個字。

（3）三個相同部件按上下結構組合而成的字。如：

晶、森、磊、品、譶、羴、森、畾、皛、毳、猋、焱、惢、聶、垚、劦、孨等 31 個字。

（4）四個相同部件組合而成的字。如：

茻、三等 4 個字。

王筠將這些構字部件相同的字進行歸類教學，可以讓兒童通過對相同部件的重複組合進行區分、比較，容易記憶。同時，這些字結構對稱，字形優美，可以激發兒童學習的愉悅感，幫助他們提高識字學習的效率。

4. 比較識字教學法

比較識字教學法，是將字形相似、相近的字歸納到一起，進行比較，以找出其中差別的一種識字教學法。在整個漢字系統中，漢字與漢字之間有著密切的聯繫，有的字與字之間在字形結構、構字部件上差異甚微，這就使得

兒童在識字學習的過程中經常出現混淆，發生錯誤，這些字正是識字教學中的難點。通過比較識字教學法，可以幫助兒童找到漢字中容易混淆的個別部分及其特徵，發現它們之間的異同，從而掌握字與字之間的本質聯繫和區別，增強兒童的記憶效果，提高識字教學效率。運用比較識字教學法，可以對漢字進行整體比較，也可以對構字部件進行比較。王筠善於抓住字形的突出特徵進行比較、釋義，使兒童對相近、相似字掌握更加準確。如：

> 烏：「字形同鳥而少目者。烏色黑，目色與身色不別也。」（《文字蒙求·卷一》）

> 本、末、朱：「本者，木之根也；末者，木之梢也；朱者，木之心也；皆有形而形不可象，故一記其處爲在上在下在中而已。」（《文字蒙求·卷二》）

> 秀、朵：「秀，从禾乃象穗之下垂。朵，丁果切。樹木垂朵朵也。與秀同意。」（《文字蒙求·卷二》）

將字形相近的字放在一起進行比較，可以使兒童清楚地看到字形之間的區別，加上對釋義的理解，可以大大減少兒童識字記字的錯誤率。

5. 聯想識字教學法

　　漢字是一種表意文字，在漢字六書造字法中，象形是最早最根本的一種造字方法。很多漢字字形與日常生活的事物有著密切的聯繫，在識字教學中，如果教師能將漢字與某種實物的形狀聯繫起來，讓兒童進行聯想，則能加快兒童識字的速度，提高學生的想像能力和記憶能力。如：

> 豆：「上象腹中有實，下則校與足也。小篆實在腹上。」（《文字蒙求·卷一》）

> 牛：「上曲者角也，｜之上爲項之高聳處，中則身，末則尾，一則後足也。此自後視之之形。牛行下首，故不作首，又無前足者，爲腹所蔽也。」（《文字蒙求·卷一》）

聯想識字教學法，和生活中的實物密切相關，通過激發兒童學習的想像力，可以增加兒童識字的興趣，加深對漢字的印象，從而使記憶更加牢固。

第四節　《文字蒙求》對當今識字教材編寫的啓示

　　《文字蒙求》雖然成書於清代，但全書無論是從編寫內容，還是從編寫

體例來看，它都是一本優秀的兒童識字教材，對當今兒童識字教材的編寫，
具有重要的啟示作用。

一、教材選字

兒童識字教材編寫，首要解決的問題就是漢字的選錄。教材中應選多少
字，應選哪些字，需要教材編寫者根據兒童的識字特點進行選擇。

1. 選字量要適中

王筠在《文字蒙求・自序》中說：「當小兒四、五歲時，識此二千字非難
事也，而於全部《說文》九千字，固已提綱挈領，一以貫之矣！」〔註4〕即在
兒童四、五歲時，已經具備了認識二千個漢字的能力，這時應當將最重要、
最基礎的漢字教給兒童，為今後進一步學習奠定基礎。《文字蒙求》從《說文
解字》中選錄了 2050 個漢字，從字的數量上看，正好與兒童識字能力相符，
適合兒童學習。2000 左右的漢字基本包括了日常生活中的常用、常見字，作
為兒童識字教材在數量上是較為適宜的。選字過少，對兒童的進一步學習發
揮作用有限；選字過多，則會加重兒童識字學習的負擔，使他們產生厭學情
緒。因此，兒童識字教材在字量的選擇上要適中。

2. 選常用字

漢字的數量非常多，要提高兒童漢字學習的效率，在識字教材中就必須
選常用字。《說文解字》中共收錄了 9353 個字，王筠從中選出 2050 個字，編
入《文字蒙求》。這 2050 個字不僅是清代書面語中的常用字，有很多字在現
代漢語中使用率也非常高。馬景崙在《〈文字蒙求〉的實用價值及其學術貢獻》
一文中說：「《蒙求》中的 2050 個字，同現代漢語書面語中使用覆蓋率為 97.97%
的 2500 個常用字一一比較，發現有 916 個字相同。換句話說，《蒙求》所收
漢字的 44.68%，仍然是今天用得最廣泛的漢字，約有三分之一為《蒙求》所
收。」〔註5〕這些常用字包括有天地類純體象形字：日、月、雨、雲、電、氣、
火、山、水、井、泉、田等；人類之純體象形字：人、兒、女、弟、民、子、
心、首、百、目、耳、口、手、白等。這些字都是生活中的常用字，掌握這
些常用字，對兒童進行進一步的學習有著重要的作用。

〔註4〕 （清）王筠：《文字蒙求・自序》，中華書局，2012 年 10 月第 2 版，第 3 頁。
〔註5〕 馬景崙：《〈文字蒙求〉的實用價值及其學術貢獻》，南京師大學報（社會科學
　　　　版），1995 年第 4 期，第 89 頁。

3. 選構字能力強的獨體字

兒童識字教材，不僅要教兒童認識常用漢字，還要教給學生自己識字的能力，因此先讓兒童認識構字能力強的獨體字，再利用這些獨體字去認識其與其他偏旁部首合成的合體字，往往能達到事半功倍的效果。王筠選了很多這樣的字。如：

「享」構成的字：焞、鶉、醇、孰。

「舌」構成的字：适、括、栝、刮、話、聒、甜。

「頁」構成的字：顥、煩、賴、頂、顏、頌、頑。

「木」構成的字：梓、柰、析、枚、休、柵、框、杏。

「日」構成的字：早、昌、昊、易、昔、草、是、普、替、春。

「口」構成的字：古、告、號、吾、含、否、啟、品、言、卟。

「女」構成的字：好、奸、如、妥、奴、姓、婢。

「心」構成的字：息、思、愚、急、意。

「刀」構成的字：利、刪、列、刃、初、分、召。

「月」構成的字：肩、前、肖、朋、服、胖、胞、肘。

這些獨體字，在與其它偏旁部首合成時，有的做聲符，有的做義符，有的既做聲符又做義符。兒童在識字時，先認識這些字，在此基礎上，再認識由它們合成的字，便於對合成字讀音、字義的掌握，提高了識字的效率。

除此之外，王筠選錄的漢字，還有很多是結構簡單，易於理解的字，例如選擇象形度高，構字部件不超過兩個的字，這些字作為識字的基礎，易被兒童接受。選擇字形對稱的漢字，這些字由於結構對稱，降低了兒童識記漢字的難度。

王筠選字，充分考慮了兒童學習的特點，多選取簡單易懂、象形度較高、構字能力強的獨體字，這對兒童熟悉漢字的構字特點，提高學習能力，進一步學習合體字奠定了良好的基礎，這也為當今兒童識字教材編寫，提供了有價值的經驗。

二、字體選擇

王筠所列的字條中，每個字均以楷書為條目字，即作為正字，再在後面列出篆文，有時也用古文、籀文等字形。

以楷書為正字，是由於王筠生活的清代是以楷書作為社會用字的標準字

體，兒童認識了楷書，才能適應社會生活的需要。列出篆文、古文、籀文等字體，主要是因為漢字字體從古文到楷書經歷了很多變化，很多漢字的字形發生了很大的改變，使得這些字的字形結構和字義之間的聯繫變得模糊，而要瞭解漢字的本義就需要回到漢字最初的字形上，這樣才能從字形結構上理解漢字的意義。正如王筠在《文字蒙求・自序》中所說：「篆文間依鐘鼎，以《說文》傳寫有譌也。」〔註6〕因此，《文字蒙求》在楷體後，列出了篆文、古文、籀文，就是為了讓兒童在漢字學習中瞭解字形結構的源流變化，學會通過字形結構分析字義，讓兒童瞭解字形與字義間的內在關係，達到識記漢字的目的。

　　《文字蒙求》作為兒童識字教材，在字條中，用社會標準字體作為正體，提高了識字的實用價值，同時列出篆文等字形，有助於兒童對字義的深入認識和理解，提高了識字的效率，這對當今兒童識字教材的編寫，具有重要的參考價值。

三、排字順序

　　兒童識字教材的編排，在安排漢字的排列順序時，需要結合兒童的學習特點，尊重他們的認知規律，才能促進兒童的識字學習。

　　編入《文字蒙求》中的漢字是從《說文解字》中選出的。在《說文解字》中，許慎根據文字的形體，創立了540個部首，將9353個字分別歸入540個部首中。在編排順序上，按照「分別部居，不相雜廁」，「方以類聚，物以群分，同條牽屬，共理相貫，雜而不越，據形繫連」的方式進行排字。540個部首則按照「立一為耑、畢終於亥」進行編排。這種編排方式側重於文字學的研究，對後來文字學著作的編寫，產生了重要影響，但不適合兒童學習。

　　王筠在《文字蒙求》的編排上，打破了《說文解字》的編排方式，他將選出的漢字，按照字形結構進行分類編排，以象形、指事、會意、形聲的排列順序分為四卷。在每一卷下，又按照先正體，後變體的順序編排。這種編排方式，符合漢字發展的規律，即先有象形、指事，後有會意、形聲。這種編排方式還符合了兒童識字的規律，即先易後難，由淺入深，由簡到繁，由形象到抽象。這種排字順序利於兒童進行循序漸進地識字學習。

〔註6〕（清）王筠：《文字蒙求・自序》，中華書局，2012年10月第2版，第4頁。

四、內容設計

王筠的《文字蒙求》是一本兒童識字教材，但在全書的內容設計上，他並不是只分析和解釋字義，而是在每卷的開頭，先闡述這一卷的造字理論，然後才列出正字，進行釋義。可以說《文字蒙求》在內容的設計上注重理論與實例並重，開創了用漢字造字理論來指導兒童識字的先河。例如《文字蒙求·卷二》，王筠在卷首對指事先做了闡述：「有形者物也，無形者事也。物有形，故可象；事無形，則聖人創意以指之而已。夫既創意，不幾近於會意乎？然會意者，會合數字以成一字之意也。指事或兩體、或三體，皆不成字，即其中有成字者。而仍有不成字者，介乎其間以爲之主，斯爲指事也。《說文》曰視而可識，則近於象形。曰察而見意，則近於會意。然即此二語深究之，即知其所以別矣。南唐徐楚金、宋初許鼎臣，爲傳述《說文》之祖，皆不知指事。近世段茂堂知之，而又不盡言，是不可不區別也。」〔註7〕王筠把自《說文解字》以來就沒有講清楚的象形、會意、指事的區別，從構字理論上做了清楚的闡述，接著在後面再列出具體的漢字，逐一加以解釋。這樣兒童在識字時，可以先從整體上理解指事在構字上的特點，然後再在具體的實例裏去對照學習。以造字理論指導識字學習，顯然可以極大地提高兒童對漢字的理解，加深印象，減少錯誤，是一種科學的識字教學法，也值得當今兒童識字教材借鑒。

除了在選字、字體、排序和內容設計幾方面外，《文字蒙求》在對漢字的釋義、注音上，也體現出以兒童爲中心，適合兒童學習的特點。作爲一部有造字理論指導的識字教材，對當今兒童識字教材的編寫，有著重要的啓示作用。

（本章撰稿人：黃蘋）

〔註7〕（清）王筠：《文字蒙求》，中華書局，2012年10月第2版，第31頁。

第五章　清代家塾文學選本《古文辭類纂》

　　桐城派作為清代的散文流派，其創始者是方苞，傳承者是劉大櫆，集大成者則為姚鼐。一個文派的發展壯大離不開人才，人才的培養又離不開教育。桐城派是一個以教育為紐帶的文學流派，從方苞開始，大多數的桐城作家都以教師作為自己的職業，並且有自己選定的教科書，姚鼐也不例外。他編選的文學選本——《古文辭類纂》，對清代語文教育影響十分深遠。近年來，關於姚鼐語文教育思想方面的研究逐漸增多，而對《古文辭類纂》的研究，卻僅從文學角度入手，研究它的評點、選文標準和分類特點，還沒有真正從語文教育入手，把它當作家塾文學選本來研究，它的教育意義被忽視。本文正是將《古文辭類纂》定位為家塾文學選本，從語文教育的角度研究《古文辭類纂》，具有十分重要的意義。

第一節　《古文辭類纂》的語文教育理念

　　姚鼐是桐城派的集大成者和立派的關鍵性人物，他高超的古文寫作理論，得到世人的廣泛認可。乾隆四十四年（公元 1779 年）秋，姚鼐在揚州梅花書院任教時，為了給學生講授古文法，編選了《古文辭類纂》作為教材。隨著桐城派的不斷發展壯大，《古文辭類纂》作為桐城派的經典，也流傳甚遠，在清代後期逐漸成為重要的家塾文學選本。「家塾文學選本是指家塾編纂、刊刻或使用的詩文選本。」〔註1〕《古文辭類纂》作為家塾文學選本，是姚鼐教

〔註 1〕付瓊：《文學教育視角下的文學選本研究》，江西人民出版社，2010 年 3 月第 1 版，第 5 頁。

學使用的教材，也是學生的自學課本，它在教育思想、教育方法、教育目的
三個方面蘊含了深厚的語文教育理念。

一、兼容並蓄的教育思想

古代的語文教育通常與其他學科的教育一起進行，古代的教育家身兼多職，他們的教育思想常常受到自身學術思想的影響，這種影響也體現在教材的編寫之中，所以《古文辭類纂》蘊含著兼容並蓄的教育思想。

（一）以儒學為尊，推崇程朱理學

姚鼐在學術思想方面，以理學為宗，推崇以程、朱為代表的理學。《論語・子張》：「子夏曰：『仕而優則學，學而優則仕。』」〔註2〕「學而優則仕」此話雖為子夏所述，但確實代表了孔丘的教育觀點。」〔註3〕這是孔子提出的一條培育人才的路線，從春秋時期開始，仕途之路便與學習緊密結合在一起。姚鼐深受儒家傳統思想影響，經歷科舉取士，在四庫全書館任纂修官，走的正是「學而優則仕」的道路。宋代以後，理學逐漸佔據主導地位。程朱理學實際上就是以倫常秩序為核心的孔孟之道，他曾在《再復簡齋書》中說：「儒者生程、朱之後，得程、朱而明孔孟之旨，程、朱猶吾父師也。」〔註4〕在他的心裏，把程、朱當成父、師，由此能看出他以儒學為尊，推崇程朱理學，這一點體現在《古文辭類纂》的選篇之中。

在《古文辭類纂》中，姚鼐最推崇的作家是韓愈，因為韓愈不僅以古文見長，在思想上還以儒學為尊。《古文辭類纂》編選了韓愈的《師說》，它是韓愈專門論述教師的文章，抨擊了當時社會的不良學習風氣，強調教師的重要性、從師學習的必要性和選擇老師的原則。韓愈以孔子為例，申明學習要尊師重道。「聖人無常師，孔子師郯子、萇弘、師襄、老聃。郯子之徒，其賢不及孔子。孔子曰：『三人行，則必有我師。』是故弟子不必不如師，師不必賢於弟子。聞道有先後，術業有專攻，如是而已。」〔註5〕韓愈以孔子的言行論證尊師重道這種做法在古代就有，現在的學生更應該樂於從師。這裏體現

〔註 2〕楊伯峻：《論語譯注》，中華書局，1980 年 10 月第 2 版，第 202 頁。
〔註 3〕孫培青：《中國教育史》，華東師範大學出版社，2009 年 6 月第 1 版，第 33 頁。
〔註 4〕〔清〕姚鼐：《惜抱軒文集》，文海出版社，1979 年版，第 209 頁。
〔註 5〕吳孟復，蔣立甫：《古文辭類纂評注》，安徽教育出版社，2004 年 6 月第 1 版，第 49 頁。

了韓愈對儒家思想的尊崇，認為「傳道」是教師最主要的任務，這與姚鼐以儒學為尊的思想相契合。

唐代的李翱跟韓愈學習過古文，他也以儒學為尊。《古文辭類纂》共選了李翱四篇文章，其中一篇為《復性書》（下）。它鼓勵人們進行自我道德修養，主張去情「復性」，這種思想被宋代的理學家接納，開啟宋代理學家談心性的先河。《復性書》一共有三篇，《古文辭類纂》選擇了下篇，因為下篇重在強調人必須要進行道德修養，這點與程朱理學的思想是相通的。

（二）博採眾長，吸收道家思想

姚鼐在《海愚詩鈔序》提出文章創作的宗旨——「陰陽剛柔說」，「吾嘗以謂文章之原，本乎天地；天地之道，陰陽剛柔而已。苟有得乎陰陽剛柔之精，皆可以為文章之美。」〔註6〕姚鼐的文章理論受到道家思想的影響，認為「神」是寫文章的最高境界，姚鼐雖然以儒家思想為尊，但在實際的發展中卻並不盲從，能夠做到博採眾長，吸收道家思想的積極因素。這種思想也體現在《古文辭類纂》之中。姚鼐在《〈古文辭類纂〉序目》提出衡量文章的八個審美標準：「凡文之體類十三，而所以為文者八：曰神、理、氣、味、格、律、聲、色。神、理、氣、味者，文之精也；格、律、聲、色者，文之粗也。」〔註7〕姚鼐明確了文章審美的品質——「神」，具體闡釋了關於「神」的理解，把「神」看作是作品中最本質的一個特徵。這反映出《古文辭類纂》受到道家思想的影響。

《古文辭類纂》的選文，同樣也吸收了道家的積極思想，它選錄司馬談的《論六家要旨》就是最好的例證。司馬談是西漢史學家，對春秋戰國的思想發展進行過深入研究。他的《論六家要旨》全面分析了先秦各個學派的思想，批評儒家、墨家、法家、名家和陰陽家五家，認為道家「不為物先，不為物後，故能為萬物主」。〔註8〕司馬談把道家作為思想根基，完全肯定了道家的思想。這種思想與桐城派尊奉的儒家思想是背道而馳的，但是《古文辭類纂》在選篇時，仍然把它歸為論辨類，由此可見《古文辭類纂》教育思想的兼容並序，不拘泥於一家之言。這也是《古文辭類纂》廣為流傳、經久不衰的一個重要原因。

〔註6〕同〔註4〕，第100頁。

〔註7〕同〔註5〕，第18頁。

〔註8〕同〔註5〕，第20頁。

二、多樣化的教學方法

在語文教學中，教師為實現語文教育目標，採用不同的途徑，調動學生的學習。教學方法是教法與學法的統一，但由於中國傳統語文教育不重視學生的主體地位，以教師講授為主，所以《古文辭類纂》的教學方法主要是指教師的教法。

（一）分體教學法

《古文辭類纂》以「為用」為劃分標準，將文體分為十三類，在《〈古文辭類纂〉序目》中介紹每類文體的淵源，闡述每類文體的特點。

一是論辨類。姚鼐在《〈古文辭類纂〉序目》追溯了論辨類這一文體的源頭，是春秋諸子用自己學到的知識著書來告誡後世，並認為孔子和孟子的文章達到了最好的境界，但是從老子、莊子以後，學說有對錯之分，文章也有工整的和拙劣的。所以《古文辭類纂》沒有錄入諸子的文章，以賈誼的文章為首篇。姚鼐論述了韓愈、柳宗元、蘇洵和蘇軾四人作品的風格與《孟子》《莊子》等相當，所以《古文辭類纂》以他們幾人的文章為學生摹擬的對象，通過對他們文章的模倣，達到「神合」的境界。

二是序跋類。姚鼐在《〈古文辭類纂〉序目》中介紹了序跋類這一文體的來源，解釋《古文辭類纂》沒有選錄史傳的原因。這類文體的教學應當注重語言的巧妙和議論的精密。

三是奏議類。《〈古文辭類纂〉序目》介紹了這類文體所選的文章和文體特點，主要是臣子向帝王上書的文章，為對策性質的文章。這類文章的教學重點是學習作家論事的方法。

四是書說類。這類主要是指臣子之間寫的文章或者是臣子寫給他國國君的文章。這類文章引導學生妥善處理人與人之間的關係，準確運用辭令應對外交方面的事務。正如《古文辭類纂》中《蘇季子說魏襄王》的評點所說：「韓、魏勢危，進說較難，故文亦減色。」[註9] 文章的質量也會受到寫作目的的影響。

五是贈序類。贈序是朋友之間相互贈言的文字，這類文體以韓愈作品為代表。在教學時要教學生分辨場合，不能隨便贈言。《古文辭類纂》選了歸有光的《顧夫人八十壽序》，姚鼐評點卻是：「太僕作婦人壽序，無非俗徑，足之君子不可以易其言。」[註10] 教學生寫作這類文體時要慎重。

[註 9] 同〔註5〕，第 774 頁。
[註10] 同〔註5〕，第 1125 頁。

　　六是詔令類。這類文體在漢代發展爲頂峰,《古文辭類纂》選取的主要是漢文帝、漢景帝、漢武帝等皇帝的文章。這類文章的篇幅一般較短,但是意味深長,在教學時注意體會其寫作用意。

　　七是傳狀類。《〈古文辭類纂〉序目》介紹了這一文體雖然源於史官寫的傳記,但正史記載的傳記不能歸入這一類,所以這類文體一共選了十八篇文章,篇目較少。這類文體的教學重點是教學生如實記錄所傳之人,敘述要盡可能詳盡。

　　八是碑誌類。姚鼐在《〈古文辭類纂〉序目》中追溯了此類文體的淵源和特點,這一文體主要是用來歌功頌德,所以這類文體的教學側重讓學生追求辭藻的華麗。

　　九是雜記類。這也是碑文的一種,要求大小事情都要記錄,在教學中側重讓學生紀實。

　　十是箴銘類。這類文體主要是作者爲規誡警示自己而作,《古文辭類纂》選取的篇目較少,以張載的《西銘》質量最高。

　　十一是讚頌類。與碑誌類一樣是爲了歌功頌德,但是二者形式不一樣,這裏主要指歌頌讚美的文字,多爲有韻之文。

　　十二是辭賦類。這是《古文辭類纂》增加的一類文體,姚鼐認爲辭賦作品可分爲兩類,一類是用詞押韻,另一類是以諷刺爲目的。所以這類文體的教學要從分析文章語言入手,找出文章的言語創新。

　　十三是哀祭類。在姚鼐看來,這類文體楚人最擅長,所以他點評韓愈《祭田橫墓文》時說:「此是公少作,故猶取屈子成句。」〔註11〕這類文體的教學側重讓學生以屈原等楚人的作品爲學習對象,注重摹擬。

　　《古文辭類纂》的文體分類使教師在教學時,能按照不同文體的特點進行教學,使學生更容易把握不同文體的區別,掌握每類文體的基本特點,提高寫作能力。

(二)啓發式教學法

　　《古文辭類纂》在指導學習古文法時,有直接的關於寫作理論的表述,這種表述集中於《〈古文辭類纂〉序目》之中;也有隱含在文章評點之中的寫作方法,給學生提供了自由想像的空間。姚鼐對歸有光《筠溪翁傳》的評點

〔註11〕同〔註5〕,第 2405 頁。

是：「傳筠溪翁，而意思所屬又不在翁，故爲微妙。」〔註12〕姚鼐用「微妙」
一詞概括歸有光的寫作技巧，啓發學生，引起學生的思考。《筠溪翁傳》究竟
寫的是什麼呢？歸有光想要表達的是什麼呢？學生看完姚鼐的評點之後，需
要帶著問題反覆閱讀這篇文章，找出文章的言外之意。在姚鼐的啓發下，學
生便能理解這篇文章是歸有光借描寫筠溪翁抒發自己思念妻兒之情，作者的
悲傷之情表現在字裏行間。

姚鼐在啓發學生時多採用對比的手法，爲學生設置一個問題情境，來啓
發學生的思維。《古文辭類纂》的評點以比較不同的文章爲主，找出兩篇文章
的相同或者不同之處，以此來激發學生的學習積極性，啓發學生獨立思考，
自己解決問題。對司馬相如《大人賦》的點評是與屈原的《遠遊》做對比，
指出這兩篇文章描述的不同之處，解釋《大人賦》最後六句雖然與《遠遊》
的語言類似，但是表達的意思卻大不一樣，「與屈子語同而意別矣。」〔註13〕
姚鼐通過對比這兩篇文章爲學生設置了一個問題，爲什麼兩篇文章的末尾之
處語言相同表達的意思卻不一樣呢？這就需要學生開動腦筋，獨立思考，自
己去發掘它們的不同之處。

教師只有注重啓發學生，才可以調動學生的積極性，使他們主動參與到
學習中來，提高學習效率。《古文辭類纂》正是採取啓發式的教學法，充分調
動學生學習的主動性，引導學生獨立思考，培養學生自己解決問題的能力。

三、明確的教育目的

「教育目的是指教育的總體方向，它所體現的是普遍的、總體的、終極
的教育價值。」〔註14〕古代的語文教育是以識字、閱讀和寫作爲主要目的的
教育，編纂文學選本作爲教材進行教學，是我國語文教育的傳統，這個傳統
至今延續。《古文辭類纂》作爲家塾文學選本，對學生進行閱讀和寫作教育，
是它和其它文學選本的相同目的。但是它又是姚鼐爲發展桐城派而編選的教
材，所以《古文辭類纂》還有一個重要的教育目的就是彰顯桐城派的文統，
培養桐城派的人才。

〔註12〕同〔註5〕，第 1253 頁。
〔註13〕同〔註5〕，第 2117～2118 頁。
〔註14〕鍾啓泉：《課程與教學論》，上海教育出版社，2000 年 11 月第 1 版，第 150
頁。

（一）指導古文初學者

　　從教育學的角度來看，讓學生在學習前瞭解學習目的和內容，能夠提高他們的學習積極性，以達到更好的學習效果。姚鼐在梅花書院任教時，就開始了教材的編寫。他在《〈古文辭類纂〉序目》中就直接提出編纂此書的目的：「余來揚州，少年或從問古文法。」〔註 15〕這本書編纂的起因就是姚鼐在教書時，有弟子來詢問古文的寫作方法，所以才有了這本書的問世。古文初學者通過此書來學習古文法，並把它作為自己的一個範本，就能學到古文寫作的方法。所以《古文辭類纂》首要的教育目的就是在以下兩個方面指導古文初學者：

　　首先是拓寬他們的閱讀視野。中國古代文學源遠流長，文學作品數不勝數，需要文學選本為學生選擇適合的作品進行閱讀。《古文辭類纂》選取了從戰國到清代的作品，使學生在一本書中就可以領略到歷代文人的優秀作品，擴大知識面，拓寬閱讀視野。學生閱讀《古文辭類纂》掌握了古文的寫作特點之後，可以以範文為例，在廣闊的閱讀視野下，寫出優美的文章。

　　其次是規範他們的古文寫作。中國現存最早的文學選本是梁代蕭統的《昭明文選》，把所選文章分為 39 種，分類較為複雜。唐代由於詩歌的繁榮，選本多為詩集，不屬於古文選本。宋以後的文章選本如《古文關鍵》，選取的篇目較少，文體以議論文為主。姚鼐的《古文辭類纂》將文體明確分為十三類——論辨類、序跋類、奏議類、書說類、贈序類、詔令類、傳狀類、碑誌類、雜記類、箴銘類、頌贊類、辭賦類、哀祭類。每類文體前有小序，介紹這類文體的淵源和特點，避免了之前的古文選本分類的繁瑣。同時，每一類文體選取不同朝代的經典文章，為學生明示了古文的寫作規範。這樣簡單又恰當的分類，使學生一目了然，可以直接抓住不同文體的特點，有利於學生學習，便於他們掌握各個文體的創作技巧。《古文辭類纂》不僅能給初學者提供寫作古文的方法，也能教他們辨別文章的好壞，姚鼐在《〈古文辭類纂〉序目》中就指出了評價文章的標準。因此這本書的教學目的是為了規範初學者的古文寫作，教他們如何區分文章的優劣，掌握優秀文章的寫作精髓，學習寫作理論，寫出有質量的文章。

（二）彰顯桐城派文統

　　著書立派並不是姚鼐的無意之舉。「於是以所聞習者，編次論說為《古文

〔註15〕同〔註5〕，第 14 頁。

辭類纂》」，〔註16〕可見姚鼐編選此書並非是自己一時起意、閉門造車，而是
受桐城先祖的影響。教師，本來是傳道授業解惑的，但是姚鼐並非單純是給
學生「解惑」，他還有更深層的目的，就是建立桐城派。這點在姚鼐編選此書
之前就已經有所體現，他曾在《劉海峰先生八十壽序》中闡述了自己與方苞、
劉大櫆及方、劉二人的師承關係：「昔有方侍郎，今有劉先生，天下文章，其
出於桐城乎？」〔註17〕姚鼐編纂《古文辭類纂》，作了序言，選取了方苞的文
章十六篇，劉大櫆的文章十一篇，可以看出他立派的想法，他實際上就是想
借《古文辭類纂》來彰顯桐城派文統。通過《古文辭類纂》的教學，姚鼐達
到了構建桐城派以及宣揚他古文理論的目的。

　　作爲古文選本，批註和評點十分重要，「批註和評點是選本中最能體現作
者鮮明的批評個性的部分」。〔註18〕評點一方面爲評點者提供一個平臺，通過
對古文的評點，闡述自己的觀點；另一方面讓讀者通過評點來解讀文章，使
他們能夠接受評點者的觀點。「選本的批評和評注部分則是作爲批評家的選者
與爲選本提供作品的作者和閱讀選本的讀者直接對話、交流的層面」。〔註19〕
《古文辭類纂》是古文初學者的教材，評點既要總結文章的寫作特色，爲教
學服務，又要揭示評點者即姚鼐自己的文學理論、古文創作思想，這樣才能
既爲學習者提供方法和理論上的指導，又可以宣揚桐城派的創作觀念，彰顯
桐城文統，有利於桐城派的發展壯大。

　　《古文辭類纂》中姚鼐一共有八十三條評點，有的是從體式上點評，如
《爲君難論》《諸侯王表序》；有的從氣勢意境上點評，如《漢興以來諸侯年
表序》《至言》；有的從結構佈局的角度點評，如《論甘延壽等疏》；有的則從
韻律方面點評，如《書魏鄭公傳後》。這些評點都是符合姚鼐在《〈古文辭類
纂〉序目》提出的八字之說：「神、理、氣、味、格、律、聲、色。」〔註20〕
《古文辭類纂》廣受歡迎，是因爲它有圈點評注，爲古文學習者指出了入門
的方法和途徑，指導他們的古文創作，爲學習者分析如何從古人的優秀文章
中掌握寫作的精髓。同時也傳達姚鼐的古文創作理論，讓初學者在學習中對
桐城派的文論有進一步的瞭解，爲桐城派的發展壯大打下牢固的基礎。他在

〔註16〕同〔註5〕，第14頁。
〔註17〕同〔註4〕，第233頁。
〔註18〕吳孟復：《桐城文派述論》，安徽教育出版社，2001年7月第1版，第314頁。
〔註19〕鄒雲湖，《中國選本批評》，上海三聯書店，2002年7月第1版，第9～10頁。
〔註20〕同〔註5〕，第18頁。

《古文辭類纂》中僅挑選了他認為有特色、值得學習的文章與段落進行點評，以此讓學習者接受自己的文學理論，為桐城派的傳播提供理論支撐。因為有教科書作為文派傳承的載體，既避免了空洞的說辭，具有一定的說服力，又能不斷培養學生來發展壯大桐城派，使桐城派成為清代歷時最長影響最為深遠的文學流派。

第二節　《古文辭類纂》的閱讀、寫作教學

在古代，沒有單獨的語文學科，語文教育通常與經學、史學等融合在一起，作為語文教育的教材種類繁多，有蒙學教材、經學教材和文選教材等。《古文辭類纂》是文學選本教材，是姚鼐根據自己的寫作經驗和教學實際編選的，並在教育實踐中不斷修訂的，所以它最為重要的部分就是它在實踐中的運用，是它在教學實踐中所體現出來的教學理論和方法，即閱讀教學觀與寫作教學觀。

一、閱讀教學

閱讀教學是語文教學的一個重要組成部分，它是語文教學的基礎。它建立學生與社會溝通的橋梁，開拓學生的視野，發展學生的思維，提高學生運用語言文字的能力。姚鼐作為一位有經驗的教師，在閱讀教學方面有自己的教學方法，他親自選編《古文辭類纂》，在閱讀內容和方法上呈現出鮮明的特點。

（一）閱讀內容

1. 閱讀內容的界定

古代的閱讀內容一般以儒家經典為主，注重對學生的道德修養。《古文辭類纂》跳出了儒家思想的局限，選取的文章不局限於儒家作品，而是選擇各朝各代的經典文章，既擴大了學生的學習範圍，又重視對學生閱讀和寫作能力的訓練，提高學生的語文素養。姚鼐選取從戰國至清朝的文章六百九十篇，按照文章功能的不同，劃分為十三類文體，每類文體的文章又按照時代劃分，教材體系明朗，便於學生學習。

《古文辭類纂》的選文主要涉及八個朝代，每個朝代的文章數量不一樣，具體篇目的分佈如下表：

表 3.1 《古文辭類纂》篇目分佈

文體＼朝代	戰國	秦	兩漢	魏晉南北朝	唐	宋	明	清	總計
論辨類			4		17	42		1	64
序跋類			9		13	30	2	3	57
奏議類	6	2	43	1	5	26			83
書說類	38		8		28	11			85
贈序類					23	15	8	7	53
詔令類		1	34		1				36
傳狀類					4	2	7	5	18
碑誌類		6	1		35	56	7	3	108
雜記類					27	38	8	3	76
箴銘類			3	1	2	3			9
讚頌類			1	1	2	2			6
辭賦類	15		29	7	4	2			57
哀祭類	1		2		12	18		5	38
合　計	60	9	134	10	173	245	32	27	690

　　戰國時期的文章以《戰國策》和屈原、宋玉的辭賦為主，主要是書說類和辭賦類。兩漢時期的文章比重較大，主要文體為奏議類、詔令類和辭賦類，作品分佈較廣，涉及的作家很多。明清時期的作家只選歸有光、方苞和劉大櫆三人，共五十九篇文章。《古文辭類纂》是以教授古文為目的，所以唐宋時期的文章占總體選文數量的一半以上，幾乎每類文體都有文章選入，以韓愈、柳宗元、歐陽修、曾鞏、蘇洵、蘇軾、蘇轍、王安石八人的作品為主。

　　2. 選文的特點

　　《古文辭類纂》的選文從戰國至清朝，涉及了將近七百篇作品。姚鼐注重讀書做學問的整體性，在《古文辭類纂》選材時，既注重單篇文章的經典性，也重視選本的整體佈局。《古文辭類纂》的選文主要有兩個特點：一是廣泛性，二是整體性。

　　首先，選文具有廣泛性。

　　姚鼐尊奉程朱理學，認為《四書》《五經》是閱讀的根本，但是他兼容的

教育理念使得他廣泛吸收其他學派的精髓。在編選《古文辭類纂》時，他博採眾長，把他認為優秀的文章都納入到學生閱讀的範圍。

《古文辭類纂》選材十分廣泛，從戰國到清朝，各個時期的名篇佳作均有選錄。還在方苞《古文約選》的基礎上進行擴充，增加辭賦這一文體，在《〈古文辭類纂〉序目》中詳細論述了這一文體的特點以及發展概況，擴展了學生的古文學習範圍，拓寬了學生的閱讀視野。在姚鼐看來，只有廣泛閱讀，才能為學習古文打下牢固基礎，才能寫出好文章。《古文辭類纂》正是學生學習古文的最好範本。

其次，選文具有經典性。

雖然閱讀要範圍廣泛，但是更要有選擇性地去讀，那麼應該選擇哪些作品來閱讀呢？從《古文辭類纂》可以看出，他是以古文大家的經典作品來作為閱讀的根本。由於編選這本書是以教授學生古文法為目的的，所以主要選取兩漢和唐宋八大家的散文，為廣大古文愛好者提供了大量的經典範文，供他們閱讀和學習。「文章選本，用作語文教材。類乎此的辦法行至今日而未衰。這種辦法有可取的一面，就是在廣泛閱讀之中，選擇少數佳作精講細讀，作為示範，以收舉一反三之效。」〔註21〕以選文來當作教材的傳統是一直流傳下來的，文選的好處是可以直接讓學生閱讀到更多更經典的作品，避免接觸一些水平不高的文章，提高學生的學習效率。

在廣泛閱讀的基礎上，應該閱讀一些文章大家的經典作品，學習其中的寫作方法。《古文辭類纂》為學習者提供了一個這樣的平臺，它所選的篇目都是歷代膾炙人口的佳作，被奉為經典。韓愈是公認的古文大家，《古文辭類纂》選取韓愈一百三十多篇文章，可見姚鼐對韓愈文章的認可，也可以看出學生閱讀韓愈文章的重要性。

閱讀不僅要廣泛，還要有選擇性地閱讀，二者結合起來，才能取得好的效果。

（二）閱讀方法

閱讀方法是由閱讀內容決定的，《古文辭類纂》的內容決定了它有以下兩種閱讀方法：

〔註21〕張志公：《張志公語文教育論集》，人民教育出版社，1994年5月第1版，第120頁。

1. 多讀

吳孟復曾說：「至於學文，尤貴多讀。」〔註22〕姚鼐在《古文辭類纂》中選錄的文章篇幅，對於初學者來說，數量較多，閱讀任務較重。閱讀是要爲寫作服務的，寫作是一個長期積纍的過程，學習寫作也沒有什麼捷徑，只能通過多讀來爲寫作打好基礎。從語文教學的角度看，就是強調閱讀與寫作的結合，強調閱讀是寫作的基礎，只有通過閱讀掌握文章精髓和寫作理論，自己才能創作出好文章。

針對初學者的「多讀」包含兩層含義，第一是多讀文章，強調數量上的多。《古文辭類纂》選了六百九十篇文章，對於古文初學者來說，數量已經足夠，正是體現了要多讀文章，注重日積月纍。第二層含義則是指反覆閱讀，強調閱讀的質量。許多經典文章，僅僅閱讀一遍是不能領會其中的精妙之處的，這就需要學習者反覆閱讀。在閱讀時，不僅要比較同一作家不同時期的作品，找出作家創作風格的轉變；還要結合姚鼐的評點，追溯文章風格的淵源，把握文章要義，眞正領悟古文大家的文章精髓，從而更加深刻地認識與理解所選文章，提高古文寫作能力。

「讀」是我國古代教育十分重視的一種方法，以「讀」爲主是我國延續至今的語文教學傳統。《古文辭類纂》要求學生在學習時要做到熟讀文本，通過多讀，不斷增加知識積纍，提高認識。

2. 學思結合

《論語》中記載了孔子關於學習和思考的論斷：「學而不思則罔，思而不學則殆。」〔註23〕早在春秋時期孔子在與弟子講學時就已經注意到了學習與思考的關係。姚鼐受這種思想的影響，將學習與思考緊緊聯繫在一起，並且十分強調思考的作用。

《古文辭類纂》的文章，姚鼐選擇了其中八十三篇加以點評。在具體點評時，姚鼐不是長篇大論，而是以簡單的話語，點出文章的精髓或者淵源，給學生留有更多的思考空間。以韓愈的《爭臣論》爲例，姚鼐的點評簡潔明瞭：「此文風格，蓋出於《左》《國》」。〔註24〕但是《爭臣論》是如何與《左傳》《國語》的風格一脈相承的呢？它們風格的相似點在哪呢？韓愈的創新在

〔註22〕同〔註5〕，第6頁。
〔註23〕同〔註2〕，第18頁。
〔註24〕同〔註5〕，第54頁。

哪呢？這就需要學生進行更加深入的思考與探究，既要閱讀《左傳》和《國語》，總結它們的創作風格，又要研讀《爭臣論》，把它們進行比較，從而發掘更具深邃價值的知識點。在評點《伯夷頌》時，姚鼐寫道：「用意反側蕩漾，頗似太史公論讚。」〔註 25〕韓愈是如何用意的？反側蕩漾具體體現在哪些表達上？這些都需要學生反覆閱讀，不斷思考，自己找出答案。《古文辭類纂》中姚鼐的評點，正是學生需要反覆思考的地方，只有理解和接受了姚鼐的評點，才能深入挖掘文章的精妙之處，更好地學習古文寫作。

二、寫作教學

作為給古文初學者示範的教材，它的編寫目的是為了解答學生如何寫作這一問題，所以寫作教學是《古文辭類纂》最重要的內容。姚鼐在《〈古文辭類纂〉序目》中向人們講述了寫作的理論和方法，這些理論與他的評點相結合，化抽象為具體，給初學者最直觀的寫作指導。下面就《古文辭類纂》中關於寫作理論和寫作方法兩個部分進行詳細分析。

（一）寫作理論

1. 為文八要素

姚鼐在《〈古文辭類纂〉序目》中提出「凡文之體類十三，而所以為文者八：曰神、理、氣、味、格、律、聲、色。」〔註 26〕這八字訣是姚鼐提出的為文八要素，在《〈古文辭類纂〉序目》中，姚鼐並沒有具體闡述它們的含義，但是結合他對文章的評點，可以理解這八個要素的內涵，理解這一寫作理論，理解古文寫作的基本要素。

「神」，不僅是指作者的主觀精神，也是指作者的創作達到了出神入化的境界，對客觀事物的描寫不是簡簡單單地停留在「物」的層面，而是上升到「神」的高度，達到以物傳神的境界，是文章的一種整體風貌。他點評歐陽修的《峴山亭記》，稱讚歐陽修把峴山亭描寫得「神韻飄渺，如所謂吸風飲露，蟬蛻塵埃者，絕世之文也」。〔註 27〕他肯定歸有光的《畏壘亭記》：「不衫不履，神韻絕高。」〔註 28〕這簡單的八個字就點出文章的寫作特色。由此可以看出，姚鼐的「神」主要是指神韻，是從寫作的角度出發，對學生提出的要求。

〔註 25〕同〔註 5〕，第 64 頁。
〔註 26〕同〔註 5〕，第 18 頁。
〔註 27〕同〔註 5〕，第 1702 頁。
〔註 28〕同〔註 5〕，第 1810 頁。

　　「理」，不是單純指文章的條理，而是文章所體現的道理、思想。他給張載《西銘》的評語是：「豈獨理美，其文亦未易幾也。」〔註29〕點評《觸龍說趙太后》：「左師言固善矣，亦會值趙太后明智，易以理諭耳。」〔註30〕這裏的「理」是指文章的思想性，思想的高度決定了文章的高度，只有在「理美」的基礎上去推敲文辭的使用，才能寫出好文章。「理」對作者的自身發展具有深刻意義，一方面它重視人主觀意志和氣節道德的培養，另一方面，它強調的社會責任感和使命感對作者突破自身生活學習環境有著重要作用。在《古文辭類纂》的評點中，關於「理」這方面的點評相對較少，更多地還是需要學生通過體悟文章的內涵實現思想的升華。

　　「氣」，指文章的氣勢。姚鼐特別看重文章的氣勢，他認為劉大櫆的《章大家行略》：「眞氣淋漓，《史記》之文。」〔註31〕讚揚曾鞏的《宜黃縣學記》：「然《宜黃記》隨筆曲注，而渾雄博厚之氣鬱然紙上，故最為曾文之盛者。」〔註32〕這裏「氣」就是指通過文章描寫所體現出來的「眞氣」，也就是文章氣勢。姚鼐以「氣」來評價文章的好壞，「氣」的重要性不言而喻，它的意思是在文章的寫作過程中，學生應創作有氣勢的文章。

　　「味」，指文章的韻味、味道。對劉向《戰國策序》的點評是：「此文固不若《過秦論》之雄駿，然沖溶渾厚，無意為文，而自能盡意，若《莊子》所謂木雞者，此境亦賈生所無也。」〔註33〕木雞，出自《莊子》，後用來比喻修養深厚、以鎮定取勝的人。姚鼐用木雞來比喻劉向這篇序的意境，流露出他對這篇文章韻味的讚賞。他指出劉大櫆《樵髯傳》：「寫出村野之態，如在目前，而文之高情遠韻，自見於筆墨蹊徑之外。」〔註34〕這是要求學生的創作要耐人尋味，引人入勝，體現出獨到的寫作特色。

　　「格」，指文章的結構、格局。《古文辭類纂》將所選的古文分為十三類，簡化了文體分類，每一類文體都有代表作，向學習者最直觀地展示了不同體裁的文章，便於他們學習。對蘇軾《始皇論》的點評為：「此文格勢直似老泉，蓋東坡少年如此，此後乃自變成體耳。東坡才思，大於厥考矣；而筆力

〔註29〕同〔註5〕，第 1856 頁。
〔註30〕同〔註5〕，第 849 頁。
〔註31〕同〔註5〕，第 1275 頁。
〔註32〕同〔註5〕，第 1721 頁。
〔註33〕同〔註5〕，第 234 頁。
〔註34〕同〔註5〕，第 1270 頁。

堅勁，或不逮也。」〔註35〕姚鼐對柳宗元《與李翰林建書》的評價很高：「子厚氣格緊健，自有得於古人。若叔夜文雖有韻致，而輕弱不出魏、晉文格。如子厚山水記，間用《水經注》興象，然子厚豈酈道元所能逮耶？」〔註36〕用「文格」來比較不同作家之間文章的高低，可見「格」對於寫好文章的重要意義。在寫作教學中，通過對文章的不同結構進行闡釋和說明，讓學生明白文章寫作的結構一定要條理清楚，層層深入。

「律」，指文章行文結構的安排。姚鼐點評蘇洵的《書論》說：「此段（指『後之無王者也』以上一段）說權用而風俗之變益甚；此下說風俗之變而因其用權。此文首先提清兩層，後面先應後一層，再應前一層，使其文有反復之勢。」〔註37〕他還指出揚雄《解嘲》：「此文前半以取爵位富貴為說，後半以有所建立於世成名為說，故范雎、蔡澤、蕭、曹、留侯，前後再言之而義別，非重複也。末數句言人之取名，有建功於世者，有高隱者，又有以放誕之行使人驚異，若司馬長卿、東方朔亦所以致名也。今進不能建功，退不能高隱，又不肯失於放誕之行，不能與數子者並，惟著書以成名耳。」〔註38〕這兩篇的評點主要分析文章的結構佈局，談前後描寫的不同，使文章結構清晰明瞭，便於學習者理解掌握。通過「律」的寫作教學，向學生傳達文章如何首尾呼應，內容前後相關，這體現的是寫作的行文技巧。

「聲」，指文章音節的節奏高低起伏。評劉大櫆《祭史秉中文》：「琅然之音，與退之爭長。」〔註39〕音調的抑揚頓挫在字裏行間中影響著閱讀文章的人，朗朗上口的節奏容易讓讀者產生共鳴，使他們讀起來有一種身臨其境的感受，所以「聲」也是古文創作的一個重要組成部分。

「色」，指文章的文采、辭藻。姚鼐認為鮑照的《蕪城賦》是：「驅邁蒼涼之氣，驚心動魄之詞，皆賦家之絕境也。」〔註40〕這是從辭藻方面來評價文章的，可以看出作者的獨具匠心之處。「色」體現在寫作教學上就是加強修辭手法的運用，增加文章的色彩。

〔註35〕同〔註5〕，第172頁。
〔註36〕同〔註5〕，第983頁。
〔註37〕同〔註5〕，第106頁。
〔註38〕同〔註5〕，第2176頁。
〔註39〕同〔註5〕，第2471頁。
〔註40〕同〔註5〕，第2346頁。

這八個方面是姚鼐寫作理論的基本要素，下面關於寫作理論的其它論述，也都離不開這八個要素。

2. 學習古文寫作的順序性

在提出了「神、理、氣、味、格、律、聲、色」這八個基本要素之後，姚鼐在《〈古文辭類纂〉序目》中又把它們明確分為兩類——「粗」與「精」，並論述了二者之間的辯證關係。「神、理、氣、味者，文之精也；格、律、聲、色者，文之粗也。然苟捨其粗，則精者亦胡以寓焉？學者之於古人，必始而遇其粗，中而遇其精，終則御其精者而遺其粗者。」〔註41〕他強調學習者在學習寫作時，要首先感受古人作品的格、律、聲、色，即「粗」的部分，然後領悟神、理、氣、味，也就是「精」的部分，最終可以駕馭神、理、氣、味，並且擺脫格、律、聲、色的束縛，創造出具有自己獨特風格的文章。學習古文寫作必須要按著這樣的順序，一步一步地進行，才能取得成功。這一方面，以韓愈最為成功。姚鼐對韓愈《答李翊書》的點評僅僅只有五個字：「此文學莊子。」〔註42〕對於韓愈其他文章的點評也多數如此，僅僅是指出文章的風格淵源，顯示韓愈學習取法的途徑，也從另一個側面反應了韓愈是先學古，從格、律、聲、色開始，然後逐漸擺脫他們的束縛，達到自由駕馭神、理、氣、味的程度，最後形成了自己的風格。韓愈的很多文章姚鼐都點出了其文章風格的淵源，說明韓愈真正做到了「御其精者而遺其粗者」。

《古文辭類纂》揭示了學習文章寫作的規律，即學習古文寫作是有一定順序性的，要循序漸進地來完成。學習者先要學習寫作的外部技巧——格、律、聲、色，然後再體會文章的內涵——神、理、氣、味，最後在掌握文章精髓的基礎之上，寫出有特色的文章。這是姚鼐結合自己的寫作經驗提出的寫作理論，具體闡述了古文創作的過程和規律，便於學生接受，發揮他們的創造性，具有一定的理論價值和實用性。

3. 文無定法，得當即可

姚鼐在《〈古文辭類纂〉序目》對古文法是這樣解釋的：「夫文無所謂古今也，惟其當而已。得其當，則六經至於今日，其為道也一。知其所以當，則於古雖遠，而於今取法，如衣服之不可釋；不知其所以當，而敝棄於時，則存一

〔註41〕同〔註5〕，第18頁。
〔註42〕同〔註5〕，第932頁。

家之言，以資來者，容有俟焉。」〔註43〕這裏姚鼐就明確提出了一個重要的寫作理論即文無定法，但是要得「當」，也就是文章要恰到好處。提到「文法」的點評有揚雄的《河東賦》——「《上林》之末有『遊乎六藝之囿』及『翱翔書圃』之語，此文法之借遊行爲喻，言以天道爲車馬，以《六經》爲容，行乎帝王之途，何必巡歷山川以爲觀覽乎？」〔註44〕這裏通過「文法」將這篇文章的結構與立意揭示出來，便於讀者把握文章的線索脈絡，更好地理解作者的意圖。

「文無定法」並不是指文章的寫作沒有一定的規律，而是指作家的創作經驗與個性是不同的，他們創造出來的文章也是千差萬別，所以說「文無定法」，不需要刻意追求文章的統一，關鍵在於作者對「法」的運用是否能達到靈活自如的程度並且可以掌握好一個度。《古文辭類纂》把「當」作爲評價文章好壞的標準，可以看出姚鼐思想的自由與兼容並蓄。他不拿具體的法度去束縛作者，不是設定一個具體的標準，而是給作者更大的空間去創作，不禁錮他們的思想，通過他們的積纍和對古文的理解，在創作時只要把握一個度，能夠得當就可以，這樣才眞正有利於學生在閱讀時發揮自己的想像能力，在創作時更好地發揮自己的寫作才能。

4. 注重文章的審美性

古文的創作特別講究實用性，姚鼐也不例外。他在編選《古文辭類纂》時就是按文章不同體裁，將文章分爲十三類，根據功能的不同，又分爲上下編，「一類內而爲用不同者，別之爲上下編云」。〔註45〕說明姚鼐重視文章的實用性，這與他的教學實踐也是有關係的。但是姚鼐在注重文章實用性的同時，又突出強調了文章的審美性，力求實用性和審美性兼備。姚鼐《古文辭類纂》是在方苞《古文約選》的基礎上，選錄了辭賦這一文體，既擴大了古文的學習範圍，也突出強調了古文的審美性。「把辭賦作爲古文學習的對象而大量選入，正體現出了姚鼐對文章藝術性的重視。」〔註46〕「辭賦」這種文體不同於其他文體，它重視文采，辭藻華麗，抒情是它的特色，正如姚鼐所說：「辭賦類者，風雅之變體也。」〔註47〕這類文體的選入，正是顯示了姚鼐對古文審美性的重視。

〔註43〕同〔註5〕，第 14 頁。
〔註44〕同〔註5〕，第 2151 頁。
〔註45〕同〔註5〕，第 14 頁。
〔註46〕同〔註17〕，第 261 頁。
〔註47〕同〔註5〕，第 17 頁。

在姚鼐看來，《古文辭類纂》所選的文章大部分爲有用的文體，他在教授學生時，更突出了文學的審美教育，希望學生能夠學以致用。在評點時，也不隱藏自己對辭賦類文章的欣賞之情。他讚美屈原《九章‧抽思》時說：「此篇悲傷懷王之拘困於秦，其辭致爲淒切，既自抒忠愛，亦所以屬頃襄報仇之心，而是時君臣方耽逸樂，惡聞國恥，此令尹子蘭所以聞之大怒也。」〔註48〕屈作的語言特點、思想感情，均得到姚鼐的高度認可，由此可見他對文章審美性的重視。《古文辭類纂》之所以既強調文章的實用性，又重視文章的審美性，與姚鼐的教學是離不開的。本書的編選目的是爲了教授學生古文法，所以首先要強調文章的實用性，更要在這個基礎上重視文章的審美功能，希望學生可以學以致用，創作出文質兼備的文章。對於文章審美性的重視，也與姚鼐自身受儒家文化的薰陶息息相關。姚鼐所選的文體都是有用的文體，學生只要在閱讀《古文辭類纂》時，在文章的審美方面多花些心思，就能創造出文章的審美意境。

（二）提高寫作能力的方法

1. 閱讀積纍與思考並重

「讀書破萬卷，下筆如有神。」——唐代詩人杜甫很早就爲我們揭示了閱讀與寫作之間的關係。姚鼐認爲閱讀是提高學生寫作能力的基礎，所以要增加學生的閱讀積纍。當有學生向姚鼐討教古文法時，他並不是直接告訴學生古文理論有哪些，寫作方法是什麼，而是編選了《古文辭類纂》，向學生展示古文法。姚鼐以閱讀爲基礎，通過閱讀來讓學生學習古文寫作，達到提高學生寫作能力的目的。要想學好古文寫作，學生必須首先要熟讀這本教材，其次才能掌握文章的精髓，進而創作出好的文章來。

把閱讀當作寫作的基礎，一直以來都是語文教育家所推崇的。閱讀，不是簡單地讀書，而是要在讀的過程中，結合《古文辭類纂》具體篇目的點評進行思考，領悟作者創作時的思路，學習作家的創作技巧。「書讀百遍，其義自見」，說的就是這個道理。姚鼐認爲，通過學生大量的閱讀體驗，自然會提升自己的創作能力，但這只是寫作的一個積纍過程，最重要的還是要結合學習者自己的寫作訓練，將閱讀體驗運用到寫作實踐之中，理論只有與實踐相結合，才能眞正獲得寫作能力的提升，《古文辭類纂》爲學生的寫作提供了閱

〔註48〕同〔註5〕，第1929頁。

讀的平臺。張志公先生說：「多寫，這是完全必要的。不過，寫必須以讀爲基礎；沒有正確的、充分的閱讀作基礎，光寫還是不行的。」〔註49〕

2. 從模倣到脫化

《古文辭類纂》不僅是文學選本，也是學習者學習的教材。姚鼐在《序目》中提出了八個要素之後，又進一步分析了寫作方法，還以韓愈爲例，詳細論述了如何從古人的優秀文章中學習寫作技巧，把古人的寫作精髓轉化爲自己的寫作能力。「文士之效法古人，莫善於退之，盡變古人之形貌，雖有摹擬，不可得而尋其迹也。其他雖工於學古，而迹不能忘，揚子雲、柳子厚於斯蓋尤甚焉。以其形貌之過於似古人也，而遽擯之，謂不足與於文章之事則過矣；然遂謂非學者之一病，則不可也。」〔註50〕《古文辭類纂》所選的都是前人的古文，學生在學習時會出現學的像不像的問題，模倣的痕迹明顯，這是學習別人的文章可能會出現的問題。但其實姚鼐認爲模倣只是一種手段，本身沒有好或者不好的區別，關鍵在於學生是否可以利用妥當。以韓愈爲例，他被看作是善於學古的人，他對於古人的摹擬已經超越了形式的限制，達到不留痕迹的狀態，這才是眞正做到了學古。

姚鼐強調模倣的作用，認爲模倣是學習者創作的第一步，所以編選《古文辭類纂》供學習者學習模倣，只要是善於學習的人，一定能寫出好的文章。他在點評柳宗元的《袁家渴記》時說：「《風賦》『邸華葉而振氣』云云，文特就賦意而演之。《七發》云『眾芳芬鬱，亂於五風』云云，亦本《風賦》。秦漢人文，善學者得其片言隻字，即可推演成妙文。」〔註51〕由此可以看出，模倣具有很大的作用，但是僅僅靠模倣是不夠的，重要的是能夠做到從模倣到脫化的轉變。

學生需要結合姚鼐的選文與評點，才能掌握寫作方法。姚鼐通過自身的古文理論積纍，編選出適合學習者閱讀和學習的優秀文章，讓學生領悟文章精髓，進行學習與模倣，這就是「選本」的優勢。根據姚鼐在《〈古文辭類纂〉序目》中的敘述，結合他具體篇章的評點，學生的模倣首先從外部形貌開始，通過分析文章的結構、線索、辭藻等，學習文章的外部寫作技巧；然後領會古人的文章風格、氣勢和要表達的思想，剖析古人的寫作理論和方法；最後通過學習者的理解和轉化，擺脫摹擬的痕迹，創造出具有自己風格的文章。

〔註49〕張志公：《語文教育論集》，福建教育出版社，1981年2月第1版，第226頁。
〔註50〕同〔註5〕，第18頁。
〔註51〕同〔註5〕，第1657頁。

有了具體的文章和評點作爲範本，把學生的模倣落到實處，化抽象爲具體，使學生容易擺脫模倣的印迹，達到脫化的程度。

姚鼐以具體的範文、恰當的點評來教授學生，把自己的學術追求、古文創作理論與體會融入到授課的教學活動之中，學生接受了這樣的訓練，古文能力必然會有很大提升。

第三節 《古文辭類纂》在語文教育史上的影響及局限性

桐城派的經典作品《古文辭類纂》，在語文教育史上有著十分重要的地位。編者姚鼐一生執著於追求自己的人生理想，爲繼承和發揚中國傳統文化做出了巨大貢獻。他一生的大部分時間都是在書院度過，忙於讀書、教書和著述，他的成果也十分顯著。《古文辭類纂》既有利於教師的教授，也方便學生的學習，它不僅推動了清代古文的教學，而且在西學興起的時候，它仍然在國學教育的主要內容。隨著時代的發展，文明的進步，加之作者本身思想的局限性，《古文辭類纂》也必然存在一些缺點。我們應當以開放的視角和思維方式，客觀辯證地看待它在語文教育史上的歷史地位與局限性。

一、《古文辭類纂》在語文教育史上的影響

《古文辭類纂》在乾嘉時期以後成爲學習古文寫作的必讀之書，吳汝綸對這本書的評價很高，認爲它是選集中的「古文第一善本」，在語文教育史上有著重要地位。

（一）《古文辭類纂》選文的影響

《古文辭類纂》產生於教學實踐，不斷接受教學的檢驗，所以它將學生的接受放在首位，自始至終都與教育緊密相連，具有很高的語文教育價值。作爲語文教材，它的選文有很高的教育影響。

第一，高質量的選文可以提高學生的閱讀水平。「選文質量的高低決定著一套（本）教材的面貌和質量。文章能否選得好，關鍵取決於教材編選者『衡文』的眼力和水平。可以說，只要文章選得好，教材編寫就成功了一大半。」〔註52〕《古文辭類纂》所選的文章幾乎都是名篇佳作，膾炙人口，在知識上、思想上、藝術上都堪稱古文的典範。只有對經典的深入解讀，才能提高學生

〔註52〕顧之川：《試論我國教材選文的優良傳統》，載《中小學教材教學》2000年第2期，第2頁。

的語文能力。研讀《古文辭類纂》，有助於提升學生的古文閱讀能力。姚鼐所選的一些經典文章如《過秦論》《觸龍說趙太后》《師說》等，現在的語文教材仍然選用，可見姚鼐選文時嚴謹的治學態度和獨到的眼光。

　　第二，獨特的編排體例提高學生的寫作水平。《古文辭類纂》的重大意義體現在它的編排體例上，將文章分為十三類文體，每一小類又按作家劃分，簡化了文體分類，使學習者對各種文體的特點一目了然，便於他們學習掌握不同文體的寫作方法。「贈序」這一類是姚鼐第一個單獨列出來的，「古代以『序』明篇的文章，有贈序一類，是專門為了送別親友而寫的。在文體分類上，過去把它與序跋合為一類，直到清代姚鼐編《古文辭類纂》才把它單獨列出，稱為贈序類。姚認為贈序文，乃是古代『君子贈人以言』的遺願，跟序跋類的序文，性質上是不同的。」〔註53〕性質不同，就是「為用」的不同，《古文辭類纂》首次把贈序類單獨列出，使文體分類更加合理，價值更高。曾國藩編選《經史百家雜鈔》時的文體分類，也是在《古文辭類纂》文體分類的基礎上進行了改善。姚鼐認為，只有從文體的角度來把握文類，才能找到傳統文章中實用文章與審美文章的差異，才能給學生一定的啓示，指導他們寫出不同特色的優秀文章。

（二）《古文辭類纂》的刊刻與改編的影響

　　《古文辭類纂》受到古文愛好者的追捧，有多個版本問世。新學興起的時候，仍有桐城派學者致力於將此書作為學習古文的教材。

　　首先，《古文辭類纂》不同版本的廣泛流傳，豐富了家塾教育的內容。《古文辭類纂》起初只是講課用的教材，並沒有正式刊印，只是以手抄本的形式流傳，流傳範圍有限。直到嘉慶年間，由姚鼐弟子康紹鏞刻印，一共七十四卷，包含評注和圈點，世稱「康本」，也是《古文辭類纂》最流行的一個版本；道光五年，姚鼐門人吳啓昌重新刻印，將康本的第七十二卷分為兩卷，共七十五卷，世稱「吳本」；吳本沒有圈點，篇目與康本也有些不同。在光緒二十七年，李承淵又刻印一個版本，世稱「李本」，綜合了康本與吳本的特點。《古文辭類纂》自康紹鏞刊刻以後，廣為流傳，出現了很多版本，刻印十分頻繁，豐富了家塾教育的學習內容，擴大家塾教育的學習範圍。《古文辭類纂》受到如此高度的重視，這在古籍中是十分罕見的。

〔註53〕褚斌傑：《中國古代文體概論》（增訂本），北京大學出版社，1990年10月第
　　　　1版，第382頁。

其次，桐城學者對《古文辭類纂》的改編，適應了新式教育。清末維新思潮興起，為了改革書院教育，王先謙編選《續古文辭類纂》，沿用《古文辭類纂》的體例和選文標準，選取的文章大部分都是桐城派作品，保留了古文教育的傳統。

在新式學堂建立以後，吳汝綸依然把《古文辭類纂》作為教授古文的主要教材。但由於西洋知識的傳授成為學生的學習內容，所以他不得不採取「減損」的辦法來保留古文教育的命脈。他編選《桐城吳氏古文讀本》，文體分類與《古文辭類纂》相同，只是在篇目數量上有所刪減，留下了二百九十多篇，適配了當時的教育形式。隨著科舉制度的廢除，「選本」逐漸被「教科書」取代，「古文」也變成了「國文」，但桐城派的學者們依然以《古文辭類纂》為教材，通過對它的改編，順應教育的變化。如吳闓生的《國文教範》和林紓的《中學國文讀本》，都是適應新式教育而產生的文學讀本。

二、《古文辭類纂》的局限性

《古文辭類纂》成書於乾隆四十四年，隨著時間的發展和社會的進步，國學的轉型，白話文的興起，《古文辭類纂》必然會具有一定的局限性，我們應當辯證地看待。

（一）選文的局限

作為文學選本，在具體選篇時難免會受到作者思想的限制，選材時受到作者喜好的影響。《古文辭類纂》選文首篇來自《戰國策》，選文上及《楚辭》和《戰國策》，沒有選取之前的文章，如諸子散文和六經都沒有錄入。先秦不乏優秀的文章，只是在姚鼐看來這些散文的實用性不夠，所以沒有錄入，這也是《古文辭類纂》小小的遺憾。姚鼐自己也坦陳：「余撰次古文辭，不載史傳，以不可勝錄也。」〔註54〕《古文辭類纂》的選文沒有錄入史傳，這就大大縮小了讀者的閱讀範圍，導致學生難以突破選本的限制，束縛學生發散性思維的發展。《古文辭類纂》的某些選文還存在一定的爭議。它是指導學生古文寫作的教材，所以選取的文章以唐宋文為主。姚鼐選取方苞和劉大櫆的文章，受到一些爭議，雖然選擇方苞、劉大櫆的文章數量不多，分別為十一篇和十六篇，但是評點數量很大，對於方、劉二人文章的點評一共有十二篇，占到評點數量的七分之一，這也從一個側面反應了姚鼐的私心，反應了他想要

〔註54〕同〔註5〕，第 15 頁。

建立桐城文統的思想。作爲傳統的語文教材,《古文辭類纂》堅持選文的「文質
兼美」,這對於學生來說當然是需要的,但是在突出選文審美性的同時,教材與
生活的聯繫就不那麼緊密。《古文辭類纂》沒有涉及到科技、農業等方面的文章,
那麼培養出來的只能是做文章的文人,而不是眞正具有實踐能力的人才。

(二)選本的局限

《古文辭類纂》是語文教材,主要通過文章評點來表達作者的思想,給
予學生一定的學習指導。但是這本教材本身存在一些局限性。首先,不便於
學生攜帶。《古文辭類纂》所選文章一共六百九十篇,篇目太多,書本較厚,
刊刻的費用也很貴,所以不利於學生的攜帶和流傳。其次,不便於學生自學。
《古文辭類纂》選文中,只有八十三篇評點,數量非常少,大多數文章只能
依靠學習者自己去摸索。對於他們來說,要眞正理解領悟這些文章的精髓,
存在一定困難,需要教師進行點撥和幫助。

本章把家塾文學選本《古文辭類纂》作爲研究對象,從語文教育的角度
入手,分析、評價它的教育意義和價值。通過對《古文辭類纂》的深入研究,
突破了前人從文學理論方向評價《古文辭類纂》的思路,以一名語文教育研
究者的身份,研究了它的語文教育理念和語文教育內容,並通過這兩方面的
研究,探索了《古文辭類纂》在語文教育史上的影響。

通過研究發現,《古文辭類纂》的語文教育理念涵蓋了兼容並蓄的教育思
想、多樣化的教學方法和明確的教育目的。《古文辭類纂》中的文章作爲語文
教學的主體內容,是研究的重點,正是在分析文本的基礎上,揭示《古文辭
類纂》閱讀教學和寫作教學的理論。《古文辭類纂》明確了閱讀內容,其選文
具有廣泛性和經典性兩個特點。寫作理論是《古文辭類纂》最重要的理論,
結合其選文、評點、編排體例以及姚鼐作的序,本文總結了爲文八要素(神、
理、氣、味、格、律、聲、色)、學習古文寫作的順序性、文無定法,得當即
可和注重文章的審美性四個寫作理論,它們是學生掌握古文寫作方法的基
礎。根據閱讀內容和寫作理論,概括提高學生閱讀和寫作能力的方法。學生
應當把閱讀與思考相結合,增加自己的閱讀積纍,提升自己的閱讀水平,然
後在寫作時做到從模倣到脫化的轉變,提高自己的寫作能力。在研究的過程
中不斷考量《古文辭類纂》在語文教育史上的影響,探究其選文的積極影響
和局限性,探討《古文辭類纂》的刊刻與改編,既豐富了家塾教育內容,也
適應了新的教育形式,客觀評價《古文辭類纂》的歷史地位。

在研究《古文辭類纂》的語文教育思想時發現，它延續了我國以文學選本爲教材的傳統，選取歷朝經典文章進行教學，加上姚鼐適當的評點，爲學生的古文學習提供了範本。因此，探索《古文辭類纂》在教育教學方面的影響，爲考察清代後期的古文教育狀況提供資料，爲從教育的角度瞭解姚鼐提供素材。

（本章撰稿人：邵慧）

第六章 《古文筆法百篇》與讀寫教學

　　家塾教材作爲家塾教育文化知識內容的傳播載體，其在編排體例、選錄標準、助學系統、文體閱讀等方面都會對教師的講授和學生的學習產生一定的影響。而我們今天對一些優秀家塾教材的研究，可以從中學習和借鑒其所包含和體現的優秀的教材編寫思想，並用來指導我們當今相關閱讀教材的編寫及其教育教學的實踐。

　　《古文筆法百篇》作爲當時流行的家塾選本教材，無論從編排體例、選錄標準，還是助學系統、文體閱讀等方面都體現出了與以往家塾教材的不同，具有獨特的研究價值。但家塾選本的教材研究方面還沒有涉及到《古文筆法百篇》這一家塾教材選本，而對《古文筆法百篇》的研究角度裏也沒有涉及到其作爲教材來說的價值意義。因此，本章欲將二者結合，以《古文筆法百篇》爲中心，研究其所體現的家塾教材意義及其對當今教育教學的影響。

　　一本好的教材在編寫的過程中應該注重內容的呈現上要直觀、易於讀者接受，並且有相應的助學系統可以幫助讀者展開自學。從編排體例上來說，《古文筆法百篇》區別於以往家塾教材常以文章的年代、文體等作爲選本分類的方式，採用「筆法」分類的方式，使學生對教學內容的理解上更直觀。從選錄標準來看，《古文筆法百篇》考慮到作爲教材的實用性和一定的普及性，選取了對於讀者相對來說更熟悉的名家名篇，易於讀者接受。學生在自學的過程中，會遇到各種各樣的問題，這就需要在教材的編寫過程中有相應的助學系統幫助學生學習和掌握所學知識，《古文筆法百篇》裏的助學系統相對於其它選本教材來說更加多元，涉及批語、評解、題解和書後多方面。本章將深入而具體地研究《古文筆法百篇》所體現出的上述優秀的教材編寫思想，給教育工作者以實踐上的指導和啓發。

　　《古文筆法百篇》是清代中葉著名的文藝理論家李雲程所編寫的一本介紹古文寫作理論和文學鑒賞理論的書籍，距今已有三百餘年的歷史。

　　編者李雲程是今雲南省石屏壩心區老街鄉龍港村人。從其同鄉、雲南「唯一狀元」袁嘉穀所編纂的《石屏縣志》中，我們可以對李雲程的生平瞭解一二。《石屏縣志》卷十二云：「李雲程，字扶九，家世務農，崛起力學，枕藉經史，無間寒暑。五經四書講義，皆研精覃思，學自抄錄，以五經卷中。丁卯鄉試，甲戌進士。選廣西府教授。著有《寓川草詩文三十二卷》，其門人代梓行世。謹案，雲程著有《古文筆法百篇》一書行世。李元度稱之，海內翻刻無數。」〔註1〕而周鍾岳、趙式銘等編纂的《新纂雲南通志》卷二百三十三記載與上述略有不同：「雲程崛起力學，登乾隆甲戌科進士，官廣西府教授。以事謫戍四川大竹。蜀人聘主順慶戀修書院，著有《古文筆法》四卷，《圖說》一卷，《寓川草》三十二卷，其門人為之刊行於蜀。」〔註2〕李雲程的具體身世、生卒不詳，待考。但上述記載李雲程生平的著作都提到了李雲程「自幼爲學刻苦勤奮，於清乾隆年間中進士，後任廣西府教授」這一經歷主線。

　　明清時期的「改土歸流」瓦解了西南少數民族地區長期以來實行的「土司制度」，內地的漢族和其它少數名族人口遷移到西南彝族及各少數民族地區進行墾屯，在帶來先進生產技術的同時，也促進了各民族文化的交流與融合，尤其科舉取士的主流文化對當時學子影響極大。「雲程有胞弟二人：一名雲漢，是乾隆三十五年（1770）庚寅科舉人；一名雲璋，是乾隆二十七年（1762）壬午科副舉。兄弟三人曾立有「科甲第」匾（今存龍港舊宅）。」〔註3〕但科舉制度腐朽、官場徇私舞弊，李雲程作爲一介寒門子弟，根本不可能僅因個人學識才華的出眾而受到官場重用，所以僅僅官拜廣西府教授這一閒職。然而「塞翁失馬，焉知非福」，李雲程雖難以在仕途上施展其理想抱負，卻得以在著書立說上一展才華，將其半生心血、知識所學全部投入進學術研究中——編著了《古文筆法百篇》二十卷和《寓川草詩文》三十二卷。這兩部著作，後來被他的門生代爲刻印行世，通行全國。李雲程的詩歌大部分散佚，但《古

〔註1〕袁嘉穀.《石屏縣志》〔M〕.木刻本，1938.12。
〔註2〕周鍾岳、趙式銘.新纂雲南通志〔M〕.1948.4。
〔註3〕楊開達.論雲南清代彝族教育家文論家李雲程〔J〕.雲南師範大學學報（哲學社會科學版），2005（1）。

文筆法白篇》，卻古今翻刻無數，影響甚大。後纂定者黃仁黼對《古文筆法百篇》的評價很高，在自序中曾提到，「雖所選不必盡與時文合，而遺貌取神自別有所心得。」〔註4〕

《古文筆法百篇》，又名《古文筆法》《古文快筆》或《精校古文筆法百篇》，是雍正乾隆時期作品。最早刻印於乾隆二十九年（公元 1764 年），作爲竹陽振文書院的教材刊刻行世。李雲程編此教材的目的，針對性十分明確，當時青年學子把古文和時文視爲二種文體，而李雲程認爲「時文原從古文出者也」，「古文之法可爲時文之法」，「古文即時文，時文亦古文矣。」倡導讀者從古文之法中領略時文的寫法。李雲程認爲只要掌握這二十種寫法，那麼寫古文和寫八股文、時文是想通的。因此，《古文筆法》又稱《古文快筆》。同治辛未年（公元 1871 年），黔南杜瑞徵在貴州再次翻刻《古文筆法》。後光緒辛巳年（公元 1881 年）黃仁黼又再刊之，改稱《精校古文筆法百篇》，由錦章書局以石印本發行全國，影響最大。黃仁黼以四六駢文做評語，雖也有一定見地，然卻有續貂之嫌。但他卻做了些文字刪補工作，語言也更加精練，對近百年來讀者欣賞學習還是有一定作用的。較早的版本還有清光緒八年（公元 1882 年）的善化黃氏刻本，清光緒二十九年（公元 1903 年）年的石印本，清宣統二年（公元 1910 年）年上海會文堂出版的石印本，民國五年（公元 1916 年）上海鑄記書局出版的石印本，民國期間上海進步書局出版的石印本等。

本文以湖南嶽麓書社 1984 年的版本爲研究對象，該版本以光緒八年黃氏家刻本爲底本，並且參照了錦章書局和廣益書局本，改正了一些顯係訛誤和有意避諱的文字，刪去了編纂者認爲的《增補凡例八則》《論化古文爲時文四則》等於讀者無益的內容。原書豎行，間爲三欄，正文之上有眉批和頂批。該版本爲便於排印，把頂批移到了正文之後，在個別批語因此而不顯的地方加了編者按。但筆者認爲其它版本中輯錄的李雲程自序、文人何亮清的《古文筆法》序等皆有思想可取之處，所以在研究該課題中也一併參閱。

第一節 《古文筆法百篇》的編排體例與選錄標準

一、編排體例以筆法爲序

李雲程在《古文筆法百篇》的凡例六則之一中提到「自來選古文，皆以

〔註 4〕李扶久選編，黃仁黼纂定.古文筆法百篇〔M〕.長沙：嶽麓書社，1984：3。

時代先後爲序，代又就人而序；茲集以筆法爲序。故概不拘，雖似倒亂，然彙聚觀法，實便初學。」〔註5〕《古文筆法百篇》的獨特之處在於其打破了以往選本慣於按照文章時代和體裁進行分類編排的傳統，而大膽進行創新，採取按照「筆法」對文章進行分類的標準，這是李雲程對家塾選本的一大貢獻，也是《古文筆法百篇》獨特價值的體現。全書共分爲二十卷，每一卷以筆法爲名，收錄若干篇文章以印證李雲程對該「筆法」的理論闡述。這就讓抽象的章法理論變得有憑有據，受到初學者的歡迎。

李雲程的筆法是什麼意思呢？筆法即藝術創作方法，以藝術創作方法爲序，當時是非常新穎的。人們讚賞他「特開生面」。〔註6〕這種「特開生面」指的就是其區別以往分類標準的編排方式，對於習慣接受按照文體、時序來編排文章的讀者來說，可謂新奇。李雲程把古文筆法分爲二十格：（格，即法則，文章寫作的法則）其一對偶格，其二就題字生情格，其三一字立骨格，其四波瀾縱橫格，其五曲折翻駁格，其六起筆不平格，其七小中見大格，其八無中生有格，其九借影格，其十寫照格，其十一進步格，其十二虛託格，其十三巧避格，其十四曠達格，其十五感慨格，其十六雄偉格，其十七奇異格，其十八華麗格，其十九正大格，其二十論文格。在每一格下面選錄了二到十二篇不等的文章，在對文章的分析中來更好的幫助讀者理解所提出的寫作方法。

李雲程在《論化古文爲時文四則》中的第三則中提到：「古文之法多端，今止標二十法，蓋舉其要者耳。餘法共曉，批注文中，不另標題；而此二十法，與墨合者，一見自知，茲不多贅。惟是小中見大，借影寫照二法，只名家作小題及窗稿，借題發抒者有之。墨中少此，又感慨、悲涼，曠達、瀟灑二法，墨中亦少；蓋墨貴醇雅冠冕也。然則數法，何爲入選乎？曰選者取其氣勢筆法也。如墨一味醇和，初無筆勢，失之平矣。且學古文，不止爲時文用，將爲異日著作各雜體用也。」〔註7〕李雲程認爲古文筆法數量眾多，但今只取重要的二十種。文章中隨時出現的其它寫法，作者在批註中會提醒讀者，但不另作標題。

陶學良在《〈古文筆法〉評述》中提到：「筆法並非是高得不食人間煙火的那麼抽象，那麼概括。他的二十種創作風格，來源於具體的百篇，或更多

〔註5〕同〔註4〕：5。
〔註6〕陶學良.《古文筆法》評述〔M〕.昆明：雲南人民出版社，2005。
〔註7〕同〔註6〕。

的作品，正是這些創作實踐，概括出理論來。從藝術創作方法，從創作風格來論證的理論——《古文筆法》，自然受到廣大初學者歡迎了。」〔註8〕

二、選文宜於初學

　　付瓊在《文學教育視角下的文學選本研究——以家塾文學選本爲中心》中提到：「家塾選本的受眾要求選文不宜過分生澀，應以那些典型的、有效的文章爲主，選篇不『求新求異』，只求教學效果（即『可傳、可讀、可學』）的基本思路實爲家塾文學選本所共有。」〔註9〕《古文筆法百篇》作爲家塾選本教材，主要是爲當時的科舉考試服務，因此，選本的核心就是教授讀者學會寫時文、寫八股文。並且選本始終強調和堅持「選文宜於初學」這一選編思想，這在選本的選篇上、所做批語上、寫法介紹上、習文搭配上以及寫作理論指導上都有所體現。

　　《古文筆法百篇》是一本優秀的古文選本。突出之處是其選材精當，取捨得體。〔註10〕從選本的選篇上來看，作者在「凡例六則」之二中提到，「自來選古文，皆始《左》、《國》等書。茲集不之及者，以上古之文多倔奧，初學難讀難解，往往望而生畏，對之欲眠。故此集多收唐宋以來，即漢魏亦止錄一二，要皆取其明亮者，以宜於初學也。其《左》、《國》等俟二集編入，是亦循序而誘之一法也。」〔註11〕作者從初學者的心裏習性和學習知識由淺入深的規律方面考慮，多選取了唐宋以來的名家名篇，如古文八大家之首韓愈的文章《原毀》《原道（補）》《送孟東野序》《爭臣論》《龍說》《馬說》等二十餘篇。其它八大家如柳宗元、歐陽修、蘇軾等的文章也有多篇選錄。漢魏也多選取耳熟能詳的名篇，如西漢賈誼的《過秦論》、司馬遷的《孔子世家贊》等。但《左》《國》裏的作品在版本中卻並未體現，或遺失或未完成編寫。從這裏可以看出，李雲程選入百篇的標準是：爲初學者服務，選文考慮初學者的心裏承受能力，以及初學者的實際水平。李雲程特別重視這一點。〔註12〕

〔註 8〕同〔註6〕。

〔註 9〕付瓊.文學教育視角下的文學選本研究——以家塾文學選本爲中心〔M〕.南昌：江西人民出版社，2010。

〔註10〕同〔註4〕。

〔註11〕同〔註4〕：5。

〔註12〕同〔註4〕：6。

從古至今，名家美文數不勝數，而李雲程在百篇中所選的篇目都是爲他提出的筆法理論服務的。他在《凡例六則》之六中提到：「古文美不勝收，茲將坊刻數集合選，得此百篇，大抵其筆法於時文可通者方錄，若於時文不甚合者雖奇不錄也。至選之太少，於法不備；選之太多，恐難卒讀。」〔註 13〕李雲程在選篇的時候考慮到如果選得太少，恐怕不能清楚地詮釋他提出的理論，會對讀者理解造成障礙。而如果選得太多，又給讀者的閱讀增加了負擔，恐怕讀不完。由此可見，編者選篇時候的用心良苦。

從所做的批語方面看，批語和評點恰當，宜於初學。李扶久在「凡例六則」第四則中提到「古刊本各家不一，或節疏，或句解，非不詳細，但篇幅畫斷，不便誦讀。茲從時文式樣，以便於讀也，讀熟而義自見矣。其有難解字義與夫出處，亦一二注之於旁，或掇之於後。至句點分明，段落有評，初學讀之，已節節瞭然矣。」文學選本的批語或繁多累贅，或批語太過精鍊無法幫助讀者理解文意。《古文筆法百篇》的批語恰當，且不同於大多數選本或緊隨句子之後，或每一節後作注，而是句點分明，在旁邊標注，不會影響讀者自己對文意的判斷和文章整體閱讀的流暢性。有引用前人批語的也會標明以示讀者，且在每一所選篇目的頂批和評解後都會有「按：某某曰」，如宋代周敦頤的《愛蓮說》一篇，頂批：「按：余自明曰：蓮在眾芳之內最爲高品，幽同夫菊而不傲豔，類牡丹而不俗，故於甚蕃之中特舉二者以爲陪襯。妙在『可愛』二字包羅在內，並不說壞，立言極有斟酌。」〔註 14〕引用余自明的評點，意思是用菊花和牡丹來比對蓮花，因爲本身所選取的參照物就有自己的個性特點，所以襯托的蓮花更是與眾不同。接著又按：「《輯評》云：先生，君子也。愛蓮者，愛其德似君子也。借題抒寫，想見光風霽月襟懷。」〔註 15〕意思就是把蓮喻爲君子，借對蓮的描寫來抒發自己高潔的品質和情懷。

從初學者的學習周期上考慮，也體現了作者始終強調的「選文宜於初學」思想。在「凡例六則」之六中，作者提到「茲選得中，勤學者每日一首，歲可三周，否則歲可周一二……況好學者得一法又喜究一法，讀一篇又喜進一篇，一兩月即可竟者乎。」〔註 16〕這其中體現了編者循序漸進的選編理念，也正是從「選文宜於初學」角度做考慮。

〔註 13〕同〔註 4〕：6。
〔註 14〕同〔註 4〕：226。
〔註 15〕同〔註 4〕：226。
〔註 16〕同〔註 4〕：6。

此外，選本《古文筆法百篇》中還從讀者學習和接受的角度提出了文論鑒賞方法的指導，適於初學者循序漸進的掌握寫作文論的方法和技巧。在《論讀古文法二則》中，編者分別提出了「上等讀法」和「次等讀法」。所謂「上等讀法」即：「將讀此首文，先宜知人論世，考明題目來歷，瞭然於心。如我當境作文一般，要如何用意下筆遣詞，再四沉思。思之得不得，得之，其淺深高下俱有成見再去讀其文；看其做法合我與否，合我者高幾著？出我者遠幾層？得失自知矣。」〔註17〕編者提出在「知人論世」的基礎上，讀者可先不去瞭解文章的內容和寫法，而是自己先就題目進行整理和構思，有了一定的想法後再返回原文去讀作者的文章，然後對比自己和文章的差異，得失便瞭然於胸。如此這般去讀文章，定會「讀之而喜，拍案叫絕，起舞旋走；讀之而悲，涔涔淚落，脈脈欲訴。斯時不知古人為我，我為古人，但覺神入文，文入心，永不失矣，日後動筆輒合，在己亦不知何來。」〔註18〕不知不覺間做到「讀書破萬卷，下筆如有神」。所謂「次等讀法」，即：「亦須知人論世，先考明題目來歷。然後逐字逐句而細讀之，看其措語遣詞如何錘鍊。又逐節逐段而細思之，看其承接起落如何轉變；又將通篇抑揚唱歎緩緩讀之，審其節奏。又將通篇一氣緊讀，審其脈絡局勢，再看其通篇結構照應章法一一完密與否，則於此首古文自有心得矣。」〔註19〕編者認為次等讀法也是在「知人論世」的基礎上，直接進入文章去細細揣摩其用詞造句，其起承轉合，其文章佈局，這樣對文章的整個脈絡佈局就會有自己的看法了。

第二節 《古文筆法百篇》的助學系統

付瓊在《文學教育視角下的文學選本研究——以家塾文學選本為中心》中提到：「家塾文學選本中的塾用文學選本是家塾中的教育者對受教育者進行文學啟蒙所使用的教材，而塾編和塾刻文學選本也往往在選篇、注釋、評點、體例方面表現出鮮明的教材特徵，在教育實踐中發揮著文學啟蒙作用。」〔註20〕選本的助學系統能夠幫助讀者更好的學習和閱讀古文。李雲程在筆法的二十格中，每格選二至十二篇範文，作他的各格的理論注腳。每篇選文之前有扼要的

〔註17〕同〔註4〕：8。
〔註18〕同〔註4〕：8。
〔註19〕同〔註4〕：8。
〔註20〕同〔註9〕。

敘文，敘述寫作背景，選文之後，有精鍊得當的評語，選文之中，有節疏，有句解，有的難字、古字、怪字，音義注之旁，或綴之於後。可見李雲程審慎嚴謹之治學態度。〔註21〕《古文筆法百篇》的助學系統分為四個部分：批語、題解、評解和書後。總的說來，就是「以文法為中心，以評點為手段，通過典型文本的細讀，為塾童寫作能力的養成提供一個可資依循的路徑。」〔註22〕

一、批語

付瓊在《文學教育視角下的文學選本研究——以家塾文學選本為中心》中提到：「家塾文學選本是文學教育賴以實施的中介，在當時還沒有通用標點的背景下，對原文加以圈點是理清句讀、指示章法、標注四聲、突出精華的重要手段，對於童蒙有效地掌握教材具有極端重要性。」〔註23〕為原文作注，在古代選本中較為常見。但是，同時加以評語和圈點則是明清選本中新出現的現象。

《古文筆法百篇》中的批語主要有旁批和頂批兩種形式。旁批主要介紹一些較為明顯的章法結構和文章段落的基本內容，主要隨文章的行文發展而來，標注位置主要在行文的左側。如在《古文筆法百篇》第一篇《待漏院記》的中編者所做的旁批是這樣的：「天道、聖人對起，立論闊大。」分析了文章開頭所用的對偶寫法，然後分析「是知君逸於上……示勤政也。」一段從側重宰相當勤入題，來點明勤政。除了對文章的寫作方法進行批註外，編者對文章的文字學知識也很關注，如編者簡單指出「至若北闕向曙……撤蓋下車，於焉以息。」一段用韻。接著又在旁批中指出：「『思』字生下兩大比，與前『勤』字、後『慎』字皆一篇主。」〔註24〕為讀者分析文章的脈絡寫法。在倒數三、四段的旁批則簡單的介紹了該段落的主要內容，一段寫賢相，一段寫奸相。最後兩段，編者做旁批道：「總收上文。帶補庸相，亦足為戒，點明作記本意。」〔註25〕旁批主要是編者對文章脈絡的一個大體介紹，其中主要涉及到文章的章法結構、寫作方法和一些文字學知識。再如蘇軾的《刑賞忠厚之至論》，全篇共分為六段，李雲程在旁批中這樣分析了文章的脈絡寫法：

〔註21〕陶學良.試論清代彝族文藝家李雲程〔J〕.民族藝術研究，1990，6。
〔註22〕同〔註9〕。
〔註23〕同〔註9〕。
〔註24〕同〔註4〕：2。
〔註25〕同〔註4〕：2。

開篇「引古詠歎，另一種起法」，一段言盛時之忠厚，二段言周衰而忠厚猶存。三段就「疑」字說出忠厚來，篇中不出此意。獨舉堯以爲例。四段「上引傳，此引《書》，皆見忠厚之意。」五段「又將刑賞振宕一番，下便一轉而入，快利無前」，該段後半部分又「疑」字點睛，到底不脫，與上文相應。最後一段一句點出，文氣已完，下做餘波。李雲程在做旁批的過程中，不僅是從讀者的閱讀學習角度出發，也從個人的情感角度出發。在一些文章的旁批中能夠清晰的感受到編者對該文的喜好之情已躍然紙上。如在爲陶潛的《桃花源記》做的旁批中，李雲程絲毫不吝讚美之詞：先是讚美其開篇寫的「歷歷落落，宛然如畫」，後又「別有天地」，二段更被贊是「一片寫去，如寫家書，莫分段落，神行之文」。最後兩段編者在旁批中點評道：「寫出古鏡。光景、世界，寫得使人羨然。結得飄然，本旨到此始透。」

頂批主要是編者介紹一些與文章背景相關的文學常識和文章中所體現的一些重要的文學理論。同樣在《待漏院記》的頂批中，李雲程先是引用清人浦起龍的《古文眉詮》中的評語對該文整體點評道：「非駢非散，似箴似銘，文格猶沿五代，而緊切『待』字落想，詞無鯁避，正色毅然。」〔註 26〕接著引用朱良玉的點評分析了該文的章法結構，「法天是待漏源頭，勤政是待漏本旨，有思是待漏光景。惟勤政始克法天，惟慎思方能勤政。首尾關照，一線穿成。」〔註 27〕後李雲程又表達了自己的一些看法。他認爲宰相尤以待漏勤政，君后更應兢業百倍。且分析了文章中寫賢相和姦相的用意，「古今相品有三：曰賢、曰姦、曰庸。賢相不世出，姦相不恒有，惟庸相卻多。故中開賢、姦二比，而末以庸相另言之。」編者也會對文章中的一些細節予以批示，如文章最後一段爲「棘寺小吏王禹偁爲文，請誌院壁，用規於執政者」，李雲程按：「自署官及姓名，亦見謹愼之意。」頂批是對旁批的補充和更深層次的解釋。二者相輔相成，缺一不可。旁批可以幫助讀者更好的理解文章的脈絡行文，頂批則可以幫助讀者從宏觀上理解文章。

二、題解

題解，即編者對選文題目進行的解釋和說明，以幫助讀者從文章的寫作背景、寫作初衷等方面更好的去理解文章。「知人論世」是李雲程在《古文筆

〔註 26〕同〔註 4〕：3。
〔註 27〕同〔註 4〕：3。

法百篇》中提到一個文學鑒賞理論，即將讀此首文，先宜知人論世，考明題目來歷，瞭然於心。所以編者也將此理論運用在對選文的評點上，以示讀者。李雲程對文章所做的題解主要涉及以下幾個方面：

一是關於文章寫作背景方面的介紹。文章的寫作背景，就是作者在什麼情況下進行文章創作的，包括作者所在的時代背景、當時的社會風俗等，可以幫助讀者從整體上理解作者的創作意圖和所傳遞的思想感情。韓愈的《進學解》，李雲程所做題解爲：「文公爲監察御史，上疏極論徵稅。德宗怒，貶陽山令。憲宗元和七年，復爲博士。久不見遷，故有此解。」韓愈是在貶謫久不見遷的情況下寫的此文，讀者可以直接從編者的題解中瞭解文章的大意並把握文章的情感基調。張溥的《五人墓碑記》，李雲程在題解中簡述了文章創作的事件背景：「明天啓中，太監魏忠賢用事，殺害忠良，明朝元氣殆盡。周公名順昌，吳人也，辭官家居。巡撫毛一鷺，魏黨也，誣公有怨言，密報忠賢發兵來捕。吳人不服，義擊之，魏復發軍來殺，五人毅然出認，於是只誅五人，而吳人得免。眾義之，爲之纍墳立碑表之，溥作記。」〔註28〕編者的題解對於讀者來說，在讀書過程中可以起到事半功倍的作用，對於讀者理解文章至關重要。

二是對題目中涉及到的時間、地點、人物等的介紹，如歐陽修的《五代史伶官傳論》李雲程先是解釋了「五代」和「伶官」兩個於今人較爲陌生的詞，「五代，梁、唐、晉、漢、周也。伶官，樂工名」；王羲之的《蘭亭集序》題解：「蘭亭在蘭渚山，本越王句踐種蘭處，在浙江紹興府山陰縣城西南。」主要介紹了蘭亭的地理位置。再如韓愈的《送楊少尹序》題解：「楊，姓。少尹，官名。名巨源，字景山，以能詩稱。唐貞元五年進士。長慶中，年七十，致仕歸。朝官作詩送行，時文公爲吏部侍郎，爲之序。」題解主要簡單介紹了文章主人公楊少尹的生平；對題目的讀音和釋義也是李雲程在題解中涉及到的內容，如方孝孺的《蠙窩記》，李雲程題解：蠙，剛去聲，愚也，直也。窩，音呵，居室也；鄒迪光的《瘞古誌石文》題解：瘞音意，埋也。黃省曾的《謁漂母祠記》題解：漂音票，水中擊絮也。古文中確實有一些音義都比較晦澀的字詞，所以編者也注意到這一點，在題解中標注出來予讀者以方便。

三是對作者本人的介紹。如在曾鞏的《贈黎安二生序》題解中，李雲程主要簡單的介紹了作者曾鞏：「黎生、安生，蜀人，至京求序於子固，因以贈

〔註28〕同〔註4〕：335。

之。子固名鞏，魯復聖公裔，遠祖徙南豐。幼英敏，過目成誦。爲唐宋古文八大家之一，朱子深愛其文。登嘉祐進士第，歷知齊襄、洪福、明臺、滄州，所至務除民疾苦，入爲中書舍人。文章與歐陽永叔齊名，學者稱爲南豐先生云。」〔註29〕《古文筆法百篇》中有的作者選入的文章不止一篇，如韓愈、蘇軾等，所以在該作者的文章第一次出現的時候，一般會先在題解中先介紹該作者的生平經歷。如李雲程在選本中收錄了韓愈的二十一篇文章，可謂數量眾多。其中第一篇被選入選本的是《原毀》，所以編者在該文的題解中對韓愈的生平做了簡短的介紹，剩餘篇目則不再贅述。

四是對古文寫作習慣的介紹，如柳宗元的《種樹郭橐駝傳》題解：「古人每於史法例不能立傳，而其人不可埋沒者，則別立傳以表彰之。」司馬遷的《孔子世家贊》的題解裏，李雲程解釋了作者把孔子選進「世家」的原因：「《史記》有二十『世家』，皆紀諸侯之世系也。以其子孫皆有國土，故曰世家。孔子非諸侯，而亦稱世家者，以聖人爲教化之主，又代有賢名，故列孔子於世家。《記》中凡世家及列傳，前文序事，後有贊，則史臣之論斷也。諸本選《孔子世家贊》，多不選世家，今仿之。」〔註30〕

五是對文章內容和寫法的簡單概括。如韓愈的《毛穎傳》，李雲程對其所做題解開頭即六個字：此篇全是借喻。歐陽修的《秋聲賦》題解：「秋聲，即秋風也。不曰風而曰聲者，如人悲歎之聲也，文故從『聲』字生情。秋多西風，起云『聲自西南來者』，以離夏未久，尚兼南風也。此歐公中年時有感而作。」又如韓愈的《馬說》，李雲程也是在題解中直接告訴讀者：「馬說，韓公藉以自喻，因人不己知而作。」

縱觀百篇題解，並不是僅僅包含其中某一個方面。編者在爲文章做題解的過程中，綜合性較強，往往同時包括上述幾個方面，以求最大程度的幫助讀者理解好文章。

三、評解

付瓊在《文學教育視角下的文學選本研究——以家塾文學選本爲中心》中提到：「家塾文學選本選哪些篇目，如何評解這些篇目，主要是看這樣的篇目和評解是否有利於塾師的教與塾童的學。」〔註31〕評解對於初學者來

〔註29〕同〔註4〕：247。
〔註30〕同〔註4〕：254。
〔註31〕同〔註9〕。

說是非常重要的，一在於提供方便，二在於指示文章義法。評解，即編者對文章從寫作方法、寫作技巧上做的整體的概述，是編者文法理論體系的體現。

如「華麗」一法所選錄的文章杜牧的《阿房宮賦》，如下：「以文論，一起突兀，一結無窮。中間細寫層次，藻麗流動，是佳文也。以理論，前半極寫其麗，正爲後滅亡作地，而後半情極痛悼，乃爲炯戒，尤有關治體，不似《上林》《子虛》，徒逢君之惡也。以賦論，楊子雲云：『文人之賦麗以則』，此其有焉。古來之賦，此爲第一，所以家傳戶誦，至今猶新也。」〔註32〕編者認爲該文極力描寫阿房宮的美輪美奐，正是爲後文的秦國滅亡作鋪墊，前後對比強烈，且全文辭藻華麗流動，不愧爲「第一賦」。同時，編者還引用了其認爲較好的評論如：「《輯評》云：想作時先有末一段議論在胸，然後借題抒寫。前形容阿房，直是壯麗無比，後以「可憐焦土」四字了局，令人心灰意冷。結處發出本旨，乃知前之鋪陳，俱爲垂戒設也。至處處帶定六國，亦見阿房所由來；憾秦皇，並憾六國也。篇中十三易韻，句法之工，亦無逾此。古文多以筆意勝，即此二首，筆意自有，而詞華覺盛，故取以備一格。詞華者，文之衣，不可少也，時文尤要。」〔註33〕編者引用《輯評》中的評語，從文章的整體佈局上分析了該賦的文法結構，可以使讀者總攬全篇，更好掌握文章的寫作技巧。

李雲程在評解中充分考慮到初學者的學習情況，常常在評解中做一些總結性或提示性的評解。如許獬的《古硯說》中，李雲程在總結了該文的寫法後，又提出「筆性鈍者，最宜學取」，特別強調了這種適合初學者掌握基礎的寫作筆法，可謂用心良苦。

李雲程在文章的評解中還會介紹一些與文章相關的名人軼事以饗讀者，增添了評解的趣味性和文章的易讀性。如在蘇軾的《刑賞忠厚之至論》的評解中，李雲程介紹了該文所以獨傳的一小段故事：「此長公應試文也，其冠冕處正合場屋體裁，然非浮泛者比，故爾獨傳。時歐公於場中得此，欲置第一，疑門人曾子固所爲，乃置第二。後以《春秋》條對，仍置第一。篇中『殺三』『宥三』，主司不知其出處，及入謝，問之。東坡笑曰：『想當然爾。』數公大笑。噫！用杜撰亦使人驚如此，其才爲何如哉。後逐傳爲笑談，則又杜撰

〔註32〕同〔註4〕：382～383。
〔註33〕同〔註4〕：383。

中之公案也。名人之語，無不樂傳如此。」〔註 34〕李雲程在評解中把這個故事寫出來，不僅從側面證明了該篇文章的厲害之處，同時也增加了讀者對於文章寫作學習的興趣。

在同一作者的諸多選文中，編者也會有總體的評解，如韓愈的《馬說》後的評解，李雲程這樣寫道：「文公之文，能大能小，能長能短，所謂獅子博象用全力，搏兔亦用全力者。如此小品，亦見其生龍活虎之態。」

李雲程在評解中，除「就題論題」外，往往也會把自己引申出來的感悟在評解中體現出來。如在周敦頤的《愛蓮說》的評解中，編者在分析了作者的創作意圖後，也分享了自己對蓮的參悟：「我於蓮亦有悟焉：嘗剖開蓮子觀之，見其心中小芽，根向上而葉向下，有迴光返照、歸根復命之理，而太極兩儀生生不已之機，已於是乎具矣。妙矣哉！宜乎有道者愛之也。」〔註 35〕編者在評解中也在進行文學創作，這些對讀者亦有一定的啓發。

四、書後

黃仁黼在該書的自序中寫道：「公餘每取玩味，因於所評解中或未盡闡發者，或與所見所聞未符者，就其文其人其世妄擄己意，各爲書後。」書後主要是纂定者黃仁黼在纂定過程中對文章的內容、寫法及其寫作的背景上的一些看法，有很強烈的個人色彩。如在選文列禦寇的《蕉鹿夢》的書後，作者這樣表達了自己對「是非」的看法：「是非不可不明，究不可太明。是以養性自鬻，百里莫辨食牛之誣；識鳥遭刑，公冶終抱取羊之屈。古聖賢平情定論，雖不無昭雪剖白之心，而事實有無，一略以迹，一原其心，不辨是非，而是非自辨。」〔註 36〕在蘇軾的《荀卿論》中，「書後」以強烈的感情表達出對交友的看法：「甚矣！取友之不可不端也。后羿一授逢蒙，而膺殺身之辱；荀況一授李斯，而冒千古不韙之名。」〔註 37〕書後可以幫助讀者更好的開闊文章的眼界，在理解和構思上達到新的高度。

在《古文筆法百篇》的書後中，纂定者黃仁黼在興致中也會作文一篇，體現其文學創作才華，如在劉禹錫的名篇《陋室銘》中，黃仁黼也作文一首，「湯盤濯垢，孔鼎益恭。日新其德，偃傴其躬。莫之敢侮，天下予宗。潛修

〔註34〕同〔註4〕：171。
〔註35〕同〔註4〕：227。
〔註36〕同〔註4〕：24。
〔註37〕同〔註4〕：108。

憩白屋，馨香達蒼穹。仁智寄山水，風雲想僵龍。可以娛心志，啓聵聾。無六事之自責，有三命之可從。龜鑒師往哲，鴻詞鑄淵衷。劉子銘吾無間然。」從形式和感情上都能看出與《陋室銘》具有相似性，這對讀者對文章進行模寫也做出了示範。

「書後」不但表達了纂定者黃仁黼對文章及其評解的看法，也表達了作爲一位讀書人和評論家的質疑精神。在韓愈的《送孟東野序》中，黃仁黼對大多數評論家所持的觀點「文公極欲推崇其文，因舉歷代之善鳴者以顯其鳴」提出了自己的質疑：「夫鳴者，鳴其不平也，其於天也，以鳥以雷，以蟲以風；其於人也，以歌以哭；而其形於樂也，以金以石，以絲以竹……大叩而大鳴，小叩而小鳴，皆不得已而鳴，非不釋然而鳴，此所以爲善鳴也。是以古今人才得其大鳴者爲大人，得其小鳴者爲小人。使其先有一不釋然者存於心，則其鳴大者小矣。東野之詩，其大鳴者也。而溧陽之行，有不釋然於心，則未免小其鳴矣。文公恐其鳴之或小也，故一再擇其善鳴者以假之鳴，使其爲言，不至以悲喜之形而亂雜其鳴，將爲天下所醜也。然則此序之作，雖以善其詩之鳴，而其勉以善鳴者實深矣，豈但推崇其文而爲是鳴者哉！」〔註38〕黃仁黼認爲韓愈欲以善鳴者也顯其鳴的做法在一定程度上沒有起到對東野詩歌的推崇，而是南轅北轍，反而是對「善鳴者」的推崇。

黃仁黼在書後中也常提出與文章作者和編者李雲程不同的看法。如在韓愈的《馬說》中，作者韓愈感慨「千里馬常有，而伯樂不常有」，渴望千里馬能夠遇到伯樂，編者李雲程也順著作者的意思而就文章的寫法做了評解。而黃仁黼卻提出關於「伯樂和千里馬」的不同的看法，認爲千里馬如遇伯樂，便會在一定程度上受到限制，失去的要比得到的多。「子曰：『驥不稱其力，稱其德。』誠以德爲性所固有，非若力之賦於生初，而猶待培於生後也。是以驥之爲驥，知之而性無所加，不知而性無所損。修其在己，聽其在人。辱於奴隸，弗顧也；死於槽櫪，不惜也；食不飽，力不足，才美不外見，不計也。文公所說千里馬，食以千里則馬顯，食非千里則馬晦。一若千里之權，不操於己，而聽於人。雖馬猶是馬，而固有之失不亦多乎！」〔註39〕這正是纂定者黃仁黼讀書思考的結果，相信對讀者也有另一番啓發。

〔註38〕同〔註4〕：97～98。
〔註39〕同〔註4〕：216。

第三節 《古文筆法百篇》與文體閱讀

一、所選文體豐富多樣

　　文體，即文學的體裁、體制。我國文學歷史悠久，內容豐富；而體式不同、功用各殊的文學體裁，亦千姿百態，繁複多樣，蔚爲大觀。《古文筆法百篇》收錄的百篇文章中，也可謂文本豐富多樣：有辭藻華麗的賦體文，如杜牧的《阿房宮賦》、蘇軾的《前赤壁賦》；有文體源遠流長的論說文，如賈誼《過秦論》、韓愈的《爭臣論》；有專門爲了送別親友所寫的贈序文，如宋濂的《送天台陳庭學序》、韓愈的《送孟東野序》等；有書信體的書牘文，如司馬遷的《報任少卿書》、魏徵的《諫太宗十思疏》；有規勸告誡類的箴銘文，如劉禹錫的《陋室銘》、蘇軾的《三槐堂銘》；有傳記體類的傳狀文，如司馬遷的《伯夷列傳》、柳宗元的《種樹郭橐駝傳》；有刻在石碑上的碑誌文，如柳宗元的《箕子廟碑》、蘇軾的《潮州韓文公廟碑》；有專門的公文類文體公牘文，如蘇軾的《代張方平諫用兵書》、駱賓王的《爲徐敬業討武氏檄》，此外，還有大量的關於山水遊記、人事雜記的雜記文，如范仲淹的《岳陽樓記》、歐陽修的《醉翁亭記》等。選錄文體的豐富多樣可以幫助初學者更好的閱讀和理解古代文學作品中所運用的章法結構技巧，融會貫通，開拓視野。

　　如在寫法「曠達」下，作者選入了 7 篇文體不同文體的文章：有賦體文，如蘇軾的《前赤壁賦》《後赤壁賦》等，雜記文元明善的《鷀槎亭記》，文體豐富，便於初學者從各種文體比較中掌握文章的寫法和技巧。在評點施閏章的《夢愚堂銘》中，李雲程將其與柳宗元的《愚溪詩序》作比，認爲兩篇文章都是以「愚」字生情，但柳文有式世意而施文則是悔悟的意思，是施公在遭受一番苦難後的感受。「當不徒以文讀，直書以爲座右銘也」。〔註40〕

　　前面已經提到《古文筆法百篇》的獨特之處在於打破傳統文體分類的模式，李雲程並沒有仿照兩千多年的文章分類法，即記、序、銘、傳、論、諫、議、疏、書、論、賦、檄文等文體。但在選篇中，李雲程沒有忽視文體這一重要的文章分類方法，而是巧妙的將其融合在了二十種寫法之中，將筆法與文體建立起期望的聯繫，既可以使讀者在文體中更好的掌握文章的筆法，又可以在筆法中體會每種文體對於這一筆法的運用。

〔註40〕同〔註4〕：43。

二、評點恰當、精闢

李雲程在筆法的二十格中，每格選二至十餘篇範文，這些範文涉及到多種文體。每篇選文之前，有扼要的敘文，敘述寫作背景；選文之後，有精鍊得當的評語；選文之中，有節疏，有名解，有的難字、古字、怪字，音義注之於旁，或綴之於後；有眉批，有夾批，可見李雲程審慎嚴謹之治學之風。

（一）箴銘文的評點

褚斌傑在《中國古代文體概論》中提到：「古人有箴文、戒文、規文一類文章，其內容均屬規勸、告誡性質，後世一般統稱之爲箴體。」〔註41〕箴，分爲「官箴」和「私箴」兩類。「官箴」主要是臣子對上所做的勸諫文。「私箴」主要是一些抒發自己感情的自警自戒的作品或一些勸世類的文章。《古文筆法百篇》中選錄在第一篇的文章就是一篇體裁爲箴銘文的文章——王禹偁的《待漏院記》。李雲程認爲其「以體言，雖云是記，實可爲古今宰相箴。」且評點中對其讚不絕口，稱其是「時文八股之祖也」。「以法言，起對、中對乃對偶法，即時文八股之祖也。尤妙在起以天道、聖人高陪，說極爲大方冠冕。中有側筆、束筆，對股齊整，句調變換，意思周到，收束完密。」〔註42〕李雲程認爲學子在考試中寫的最多的體裁就是箴銘文，因此一定要好好揣摩該文的「筆法」，且因其「極似一篇近時絕好會元文字，故特取以冠此集之首」。〔註43〕

在古代還有一種性質和箴文相似的文字，即「銘文」。銘根據所作的載體不同可分爲銅器銘文、碑銘文。還有一種與其名字相同但實質不同的，屬於警戒性的文字，如居室銘、山川銘、座右銘。《古文筆法百篇》中主要輯錄了一些「銘文」：施閏章的《夢愚堂銘》、劉禹錫的《陋室銘》、蘇軾的《三槐堂銘》、劉蛻的《梓州兜率寺文冢銘（補）》。

室銘中以劉禹錫的《陋室銘》最爲有名。李雲程認爲大多數的「銘文」都用來自警，而這篇卻獨樹一幟，自得自誇、稍有變化，因此被收入選本中。李雲程認爲其開篇 「山不在高，有仙則名；水不在深，有龍則靈」，以山水引出陋室，並不顯得突兀。繼而得出「斯是陋室，惟吾德馨」，全篇以一「德」字立骨。中間又通過室中景、室中人、室中事來布置層次，「苔痕上階綠，草

〔註41〕褚斌傑.中國古代文體概論〔M〕.北京：北京大學出版社，1990：415。

〔註42〕同〔註4〕：3。

〔註43〕同〔註4〕：4。

色入簾青。談笑有鴻儒，往來無白丁。可以調素琴，閱金經。無絲竹之亂耳，無案牘之勞形。」顯得充實而隨意。最後末尾以古結，引出「何陋」之言，隱藏「君子居之」四字在內，引證確切，緊接上兩句做收尾。李雲程贊其小小八十一字的短章，卻佈局嚴整、立意新穎，無法不備，因此值得初學者認真揣摩研習。

劉蛻的《梓州兜率寺文冢銘》是後補選進來的，黃仁黼認為：「通篇皆是自傷自悟之語。且見世之雖死猶生，可以信今而傳後者，僅有此文章耳。因特假作冢名，聚而封之，以俟後之學者。至文筆怪發，不可捉摹，獨得《南華》神髓，而迭句重字又多胎息《左》《國》，文氣最為醇厚。中間插用『然而』『不然』等筆，有轉必深，無折不醒，於整飭中極寓靈動之致。故補選之。」〔註44〕編者從文章詞句的角度出發評點以示讀者。

對於蘇軾的《三槐堂銘》，編者是這樣評解的。從開篇看，「起首以『可必』『不可必』兩設疑局，作詰問體；次即說出有未定之天，有一定之天。歷世數來，乃見人事既盡，然後可以取必於天心。此蘇公作銘微意」，〔註45〕且「凡銘多有敘於前，是文敘中以『天』字為骨，銘中以『德』字為骨。敘中鋪揚功德世系極其盛矣，銘中『吾儕小人』六句，有規勉其子孫意，乃為得體，若一味誇張，縱然切合，非名筆也。」〔註46〕編者認為其著筆恰到好處，乃名筆也。

（二）賦體文的評點

《古文筆法百篇》中共收錄了四篇賦體文，分別是「曠達」卷下的蘇軾的《前赤壁賦》《後赤壁賦》，「感慨」卷下的歐陽修的《秋聲賦》，「華麗」卷下的杜牧的《阿房宮賦》。「賦」是中國文學史上產生較早的一種文體。始創於周末，於漢代頗為興盛。此後，在作家創作實踐中不斷發展，並成為我國古代文學創作中極其重要的文體之一。

從文體上看，編者李扶久認為：《前赤壁賦》「以文體論，似遊赤壁記也，然記不用韻，而賦方用韻，此蓋以記而為賦者也。」〔註47〕即該文從文體上看，像是遊記，但是由於文中大量用韻，更符合賦體文的特點，所以收錄在

〔註44〕同〔註4〕：202～203。
〔註45〕同〔註4〕：60。
〔註46〕同〔註4〕：60～61。
〔註47〕同〔註4〕：288。

賦體文下。在評解杜牧的《阿房宮賦》時，編者引用楊子雲的評語：「楊子雲云：『文人之賦麗以則』，此其有焉。古來之賦，此爲第一，所以家傳戶誦，至今猶新也。」〔註 48〕認爲其「以文論，一起突兀，一結無窮。中間細寫層次，藻麗流動，是佳文也。以理論，前半極寫其麗，正爲後滅亡作地，而後半情極痛悼，乃爲炯戒，尤有關治體，不似《上林》《子虛》，徒逢君之惡也。」〔註 49〕此外，作者還引用《輯評》的評語：「篇中十三易韻，句法之工，亦無逾此。古文多以筆意勝，即此二首，筆意自有，而詞華覺盛，故取以備一格。詞華者，文之衣，不可少也，時文尤要。」〔註 50〕文采華麗，辭藻豐富，是漢賦的一大特點，編者之所以對《阿房宮賦》推崇至極，是因爲其辭藻用韻、結構章法上都值得細細揣摩。從謀篇佈局上看，同樣是秦朝滅亡的主題，編者將其與《過秦論》相比較，認爲「《過秦》一篇，前半專言其強弱盛衰之不同，只末以『仁義』一句點醒，遂覺過不可言。此篇逐層寫來，末亦只以『焦土』一句收盡前文，而感慨益大。兩篇功力誠足抗衡千古。」〔註 51〕

（三）論說文的評點

論說文是中國古代數量最多、影響最大、最爲常見的文體之一。因此，《古文筆法百篇》中也收錄了大量的論說文：賈誼的《過秦論》、韓愈的《爭臣論》《師說》《龍說》《馬說》、蘇軾的《荀卿論》《留侯論》、蘇洵的《辨奸論（補）》《刑賞忠厚之至論》、郭子章《管蔡論》、唐順之的《信陵君救趙論》、周敦頤的《愛蓮說》、許獬的《古硯說》、歐陽修的《縱囚論》《五代史伶官傳論》、方孝孺的《深慮論》等。

李雲程在評解《深慮論》時，談到論說文的章法結構：「章法則首段虛冒，中間歷引古及醫巫喻，波浪壯闊，後方發正意，末乃反掉結，極有結構。」〔註 52〕在對明代郭子章的《管蔡論》進行點評時，也涉及到了「翻案」這一說法，李雲程認爲寫文章「翻案」很新奇，但在寫作過程中並不容易運用得好。因其「先要有識，識者得題之間也；次要有筆，筆者議論出奇，層層批駁也；三要有書，書者引證得切合也。如此文三者備矣，故爾足傳。」〔註 53〕

〔註 48〕同〔註 4〕：383。
〔註 49〕同〔註 4〕：382～383。
〔註 50〕同〔註 4〕：383。
〔註 51〕同〔註 4〕：382。
〔註 52〕同〔註 4〕：77。
〔註 53〕同〔註 4〕：117。

而如果三者眞的都具備了，體現在文章中，那麼這篇文章就不僅僅是一篇簡單的「翻案」文了。在評論唐順之的《信陵君救趙論》裏，編者特別提到了在閱讀過程中對文章題目要注意辨別「俗解」和作者眞正想要表達的意思：「凡《四書》題目，必有一說俗解，惟駁去俗解，翻深一層，方得眞諦。」〔註54〕該文信陵君竊符有罪並不是作者想要表達的意思，眞正要表達的意思是信陵君仁義下士的精神和救人於危難間的高尙品德。

李雲程提到論說文重於說理，邏輯嚴密，行文流暢，見解獨到，往往通過作者的層層深入、反覆論證以達到說明一個道理的目的。西漢賈誼的《過秦論》是現存最早的論說文，被《古文筆法百篇》收錄其中。編者指出坊本將《過秦論》分爲上、中、下三篇。上篇論始皇，中篇論二世，下篇論子嬰。原來的選本只錄的是中篇，只有眞德秀本照《史記》不分篇次，全部收錄。編者用大量筆墨分析了文章的層次和結構：開篇直起，「秦倂兼諸侯山東三十餘郡，繕津關，據險塞，修甲兵而守之……於是山東大擾，諸侯並起，豪俊相立。」秦朝地勢險要，不易攻取，卻被陳涉幾百散卒攻下，諸侯也紛紛起事。章邯又謀上。緊接著得出結論：「群臣之不信，可見於此矣。」又指出，子嬰登位，最終也不曾覺悟。「秦小邑併大城，守險塞而軍……以令大國之君，不患不得意於海內。」一節申明上兩節，得出「救敗非也」一句，爲一篇之綱。用「先王知雍蔽之傷國也，故置公卿大夫士，以飾法設刑，而天下治。」一句來拓開文章的氣勢。後面「安危」二字，爲後段埋下伏筆。最後借俗語「前事不忘，後事之師」來總束，因此君子治理國家，要考察上古的歷史，以當代的情況驗證，還要通過人事加以檢驗，從而瞭解國家興盛衰亡的規律，審查謀略和形勢是否合宜。做到取捨有序，變化適時，所以歷時長久，國家安定。

《古文筆法百篇》選本中還有許多以「說」來命名的文章，如韓愈的《龍說》《馬說》《師說》、周敦頤的《愛蓮說》等。「說」類文章偏重於說明性和解說性。編者認爲這類小文自有其特點：「分作無數轉折，與麟、龍之說大抵同一意，同一筆。文公之文，能大能小，能長能短，所謂獅子博象用全力，搏兔亦用全力者。如此小品，亦見其生龍活虎之態。」〔註55〕在評論韓愈的《龍說》中編者提到了寫文章的「反正法」和「開闔法」：「是篇以『靈』字爲骨。前獲麟，取之《春秋》，用反正法，此云龍，取之《易》，用開闔法；

〔註54〕同〔註4〕：122。

〔註55〕同〔註4〕：215～216。

而其矯如神龍一也。」〔註56〕在許獬的《古硯說》中，編者還提到了寫文章的「白描」手法：「『硯』字只於首尾一點，中間從『古物』『好古』上生發，追前窮後，層出不竭，一氣流行。不引古，不用喻，乃白描妙手也。」〔註57〕

（四）贈序文的評點

《古文筆法百篇》中收錄了大量的「贈序文」類文體的文章：柳宗元的《愚溪詩序》、王勃的《滕王閣序》、王羲之的《蘭亭集序》、韓愈的《送孟東野序》《送董邵南遊河北序》《送溫處士赴河陽軍序》《送李愿歸盤谷序》《送石處士序》《送楊少尹序》、歐陽修的《梅聖俞詩集序》、邵寶的《贈羅太史先生序》、曾鞏的《贈黎安二生序》、宋濂的《送天台陳庭學序》、李白的《春夜宴桃李園序》、馬存的《贈蓋邦式序》、曾異撰的《送林守一重遊吳越序》、歸有光的《項思堯文集序》等。

在古代文學的歷史長河中，有一種專門為送別而寫的文章，是為「贈序」。其內容或表達依依不捨的送別之情，或期待重聚的感慨之意，常借景抒情來表達作者真摯的感情、遠大的抱負和理想等，很多優秀的作品都兼具情理。另外，還有一種以「序」為名，但主要記載各種宴飲之樂的場面，其中不乏傳誦於後世的名篇，選本中也選錄了若干篇。

以韓愈的名篇《送孟東野序》為例，該文是作者在送別好友孟郊上任江南溧陽縣尉時寫的一篇贈序文，孟郊一生懷才不遇，到了晚年才調任溧陽縣尉這樣的小官職。編者李扶久認為其好友韓愈並沒有直接陳述其境遇，而是開篇即點出「大凡物不得其平則鳴」，由物說起層層遞進，「草木之無聲，風撓之鳴。水之無聲，風蕩之鳴。其躍也，或激之；其趨也，或梗之；其沸也，或炙之。金石之無聲，或擊之鳴。」編者指出作者通過草木本來是沒有聲音的，颶風使它搖動發出聲響，流水也是沒有聲音的，但也會受到風的影響，金石之類也是沒有聲音的，敲擊才會產生等的描寫，主要是想引出下文「人之於言也亦然，有不得已者而後言。其歌也有思，其哭也有懷，凡出乎口而為聲者，其皆有弗平者乎？」說明人更是如此，歌裏有相思，淚水裏有依戀，到了不得不表達的時候才會表達。接著又引用音樂和季節的變換來繼續闡述說明人類聲音的精華是語言，文辭對於語言來說，又是它的精華，所以尤其要選擇善於表達的人，依靠他們來表達意見。下面歷敘古人，全部以「鳴」

〔註56〕同〔註4〕：213～214。
〔註57〕同〔註4〕：125。

字串，波瀾無盡。但這許多物，許多人，無非是要顯出孟郊之詩鳴。「其下魏晉氏，鳴者不及於古……將天醜其德莫之顧耶？何為乎不鳴其善鳴者也？」通過「天醜」數句，故作搖曳，以入有唐，至此才點題，「孟郊東野始以其詩歌鳴」只此數句是正面。後又添出李翱、張籍兩人，最後得出該序的本意：東野馬上要出任溧陽縣尉了，但心裏好像還有不能釋然的地方，所以作者說這番命於天定的話，希望解開他心中的疑慮。全文「以『鳴』字做骨，以『善』字作低昂；其手法變化在『鳴』字，其線索抽牽卻在『善』字。」〔註58〕整篇文章變化縱橫，恣意而為。「鳴」字在文中一共出現了四十次，其中二十九處處於轉換，抑揚頓挫，陞降起伏，匠心獨運。

選本評王羲之的《蘭亭集序》，認為其「玩此文中段，因樂極生悲，感生死事大，見不可不隨時行樂之意，乃曠達一流。」〔註59〕同時指出文章用了「反襯」法：「夫隨時行樂，正是看破生死者也，樂極而悲，正見此會不可多得。」〔註60〕

王勃的《滕王閣序》因其辭藻華麗常被歸為賦體文，而編者這裏引用《釋義》的評語反駁了這一觀點：「此文是序體，非賦體，賦必有韻，文未嘗用韻。彼以賦體議此文者，非惟不知有文，並不知有賦矣。」〔註61〕編者還以該文為例，總結了寫作文法上應該注意的一些問題：「以文論，此四六體也，平仄要合，對仗要工，段落要明，次序要清，多用古典，詞要藻麗，方有足觀。」〔註62〕在四六體的寫作中要注意平仄、對仗、用典和辭藻的華麗，才會形成一篇較好的文章。同時對《滕王閣序》從文法上進行了梳理：「以法論，首敘天文地理，次敘賢主嘉賓，次敘時令，次敘閣內閣外，似盡矣；乃忽拓開筆勢，將古之失志者感慨一番，又將今之失志者規勉一番，方敘到自己自負一番，波瀾壯闊，不是徒瞭題目者。」〔註63〕為讀者模倣構思該類文章梳理了層次，提供了「套路」。

（五）書牘文的評點

《古文筆法百篇》中共收錄了書牘文體若干篇：曾鞏的《寄歐陽舍人書》、

〔註58〕同〔註4〕：96。
〔註59〕同〔註4〕：313。
〔註60〕同〔註4〕：313。
〔註61〕同〔註4〕：378。
〔註62〕同〔註4〕：379。
〔註63〕同〔註4〕：379。

司馬遷的《報任少卿書》、曹植的《與吳質書》、李白的《與韓荊州書》、蘇軾的《上樞密韓太尉書》、韓愈的《應科目時與人書》《答李翊書》、柳宗元的《答韋中立論師道書》。

　　古代臣子向皇帝進諫陳言所做的公文和親朋好友間來往的私人信件，均被稱為「書」。「書」實際上包含兩部分：一部分是公文，「上書」「奏書」（「奏疏」），如蘇轍的《上樞密韓太尉書》等；另一部分則單稱為「書」，屬於應用文，又叫「書牘」「書簡」，因其載體而得名，如選本收錄的司馬遷的《報任少卿書》、曹植的《與吳質書》、李白的《與韓荊州書》等。

　　漢代開始，書牘文開始真正成為人與人之間思想交流的工具。選本中司馬遷的《報任少卿書》是漢武帝太史四年司馬遷寫給他朋友的一封長信，心中主要訴說了他遭遇李陵之禍的經過和受刑之後所面臨的屈辱心境，同時表達了他要著書立說的發憤心情。編者所以選錄該篇文章是因為認為該文「最宜學步」，編者認為文章開篇先述少卿書意，指出「憤於接物」「推賢進士」是該文的持論之根。而作者並沒有按照僅表達關懷和感謝的這種俗套的回信方式來寫，而是從「身殘處穢」數語，又答其「不相師」之故起，以「辱」字為一篇之骨，束上起下。語言多悲壯感，回答被刑之人不足薦士，緊扣「推賢進士」。接著描寫受刑問題，救陵取禍和甘受宮刑的原因。這些都回答了仁安關於「憤於接物」的問題。最後總結，層層遞進，層次分明，首尾呼應。總之，其大意不過是受了刑的人不足以推賢進士，之所以苟活的原因，只是為了著書立說為後世所鑒來補償所受的屈辱。但其胸中始終存在一段不平之氣，處之而動，所以不覺得語言冗長，反而行文縱橫馳騁。文章通篇氣勢豪放，一氣呵成，天馬行空。編者最後引用他人評語做出評價：「王罕皆曰：滿腔悲憤鬱敳，出之以激昂慷慨，文勢紆迴曲折，而首尾相應。蘇氏謂文疏宕有奇氣，此篇是矣，自當與《離騷》抗衡千古。」〔註64〕

　　曹植的《與吳質說書》，編者引用林西仲的評語認為：「其措詞雲委波屬，復有豪放不羈之概，自是名筆。但細味其中音節，實開六朝排偶蕪蔓之習。此則風氣所必趨，雖有才者不能免也。」〔註65〕對於該文，編者認為其語言結構確實是名家之筆，但也不能避免一些內容上的繁瑣，這跟當時的整個文壇風氣是有關的。

〔註64〕同〔註4〕：310。
〔註65〕同〔註4〕：346。

（六）傳狀文的評點

《古文筆法百篇》中共收錄了七篇傳狀文，分別是：袁宏道的《徐文長傳》、司馬遷的《伯夷列傳》、柳宗元的《梓人傳》《種樹郭橐駝傳》、陶潛的《五柳先生傳》和韓愈的《毛穎傳》《圬者王承福傳》。

褚斌傑在《中國古代文體概論》中提到：「我國傳記體文章，大致可分為三種，一種是史書上的人物傳記，稱為『史傳』；一種是史書之外，一般文人學者所撰寫的散篇傳記；一種是用傳記體虛構的人物故事，實際上是傳記小說。」〔註66〕司馬遷《史記》的產生，出現了專門刻畫人物形象的紀傳體文章。從皇帝、名相到政客、文人，人物形象豐富、飽滿，使《史記》一躍成為我國傳記類文章的典範，而且對於歷史資料的保存也起到了很大的作用。因此，《古文筆法百篇》中收錄了編者認為「結構最精」的司馬遷的《伯夷列傳》，李雲程評解該文結構：「前幅先引孔子之言虛論一段，次引舊傳之詞，備詳其實。篇中止此是伯夷正傳，卻又兼叔齊在內。至其屢用活筆觸，不肯說煞。人多賞其文情縹緲，不知即其含憤處也。後幅引回、跖等證天道，及末段推說，固是發明傳意，回抱前文，究無非自慨也。」〔註67〕黃仁黼在纂定過程中也對該文的寫法有很高評價，認為司馬遷的《伯夷列傳》與韓愈的《師說》、《馬說》等寫法上相同，都是「借影」的寫法，而前者是借人來映像自己，後者是借物來映像自己，雖然用的參照物不同，但寫法上是一樣的。

人物傳記正式成為文章的一種體裁始於唐代。韓愈、柳宗元作為唐代古文運動的開拓者，在傳記文學上也卓有貢獻。因此，《古文筆法百篇》中特別輯錄了柳宗元的《種樹郭橐駝傳》《梓人傳》和韓愈的《圬者王承福傳》《毛穎傳》。編者在按中引用王念存的話概括了《種樹郭橐駝傳》的文意：「借種樹之法，發出居官理政絕大議論」，〔註68〕黃仁黼認為：「其論政之旨，多發前人所未發，於世道人心有裨益，故補選之。」〔註69〕這裏不但是從寫法上考量收錄此篇，更是從其內容對社會的影響的方面考慮，編纂者可謂用心。此外，選本《古文筆法百篇》還輯錄了柳宗元的另一名篇《梓人傳》，編者引用評者林西仲的話：「史稱子厚文有法度，單就《梓人》《種樹》兩篇為說，

〔註66〕同〔註41〕：432。
〔註67〕同〔註4〕：208。
〔註68〕同〔註4〕：224。
〔註69〕同〔註4〕：224。

則此文自是子厚集中第一藝也。」〔註70〕編者給該文評價極高:「一梓人耳,看出宰相之道來,小中見大,識解高卓,筆力勁健,無怪韓、柳並稱也。」〔註71〕編者認爲《梓人傳》結構精嚴,無懈可擊,讀者可反覆揣摩。

　　對於陶淵明的《五柳先生傳》,李雲程認爲其「不矜張,不露圭角,淡淡寫去,身分自見,亦與其詩相似,非養深者不能。」〔註72〕傳記類文體作者除了爲別人立傳外,也有的描寫自己的生平或思想,即「自傳」類。有的自傳並不是以第一人稱寫,如該篇文章。李扶久以「逸品」二字概括之。選本收錄韓愈的《毛穎傳》,編者認爲「讀此可以知古人之寫眞手段,誠妙絕千古也」。〔註73〕李扶久引沈德潛的評論:「遊戲文字,章法謹嚴,後人擬之,不直一笑」,〔註74〕且編者認爲該文的最後用「太史公曰」做結,「正自白此文弄筆擬古,亦正以顯生平不寄人籬,故在昌黎集中僅見之作。」〔註75〕纂定者黃仁黼則認爲其通體全是寓言。主意在「我」雖然不被重用但還是盡心盡力,問心無愧。而秦朝卻少恩於穎,自在言外。故前半數段,只就任用不任用互說,都是在爲末段作鋪墊,最後一筆點睛。編者認爲這是韓愈文章中的另一種風格,且對其結尾和構思都倍加推崇,故補選進入選本中。

(七)碑誌文的評點

　　碑文就是刻在石碑上的文字。古代的碑文,按照其用途和內容大致可以分爲三種:紀功碑文、宮室廟宇碑文、墓碑文。《古文筆法百篇》中收錄了五篇碑誌文:韓愈的《平淮西碑》《柳子厚墓誌銘》、柳宗元的《箕子廟碑》、蘇軾的《潮州韓文公廟碑》、張溥的《五人墓碑記》。

　　古人評價韓愈的文章風格爲「韓如瀾」,而選本中收錄的韓愈的《平淮西碑》,編者以其不盡然,李扶久在評論時引用王念存的評論:「此昌黎奉制所作也。莊重古雅,敘次出落,一字不苟。章法、句法,皆爲絕唱。」〔註76〕又引沈德潛的評論:「井井整整,肅肅穆穆,如讀《江漢》《常武》之詩,西京後第一篇大文字。」〔註77〕後引蘇軾的詩「淮西功業冠吾唐,吏部文章日

〔註70〕同〔註4〕:221。
〔註71〕同〔註4〕:221。
〔註72〕同〔註4〕:237。
〔註73〕同〔註4〕:241~242。
〔註74〕同〔註4〕:241。
〔註75〕同〔註4〕:241。
〔註76〕同〔註4〕:142。
〔註77〕同〔註4〕:142。

月光。千古斷碑人膾炙，不知世有段文昌。」〔註78〕編者引用多人的評價，可見其推崇之至。黃仁黼也認為該文宜讀者潛玩，故補選之。韓愈的《柳子厚墓誌銘》，黃仁黼在纂定過程中認為：「文為誌墓，非他文扼定主意者比。然前人之作，皆有脈絡可尋。」〔註79〕如該文「首段敘先世，即以不媚權貴為坐黨叔文、無氣力推挽伏案；隨敘子厚，即以益自刻苦為自力文詞伏案；中間或盡力於民，或盡力於友，無非為末段數『力』字作勢。故後此得賴友力，雖為餘波，然亦本此脈而來。似此『力』字宜為是篇之主矣。」〔註80〕墓誌銘是用來記述死者生平，不宜發表抒情性的議論，但作者這裏卻突破了章法，真正做到了文無定法。對於柳宗元的《箕子廟碑》，編者沒有給出自己的定性評論，而是列出了幾種不同的觀點，給讀者留下了很大的閱讀空間。但本文收錄在寫作手法卷六「起筆不平」中，可見作者對於開篇「劈立三峰」的寫法還是有一定認同性的。

　　蘇軾的《潮州韓文公廟碑》，編者溢美之詞不斷：「雄詞偉論，氣焰光昌，非東坡不能為此，非韓公不能當此，千古大文也。」〔註81〕編者特別注重文章的開頭，乃評該文的開篇：「文爭一起，此起可冠古今。」又引王元美的評論「此碑自始至末，無一字懈怠，佳言格倫，層見迭出。尤妙在以詩作結，如太牢之悅口，其味無盡，夜明之奪目，其照不疲。宜為古今所推。」〔註82〕黃仁黼在該文的「書後」中也發出感慨：「然則東坡此作，雖以推崇至教，闡揚潛德，而其發明天地之理、盛衰之數，則又卓萬古而不磨，盱千載而獨見，浩然之寄也。捨斯人，將誰與歸？」〔註83〕選本中還輯錄了後世名篇張溥的《五人墓碑記》，墓碑主要是親人為紀念死者而立，而該文是為一次政治事件中的死難者而記，也是碑誌文內容和風格上的一個突破。此外，編者還引用《古文觀止》中對於該文的評論「凡作文不著痛癢，又死抱題目，題外無餘情，不足取也，故選此以開人心胸」，〔註84〕編者選錄此文是因為該文作者目擊了事情發生的過程，所以寫作過程中感情真摯充沛，令讀者讀後有心中暢快之感。

〔註78〕同〔註4〕：143。
〔註79〕同〔註4〕：323。
〔註80〕同〔註4〕：323。
〔註81〕同〔註4〕：167。
〔註82〕同〔註4〕：167。
〔註83〕同〔註4〕：168。
〔註84〕同〔註4〕：335。

（八）公牘文的評點

公牘文，與我們現在所說的「公文」性質相似，根據接收的對象不同，一般可分為上行公文和下行公文兩類。上行公文主要用於指臣子給皇帝進諫上言，下行公文主要是一種上對下的一種旨令。《古文筆法百篇》中收錄了蘇軾的《代張方平諫用兵書》、駱賓王的《為徐敬業討武氏檄》和魏徵的《諫太宗十思疏》。

後世臣子向皇帝陳言上書，一般冠以「奏」字，如奏表、奏疏、奏議、奏本等。唐代魏徵的《諫太宗十思疏》為後世廣為傳誦，也被收錄在《古文筆法百篇》中。李雲程認為該文選本諸多節改，雖然便於誦讀，但文氣脈絡不如原文周匝，所以將其又照善本補正。從筆法上來說，李雲程認為：其「總冒總收，有埋伏，有發揮，有線索，反正宕跌，不使直筆，排偶雄厚，不尚單行，最合時墨。」而從說理上來說，「憂盛危明，善始慮終，雖古大臣謨誥，不過如此。」編者從筆法和說理兩方面評點了該文，並發出感慨：「疏上太宗即納，此魏公所以稱賢相，而貞觀之治，亦幾於古也。」編者李雲程仕途坎坷，雖有做賢相之抱負，卻沒有施展的平臺。編者在讚歎魏徵的同時，也在感慨自己的命運。

此外，選本中還收錄了大量的「雜記文」：內容主要是一些亭臺樓閣山水遊記和人物書畫雜事記，如范仲淹的《岳陽樓記》《嚴子陵祠堂記》、王禹偁的《待漏院記》、蘇軾的《喜雨亭記》《超然臺記》、歐陽修的《相州晝錦堂記》《醉翁亭記》《豐樂亭記》、歸有光的《吳山圖記》、蘇轍的《黃州快哉亭記》、高攀龍的《可樓記》、錢肅潤的《客山記》、柳宗元的《永州韋使君新堂記》司馬光的《諫院題名記》、劉曾的《漢關夫子春秋樓記》、宋濂的《閱江樓記》、桑悅的《獨坐軒記》、陶潛的《桃花源記》、方孝孺的《蠻窩記》、元明善的《艤槎亭記》、黃省曾的《謁漂母祠記》，共二十一篇文章。

第四節　《古文筆法百篇》寫作方法綜述

明代文學家王世貞說：「首尾開闔，繁簡奇正，各極其變，篇法也；抑揚頓挫，長短節奏，各極其致，句法也；點綴關鍵，金石綺采，各極其造，字法也。」一篇文章的成功不僅取決於字詞句篇的精心構造，文章的章法結構和寫作技巧對全篇文章氣勢的形成更是至關重要。筆法，就是文章的章法結

構和寫作技巧的總稱，是從眾多優秀文章中歸納出來的、可以爲後學者倣仿和學習的謀篇佈局的方法。因此筆者欲從章法結構和寫作技巧兩方面對其寫作方法進行綜述。

一、關於寫作技巧

寫作技巧一：「對偶」法。編者選取了王禹偁的《待漏院記》、韓愈的《原毀》《原道》、范仲淹的《嚴子陵祠堂記》和歸有光的《吳山圖記》四篇文章。李雲程認爲「對偶」無論在古文還是時文寫作中都是較常見的寫作技巧之一，對於考生來說也比較好掌握，因此特別選取了「時文八股之祖」——王禹偁的《待漏院記》，作爲其闡述運用「對偶」這一筆法的重要文章。「以法言，起對、中對乃對偶法」，〔註85〕開篇天道、聖人對起，中間賢相、奸相對起，乃堂堂正論，煌煌大文也。在韓愈的《原毀》中，李雲程引用其它評論認爲該文「通篇皆用排偶，惟結處以單行作收，秦漢來無此調，昌黎公創之。」點明其爲「對偶」筆法的特殊運用，使學子們能夠開拓寫作的視野，靈活掌握該筆法的運用。

寫作技巧二：「水漲船高」法。在范仲淹的《嚴先生祠堂記》中，李雲程認爲該文成功地運用了「水漲船高」法，「有起有結，有平有側，有夾縫……以『先生』特安於光武之上，平中已寓側矣」，更引用金聖歎的評解點明該文的寫作技巧：「題目是嚴先生，卻以光武對講，說得光武大，愈顯得先生高。此水漲船高法。」

寫作技巧三：「就題字生情」法。所列範文有列禦寇的《蕉鹿夢》、魏徵的《諫太宗十思疏》、柳宗元《愚溪詩序》、蘇軾的《喜雨亭記》《黃州快哉亭記》、高攀龍的《可樓記》、施閏章的《夢愚堂銘》、錢肅潤的《客山記》等八篇文章。所謂「就題字生情」，題，即題目，以所敘述的事情、情感等爲題，讀者從題目中可窺見文章一二內容或是作者的思想情感。《蕉鹿夢》從「夢」字生情。《喜雨亭記》從「喜」字生情，《愚溪詩序》從「愚」字生情，《黃州快哉亭記》從「快」字生情，《可樓記》從「可」字生情等。

李雲程認爲「就題字生情」是古人在寫作中的一種用意，如《愚溪詩序》「以愚辱溪，柳子肮髒語也。後『善鑒萬類』，隱言其識；『清瑩秀澈』，隱言其清；『鏘鳴金石』，隱言其文。寫景寫情，面面俱到。古人用意，往往如此。」

〔註85〕同〔註4〕：3。

更是稱讚這種寫法極妙：「通篇就一『愚』字點染成文，寫景歷歷在目，趣極；而末後仍露身分，景中人，人中景，是二是一，妙極。」在《客山記》中，李雲程更讚譽「就題字生情」法在運用中，如「獅子滾球，宜僚弄丸手段也」，甚至發出「以此法而作小題，那得不拍案叫絕？」的感慨。在對《黃州快哉亭記》中的評解中，李雲程對「就題字生情」法，一語破的：「就江寫，就人寫，就題字寫，深於切字訣者，此等做法最與時文相近。」〔註 86〕意爲此法最適合學子們揣摩運用。

寫作技巧四：「小中見大」法。編者選錄了五篇文章：韓愈的《驅鱷魚文》、范仲淹的《岳陽樓記》、歐陽修的《豐樂亭記》、宋濂的《閱江樓記》、桑悅的《獨坐軒記》。「小中見大」是從文章的立意角度看，這個小處可以是一人，也可以是一事，一物一景，從這些「小」中窺出人生的「大」道理。《閱江樓記》中李雲程這樣做出評解：「一樓記耳，而一起一結，便有氣象。而中間又從『閱』字上生出一『思』字，發出三段大議論。體裁宏遠，小中見大。」〔註 87〕李雲程認爲「以小見大」的文章，「極眞、極趣、極高、極妙。凡不眞、不趣、不高、不妙，勿爲古文也，亦莫爲時文也。」〔註 88〕

寫作技巧五：「無中生有」法。選本中收錄了陶潛的《桃花源記》和劉蛻的《梓州兜率寺文冢銘》兩篇文章。所謂「無中生有」即以合情理的虛構來寄託作者的思想情感。「寫得歷歷分明，無不以爲眞。及至後問津不得，咸以爲僊矣。誰知此乃寓言其所得也。」〔註 89〕正是「分明胸次裏別有洞天，故幻出一篇奇文」。〔註 90〕運用「無中生有」的寫法時，所述的事與境不必盡有，情感眞實即可。且此寫法常以寓言爲載體，令讀者感到新奇。

寫作技巧六：「借影」法。選本中收錄了多篇以「借影」爲主要寫法的文章，有司馬遷的《伯夷列傳》、韓愈的《獲麟解》《龍說》《馬說》、柳宗元的《梓人傳》《種樹郭橐駝傳》、周敦頤的《愛蓮說》、王安石的《遊褒禪山記》、邵寶的《贈羅太使先生序》。「借影」，即借題自寫或借題寫他人他事。如《種樹郭橐駝傳》，李雲程引用王念存的評語：「借種樹之法，發出居官理政絕大議論」。而韓愈的《獲麟解》李雲程評解說：「此文公借題自寫，有如龍、馬

〔註 86〕同〔註 4〕：37。
〔註 87〕同〔註 4〕：190。
〔註 88〕同〔註 4〕：193。
〔註 89〕同〔註 4〕：197。
〔註 90〕同〔註 4〕：197。

之說。」《龍說》「借龍以喻明君也」，《馬說》「以千里馬自喻，以伯樂喻知己，總言知己之難遇也。」《愛蓮說》頂批引《輯評》云：「先生，君子也。愛蓮者，愛其德似君子也。借題抒寫，想見光風霽月襟懷。」〔註91〕在《愛蓮說》的評解中，李雲程對「借影法」做出了具體的論述：「古人言事言物，不專是那事物，往往託以影道理、影人己，其文乃深而有味，若呆說是事物則淺索矣。故作文便是那文，便非作文人；讀文便是那文，便非讀文人。」〔註92〕讀者應認真揣摩「借影」法運用的意義，以便能夠更好的理解文章和運用此法。

　　寫作技巧七：「寫照」法。收錄有陶潛的《五柳先生傳》、韓愈的《毛穎傳》、方孝孺《蠹窩記》三篇文章。「寫照」即「借物寫己」。如《五柳先生傳》，正是作者陶潛為自己立傳。李雲程評解云：「不矜張，不露圭角，淡淡寫去，身分自見，亦與其詩相似，非養深者不能。此在文中，乃逸品也。」〔註93〕俗話說「文如其人」，陶潛用淡淡的筆墨勾勒了一個隱居者的形象，實則是對自我理想抱負的寫照。

　　寫作技巧八：「虛託」法。選本中收錄了司馬遷的《孔子世家贊》一篇和韓愈的《送李愿歸盤谷序》《送石處士序》《送楊少尹序》三篇文章。寫人、記事不落實筆，虛寫此達到實寫彼的目的。選本中收錄的司馬遷的《孔子世家贊》，全篇共一百一十三個字，無一筆是實寫孔子，但一個博學而高大的孔子「聖人」形象卻浮出紙面，呈現在讀者面前。在《送楊少尹序》中，李雲程在評解中說：「古人行文，純用虛託，不肯用一實寫，乃自佔地步，不濫誇人處，不徒善作波瀾已也。」〔註94〕虛實相生，避實就虛，都是對「虛託」這一寫法的具體運用。

　　寫作技巧九：「巧避」法。選本中只收錄了韓愈的《進學解》、曾鞏的《寄歐陽舍人書》兩篇文章。所謂「巧避」筆法，即借他人之口說出自己的想法。如《寄歐陽舍人書》中，編者引用評論家林西仲的評語評解道：「予謂古人不濫誇人，其誇人處，必是自佔地步。如此文中間極誇歐公處，正是為祖父佔地步處也。」〔註95〕

〔註91〕同〔註4〕：226。
〔註92〕同〔註4〕：227。
〔註93〕同〔註4〕：237。
〔註94〕同〔註4〕：266。
〔註95〕同〔註4〕：276。

　　寫作技巧十：「曠達」法。在該筆法下收錄了陶潛的《歸去來辭》、劉伶的《酒德頌》、李白的《春夜宴桃李園序》、蘇軾的《前赤壁賦》《後赤壁賦》、元明善的《鱶槎亭記》、鄒迪光的《瘞古誌石文》等七篇文章。「曠達」在文中常表達作者的一種心胸、心境，體現在文中即一種灑脫和曠達的情感，可醒世人。如鄒迪光的《瘞古誌石文》中，李雲程在評解中評論道：「首段序事，中段發慨，末段瘞祭。而筆墨古雋，識見曠達，爲世之墓誌以圖不朽者規也，眞是醒世之文。而祭文之流利，亦近時文，故錄。」〔註96〕古人在寫文章時，特別注重文章的立意，而「曠達」一法，在立意上可謂高瞻遠矚、發人深省。

　　寫作技巧十一：「感慨」法。選本中收錄了司馬遷的《報任少卿書》、王羲之的《蘭亭集序》、李華的《弔古戰場文》、韓愈的《柳子厚墓誌銘》《圬者王承福傳》、歐陽修的《五代史伶官傳論》《秋聲賦》、張溥的《五人墓碑記》、黃省曾的《謁漂母祠記》等九篇文章。凡文章情感感慨激昂者，皆選入「感慨」筆法。文章內容或千古交情，悲歌歷史；或直切痛快，激昂盡致；或酣暢淋漓，感慨生死。〔註97〕編者李雲程引用《古文觀止》的評論表達了對於「感慨」這一筆法的看法：「凡作文不著痛癢，又死抱題目，題外無餘情，不足取也，故選此以開人心胸。」在李雲程看來，能夠使讀者感慨淋漓的文章必定飽含了作者的深切情感，所以在作文時，要使自己的感情充沛，不能就題論題沒有情感。

　　寫作技巧十二：「雄偉」法。所選文章有曹植的《與吳質書》、駱賓王的《爲徐敬業討武氏檄》、李白的《與韓荊州書》、蘇轍的《上樞密韓太尉書》、馬存的《贈蓋邦式序》、曾異撰的《送林守一重遊吳越序》等六篇。所謂「雄偉」筆法，往往指雄辭偉論，豪邁不羈的文勢。如《與韓荊州書》中，編者評解道：「此太白上書求薦也，而氣骨棱棱，無一點含哀乞憐之象，自是豪邁本色。」〔註98〕「雄偉」在於文勢盛氣逼人，洋洋灑灑，詞氣充沛。韓愈曾經說過，「氣盛，則言之長短與聲之高下皆宜」，可見古人在寫作中比較重視文章的氣勢，氣盛，則文勢有。

　　寫作技巧十三：「奇異」法。選本中收錄了韓愈的《應科目時與人書》和宋濂的《秦士錄》兩篇文章。編者在《應科目時與人書》中做的第一個旁批

〔註96〕同〔註4〕：298。
〔註97〕同〔註3〕。
〔註98〕同〔註4〕：353。

這樣寫道:「突起,譬喻奇絕。」在頂批中作者引用王罕皆的評語說出了文章的「奇異」之法:「不過上書求薦耳,而變常為奇,化俗入雅,突說一喻,生出無數波瀾,縱橫出沒。書稱『怪物』,亦為千古奇觀」。〔註99〕

　　寫作技巧十四:「華麗」法。選本中收錄了頗具代表性的兩篇文章王勃的《滕王閣序》、杜牧的《阿房宮賦》。「華麗」筆法,主要從文章語言上來說,指文章藻麗流動,乃佳文也。《滕王閣序》的頂批中引原評中的話:「四韻有傷今思古、物是人非之感,序詞藻麗,詩意淡遠,非是詩不能稱是序。」〔註100〕《古文筆法百篇》雖主要就文章的筆法進行評述,但編者單列「華麗」一法,也同樣可見語言對於文章的重要性,切不可忽視。

　　寫作技巧十五:「正大」法。選本中收錄有韓愈的《師說》、文天祥的《正氣歌》等兩篇文章。所謂「正大」筆法,編者在《師說》中這樣評解道:「以題固正大,文亦正大也。正大之文,豈必語語端莊,不事筆情麗句乎?看《師說》則筆勢縱橫,《正氣歌》則詞華古藻,益信文之為文,無奇不傳也。」〔註101〕「正大」主要是就文章所表達的內容和情感來說的,但語言並不受制約,亦可以華麗縱橫。

　　寫作技巧十六:「論文」法。古人有云:太上有立德,其次有立功,其次有立言,「論文」即文章的立論立言。選本中收錄了韓愈的《答李翊書》、柳宗元的《答韋中立論師道書》、歸有光的《項思堯文集序》等三篇。《答韋中立論師道書》的頂批引眉詮的評解:「文以明道,後幅主句,非門面語。古人言必有物,皆道也。」〔註102〕道出了其中作文和論道二者間的關係。

　　寫作技巧十七:「白描」法。在選本中作者所概括總結的眾多筆法中,有一種筆法作者認為其「筆性鈍者,最宜初學」,說的就是「白描法」。「不引古,不用喻,乃白描妙手也。」《古硯說》中,「硯」字只在首尾處一點,而中間從「古物」「好古」上生發開來,追前窮後,層出不竭,一氣呵成。

　　寫作技巧十八:「脫卸」法,即人詳我略。在《岳陽樓記》中,前人已經把岳陽樓的景色具體描述過了,所以作者用「此則岳陽樓之大觀也,前人之述備矣」一筆帶過,省卻眾多筆墨。

〔註99〕同〔註4〕:366。
〔註100〕同〔註4〕:379。
〔註101〕同〔註4〕:86。
〔註102〕同〔註4〕:399。

　　寫作技巧十九：「寬題窄境」法。李雲程認爲《岳陽樓記》開篇就已經點題，而下文的「謫守」二字，已伏一篇之意。因爲謫守的人悲多於喜，所以只是將景物隨寫一筆，便提出主要的意思，隱對子京洞庭暢發，得寬題；先提出仁義，何等正大，提出先天下之憂而憂，後又歸之於後天下之樂而樂，是走窄境。

　　寫作技巧二十：「翻案」法。所謂「翻案法」，意即作者在評論某一歷史事件時，常常從其它角度進入，所得的結論和歷史結論不盡相同，給讀者以啓發。李雲程認爲這種方法最爲新奇，但不容易寫好。李雲程在《管蔡論》中提到「翻案法」，他認爲：「先要有識，識者得題之間也；次要有筆，筆者議論出奇，層層批駁也；三要有書，書者引證得切合也。如此文三者備矣，故爾足傳。」〔註103〕而「識、筆、書」本身也是一切好文章題作所必備的，一旦三者都具備，就不僅僅是「翻案文」那麼簡單了。《古文筆法百篇》中的《信陵君救趙論》也是「翻案文」，作者認爲「翻案文」「惟駁去俗解，翻深一層，方得眞諦。」

二、關於章法結構

　　章法結構一：「首尾關照」法。在文章的章法結構中，首尾關照是最爲普遍且重要的一法。古人寫文章特別注重文章的開頭和結尾的相互照應、意思完整。該法在李雲程所評點的文章中幾乎都有涉及。如在王禹偁的《待漏院記》中，李雲程在批語中引用朱良玉的評語點評道：「法天是待漏源頭，勤政是待漏本旨，有思是待漏光景。惟勤政始克法天，惟愼思方能勤政。首尾關照，一線穿成。」〔註104〕

　　章法結構二：「一字立骨」法。「一字立骨」，「骨」即文章的立論主心骨，全文皆是按照這一「主心骨」來組織行文。李雲程在《讀古文十五得》總述中提到，所讀文章從來沒有無骨之文。他特別重視文章的「骨」，認爲其「如『四書』之有章旨，時文之有立胎也」。

　　李雲程把文章之骨比喻成文章的章旨和胚胎並不誇張，該筆法下收錄了八篇文章：劉禹錫的《陋室銘》、歐陽修的《梅聖俞詩集序》、蘇軾的《留侯論》《三槐堂銘》《超然臺記》《代張方平諫用兵書》、方孝孺的《深慮論》、袁

〔註103〕同〔註4〕：117。
〔註104〕同〔註4〕：3。

宏道的《徐文長傳》，但選本中運用該章法結構的遠非僅僅這八篇。《陋室銘》以「德」字立骨，得出「斯是陋室，惟吾德馨」；《梅聖俞詩集序》以「窮」字立骨，得出「窮而後工」的千古不易之論；《三槐堂銘並序》「敘」中以「天」為骨，而「銘」中以「德」字為骨；《代張方平諫用兵書》全文以「好」字立骨；《超然臺記》以「樂」字立骨，明超然之理。「一字立骨」法在古文寫作中較常見，除了該筆法下收錄的八篇文章外，選本中在其它寫法下也有同時用該法寫作的文章，如柳宗元的《箕子廟碑》等。人若無骨，形若走肉，必然散架；文章無主旨，則材料散漫無歸，雜亂無章，沒有中心，不成其文。「立意貴深」，這樣才能準確地揭示出事理的本質。〔註105〕

章法結構三：「起筆不平」法。在該筆法下，選本中收錄的文章最多，共有十二篇。其中，韓愈的三篇：《送董邵南遊河北序》《送溫處士赴河陽軍序》《平淮西碑》，歐陽修的三篇：《相州晝錦堂記》《縱囚論》《醉翁亭記》，柳宗元的兩篇：《永州韋使君新堂記》《箕子廟碑》，蘇軾的兩篇：《潮州韓文公廟碑》《刑賞忠厚之至論》，司馬光的《諫院題名記》、劉曾的《漢關夫子春秋樓記》，多數是唐宋八大家的優秀文章，「八大家古文，最爭一起筆」，所謂「起筆不平」，主要是針對文章寫作的開篇說的，就是文章的開頭往往立意突起，起一絕大手筆。開篇的氣勢在很大程度上決定了文章的整體感覺，因此古人寫文章很重視起筆。《送董邵南遊河北序》開篇突起，「燕趙古稱多感慨悲歌之士」，為下文的望諸君、荊軻一流人物的出場埋下伏筆；《送溫處士赴河陽軍序》開篇，作者即以一比喻突起，「伯樂一過冀北之野而馬群遂空」；《潮州韓文公廟碑》文爭一起，可冠古今，「匹夫而為百世師，一言而為天下法，是皆有以參天地之化，關盛衰之運」。《箕子廟碑》開頭「劈立三峰，古文奇境」，後應之，將箕子一生事業寫盡。

編者在對司馬光的《諫院題名記》中，把「起筆不平」提高到「短篇法程」的高度：「一起之高遠突兀，一結之深情警惕，已不可及；而題前三層，題後詠歎，所謂節短音長，文約勢寬者也。可為短篇法程。」〔註106〕李雲程倡導初學者多模倣《諫院題名記》的開頭，認為其以「『古者』突起，近時墨中提股起句多祖之。」〔註107〕所選文章每篇的起筆都不盡相同，首先文章的

〔註105〕同〔註3〕。
〔註106〕同〔註4〕：152。
〔註107〕同〔註4〕：152。

起筆忌平，崇尚不平，要別致、俊美，才具有吸引力；其次要能為文章的整體脈絡埋下伏筆。

　　章法結構四：「波瀾縱橫」法。選本中在該筆法下共收錄了四篇文章：賈誼的《過秦論》、韓愈的《送孟東野序》《爭臣論》、蘇軾的《荀卿論》。該法是就文章的論述氣勢而言，跌宕生姿，層層生波。李雲程在對《過秦論》進行評解時，引用《淵鑒》中的評論：「此篇文勢，一步緊一步，如回風激水，靡靡生漪，末乃其歸墟處也。」〔註108〕《送孟東野序》中，「波瀾縱橫」法的運用使該篇文勢「序中當屬第一」，李雲程引用過商侯的評語對該文的章法結構做了點評：「以『鳴』字作骨，以『善』字作低昂；其手法變化在『鳴』字，其線索抽牽卻在『善』字。極變化縱橫，不可捉摹，文章之態，於斯盡矣。」〔註109〕在寫作技巧中提到了「雄偉」一法，也就文章的氣勢而言，二者殊途同歸。

　　章法結構五：「進步」法。兩篇文章選錄其中，即曾鞏的《贈黎安二生序》和宋鐮的《送天台陳庭學序》。「進步」乃進一步、深一層之意。編者在《送天台陳庭學序》中做出評解：「起首從蜀山水之奇起，乃從所仕之地生情也。後段推進一層，乃做序本意，得規勉體。」〔註110〕

　　李雲程在《古文筆法百篇》中介紹的眾多筆法，有的側重文章的內容，有的側重文章的形式，並結合範文予以恰當的評點。讀者們仔細品讀不但可以提高寫作能力，還能提升鑒賞水平，可謂一舉兩得，使人受益匪淺。

第五節　《古文筆法百篇》所體現的教育思想

　　李雲程在年輕時參加過科舉考試，所以對考生在古文寫作過程中遇到的問題曾感同身受。同時做為書院的教職，在多年的教學實踐中，對於如何幫助學生掌握寫作技巧和寫作方法也有自己的感悟和想法。因此，「考生與教師」的雙重身份，使其在編寫《古文筆法百篇》時，特別注意到對初學者學習方法的指導和教育教學理論的運用。

〔註108〕同〔註4〕：93。
〔註109〕同〔註4〕：96。
〔註110〕同〔註4〕：252。

一、關於學習方法

李雲程在評解《古文筆法百篇》的過程中，不忘對初學者學習古文進行指導，筆者從中總結出以下四點李雲程較為提倡的學習古文方法：

一是勤學好讀，肯下功夫。李雲程鼓勵初學者熟讀百篇，認真揣摩。在《古文筆法百篇》的「凡例六則」中李雲程肯定了初學者勤學熟讀的重要性，同時也提醒初學者切忌虎頭蛇尾：「茲選得中，勤學者每日一首，歲可三周，否則歲可周一二，庶無讀書拋尾，讀此忘彼，甚而置之高閣，書舊而文猶新者矣。」〔註111〕李雲程認為如果初學者每天讀一首，一年可以讀三遍，慢的也可以讀一兩遍。然而最不可取的就是有頭沒尾的讀書，只要勤學好讀肯下功夫，必將掌握其中的奧秘。

二是務必熟讀，方有所得。古人有云：「書讀百遍，其義自見。」李雲程極其肯定熟讀的重要性，但一些初學者在學習文章的寫作過程中即便把文章背的滾瓜爛熟，也還是不知道怎樣系統而精確的從「古文」中汲取寫作方法和技巧，更不用說加以熟練運用。面對初學者讀書「急功近利」的問題，李雲程又提出：「好學者得一法又喜究一法，讀一篇又喜進一篇，一兩月即可竟者乎。然恐貪多不熟，涉獵不精，亦與未嘗讀者等。吾願學之者務必熟讀，方有所得，他日臨文，自來湊筆端矣。」喜讀書愛讀書值得肯定，但書要熟讀精讀，切忌貪多。只有這樣，才能在日後寫作的過程中信手拈來，下筆如有神。

三是觸類旁通，潛心領悟。李雲程不愧既是文論大家，又是教育大家。其在《古文筆法百篇》的「凡例六則」中，準確指出了初學者在讀書過程中可能遇到的「喜新厭舊」問題：「是集古文採輯諸家，有習見者，有未習見者；未習見者固新異可喜，即習見者亦批列不同。蓋厭故喜新，人之恒情，故順人情以導之。慎勿謂某某篇我已讀也，竊恐讀猶未讀耳，試取目彙評語閱之，當亦恍然有新得矣。」〔註112〕李雲程認為初學者對於在選本中已經讀過的文章，切忌沾沾自喜。而應試著參看文章中的批語重新閱讀，潛下心來思考領悟，一定會有新的收穫。

四是實事求是，尊重學術。《古文筆法百篇》作為一本系統的關於寫作指導理論方面的選本，批語和評解是其中的重要組成部分。李雲程在總結前人

〔註111〕同〔註4〕：6。
〔註112〕同〔註4〕：6。

文論的基礎上，系統的概括和總結了自己對於寫作方法的見解，但「有出於前人者，必標姓字，不敢掠美也」。《古文筆法百篇》中的每一評解批語，如果是引用他人的學術觀點，編者李雲程會都標出作者的姓氏名字，如王念存曰、儲同人云，或者引用其它文選中的評語如《古文眉詮》云、《古文觀止》評云等，編者對於他人學術觀點的尊重和學術成果的保護意識，對於我們今天的讀者在做學問的過程中也起到了示範作用。

二、關於教學方法

王策三認為，教學方法是「為達到教學目的，實現教學內容，運用教學手段而進行的，由教學原則指導的一整套方式組成的，師生相互作用的活動。」〔註113〕《古文筆法百篇》作為家塾選本教材，其受眾對象主要是準備參加科舉考試的青年學子和一些初學者，因此，其教學目的就是希望學子們能夠通過《古文筆法百篇》的學習提高應試成績進而登科取試。為達到這一目的，編者李雲程在編寫《古文筆法百篇》的過程中特別注重教學內容的編排和傳授以及一些教學原則方法的運用。

一是循序漸進，重視初學者心理。李雲程十分瞭解初學者在剛剛接觸古文時候的困難，「以上古之文多倔奧，初學難讀難解，往往望而生畏，對之欲眠。」〔註114〕因此，「此集多收唐宋以來，即漢魏亦止錄一二，要皆取其明亮者，以宜於初學也。」〔註115〕李雲程在編選《古文筆法百篇》時，並沒有像以往的選本那樣先從《左傳》《國語》等先秦文章選文，而是從初學者易於學習和模倣的角度考慮，認為這兩類的文章對於初學者來說晦澀難懂，不如唐宋名家的古文宜於初學。但編者又從讀書學習要循序漸進的原則提出：「其《左》《國》等俟二集編入，是亦循序而誘之一法也。」〔註116〕但這些文章或散佚、或未來得及編寫，雖無從考證，但編者可貴的教學思想還是給後來者以啟迪。

二是注重情感價值觀教育。任何教材的編寫都不可避免的會受到作者主觀思想和情感態度等的影響。《古文筆法百篇》雖是一本講授古文寫作筆法的「工具書」，但其中卻大量參透了編者李雲程對於讀者情感價值觀方面的教

〔註113〕王策三.教學論稿〔M〕.北京：人民教育出版社，1985。
〔註114〕同〔註4〕：5。
〔註115〕同〔註4〕：5。
〔註116〕同〔註4〕：5。

育，讀之使人受益匪淺。如在對歐陽修的《縱囚論》的批語中，李雲程也藉此提出了自己對於「信」的看法。他認爲：「自古皆有死，民無信不立。故兵可去，食可去，而信獨不可無。」〔註117〕「師者，傳道授業解惑也」，李雲程作爲一名教師，在傳授知識技法的過程中，不忘對學生以正確情感價值觀的薰陶，實在值得稱讚。

三是理論與實例相結合。在《古文筆法百篇》中，編者共提出二十種寫作方法，每種筆法下選入二篇到十二篇不等的文章加以具體的解說，讓讀者在精心選擇的例文中來掌握每一種優秀的寫作方法。這使得讀者可以根據自己的接收能力來消化學習內容，不再害怕空洞的理論，而是敢於結合例文加以仿寫進而體會和掌握理論。

《古文筆法百篇》在歸納、總結前人的理論見解、吸收前人之長的基礎上，系統地提出了古文筆法的理論。筆法就是文章的章法結構和寫作技巧。歸納的二十種寫作方法，有的側重文章的形式，有的側重文章的內容。選文精鍊，以唐宋名家名篇爲主要對象，將理論與作品結合起來，由淺入深、循序漸進的將筆法技巧傳授給讀者。每篇範文前有扼要的敘文，敘述文章的寫作背景、作者生平，後有評語，文字精妙、剖析中肯。文中或節疏，或句解，有難解字義，或注之於旁，或綴之於後，讓讀者節節瞭然，可見治學之嚴謹。

李雲程在《論讀古文二則》中表達了他對《古文筆法百篇》的創作目的的看法，他認爲讀千首時文不如讀百首古文，時文百千語不及古文一語，百千筆不如古文一筆。李雲程認爲學習本身就是件費工夫的事兒，那何不把功夫用到讀古文上，從古文裏才可以得到大學問而不至於像時文那樣誤人子弟。因此，編者選擇古文百篇來介紹筆法的理論，以期幫助讀者寫好時文。因其結合範文來講，其中不少眞知灼見，有如沙金般散見於題解、評解、頂批、書後之中，更值得深入研究。開卷有益，《古文筆法百篇》既可提高寫作能力，又可提高鑑賞水平。所以，自問世以來，一直被人們翻刻印行，決非偶然。它也從側面反應了編者的教育教學思想，對現代教育教學具有啓發和指導意義。

（本章撰稿人：涂京京）

〔註117〕同〔註4〕：158。

第七章　唐彪《家塾教學法》的閱讀教學觀

　　唐彪的《家塾教學法》是我國第一部正式以「教學法」命名的教學法著作，它屬於「語文教學法」的範疇。我國古代的基礎教育，文、史、哲不分家，而且把德、才、學、識、能都納入「四書」「五經」「六藝」的儒家教育體系中，因而各學科的教學法沒能各自獨立形成體系。在這種歷史背景下，唐彪在總結了歷代教學法的理論精髓，又憑著對語文教育的深刻理解和教學調查研究的基礎上，在《家塾教學法》這部著作中，非常明確地論述了教與學的關係，率先把「語文教學法」獨立出來，其材料取捨精益求精，觀點新意迭出，獨具卓見。它為長期以來傳統語文教學的人才、人格的培養、能力的訓練，定下了一個內容和方法的框架，不僅對當時的語文教育作出了初步的理論建設，而且對今後的語文教育也有深遠的指導意義。唐彪給我們留下的珍貴遺產，需要我們認真地發掘和整理研究。

　　語文是承載和傳播人類文明的工具，語文教學的終極目的是教會學生以語言為工具，自由地、廣泛地吸取思想，擴充知識，接受人類的認識成果。隨著人類文明的不斷發展進步，人們要接受和處理的信息越來越多，越來越複雜，沒有一定的閱讀能力是應付不了的。

　　閱讀是人們認識世界的主要途徑之一，是現代人不可或缺的一項基本素質，學會閱讀才能夠生存、發展。閱讀教學是語文教學的核心內容，而且是培養學生素質的重要途徑。飛速發展的信息化社會對語文閱讀教學提出了更高的要求，因此教師只有在閱讀教學中訓練好學生的創新思維能力，培養學生的閱讀探索能力，才能使學生「學會學習」，具備終身學習、自我教育的能力。閱讀教學在語文教學中的地位舉足輕重，在閱讀教學中，教師教什麼，

如何教，導向如何，對學生當時和將來的閱讀能力、閱讀興趣、閱讀習慣與閱讀品位等都有著深遠的影響。深入挖掘我國古代傳統蒙學閱讀中有益於現代語文閱讀教學的部分，不僅可以使我國傳統的民族文化繼承發展，還可以為我國現階段的語文教育提供有價值的借鑒。

第一節　《家塾教學法》的產生及其內容

唐彪是清初教育家、語文教學法家，主要活動於康熙年間，此時正值明清易代，許多有識之士，或者從事實地專察，將書本知識和實踐經驗相印證，強調一種紮實、切用的治學態度，或者變服隱居、埋首著說，以新的視角整理、檢討古代文化遺產。這些學者、思想家的閱讀觀與整個思想體系相一致，相當精闢，相當深刻。此時的清政府為鞏固、加強其政治、文化的統治地位，繼續推行八股科舉的取士制度，並大力宣揚程朱理學，提倡研經讀書，因此清代前期的思想界、學術界以理學（宋學）為主體，不少知名的思想家、教育家、學者以孔孟之道、程朱之說為準則，規約自己或他人的讀書學習活動，他們的閱讀觀大都沿襲程朱舊說而引申發揮。

一、《家塾教學法》產生的基礎

1. 借鑒歷代教學法理論的精髓

《家塾教學法》雖是語錄體著作，但已形成較完備的教學法體系。這部書總結了歷代教學法理論的精髓，其內容重在對宋元以來的教學法理論的歸納和提要，著作中除了推崇二程、朱熹等理學家的教學觀，也還博採了許多文章學家、寫作學家、書法家、文學家、文字學家的精闢言論。

原書「凡例」中說：「二書初集古人成語與自己所著共二十五萬餘言，類聚一處，比其高下而刪汰之，僅存九萬餘言。」〔註1〕可見著作中所列是精挑細選的。在形成其著作時，還徵求過當時一些名家的意見，在《讀書作文譜》卷三「下問」中說：「毛西河、黃梨洲、毛稚黃、吳志伊諸先生，皆余所數數請問而不吝指示者也」；〔註2〕原書「凡例」中也提到：「徐伯魯《文體明辨》，毛西河、朱竹坨二先生俱謂不宜纂入書內，以其言多有未當也。余悉改去之，

〔註1〕（清）唐彪輯著，趙伯英、萬恒德選注：《家塾教學法》，華東師範大學出版社，1992 年 6 月第 1 版，第 3 頁。
〔註2〕同〔註1〕，第 78 頁。

纂其是者，取其有裨於淺學也。」〔註3〕

　　唐彪的教學法思想還繼承了孔子的很多教育思想，他在著作中多次提到孔子的一些言論，還直接引用了很多《論語》的語句，例如《父師善誘法》的上卷十一題中在論述「損友宜遠」的問題時，就有引用過：「子曰：毋友不如己者。」〔註4〕這句話就出自《論語・子罕》。還有《讀書作文譜》卷二在論述「讀書貴疑」的問題時連引了三句：「孔子云：『多聞闕疑』。又曰：『君子於其所不知，蓋闕如也。』又曰：『不知為不知，是知也』。」〔註5〕這三句分別引自《論語・為政》：「子曰：多聞闕疑，慎行其餘，則寡尤；多見闕殆，慎言其餘，則寡悔。言寡尤，行寡悔，祿在其中矣。」《論語・子路》：「子曰：野哉，由也。君子於其所不知，蓋闕如也。」《論語・為政》：「子曰：由，誨女知乎？知之為知之，不知為不知，是知也。」

　　唐彪還借鑒了朱子讀書法中的很多閱讀理論，例如本章第二節提到的循序漸進的方法，朱熹認為讀書須循序漸進才有成效，「抑讀書之法，要當循序而有常，致一而不懈；從容乎句讀文義之間，而體驗乎操存踐履之實，然後心靜理明，漸見意味。不然，雖廣求博取，日誦五車，亦奚益於學哉!」〔註6〕除此之外還有熟讀精思也是繼承朱熹的閱讀方法指導，「前日務為學而不觀書。此固一偏之論。然近日又有一般學問，廢經而治史，略王道而尊霸術，極論古今興亡之變，而個察此心存亡之端。若只如此讀書，則義不若不讀之為愈也。況又中年，精力有限，與其泛觀而博取，不苦熟讀而精思，得尺吾尺，得寸吾寸，始為不枉用功力耳。」〔註7〕

2. 個人教學經驗的總結

　　毛奇齡在《家塾教學法》序中談到：「潨溪唐先生獻策天安，出為師氏者若干年，歷東西兩浙人文薈萃之所，皆作擁皋比，令館下諸生執經北面，其為三物、六德，興起後學者，既已習之有素，且藝文燦然見諸法則，所至省課，諸生皆視傚之，此真見諸行事未嘗僅託之空言者爾。」〔註8〕這裏所說的

〔註3〕同〔註1〕，第3頁。

〔註4〕同〔註1〕，第14頁。

〔註5〕同〔註1〕，第62頁。

〔註6〕《朱文公文集・答陳師德》，轉引曾祥芹、張維坤、黃果泉編：《古代閱讀論》，大象出版社，2002年10月第1版，第283頁。

〔註7〕同〔註6〕。

〔註8〕同〔註1〕，第1頁。

「省課」是指教學方面的視導檢驗工作，由此我們可以看出，唐彪不僅有親自教學的經驗，而且作爲學官經常到地方進行教學視察工作。

唐彪深入教學實踐也從著作中多處反映出來，如《父師善誘法》中「童子讀注法」有云：「余每閒遊諸鄉塾，塾師每言資鈍者苦於讀注。」〔註9〕儒家經典的原文稱爲大文、本文或正文，爲原文所作的注夾在原文之中，隨文注疏，因此，指導閱讀就應指導如何讀注文。唐彪要求在熟悉原文的基礎上再掌握注文，意在糾正當時教學上的弊病，也表現了唐彪深入教學實際，詳細考察前人閱讀經驗，對當時「功令以遵注爲主」的潮流不予盲從的求實精神。他還主張搞教學理論與實踐結合的教學實驗，如《父師善誘法》中「童子讀文課文法」有云：「凡事試驗者方眞，憑臆斷者多無當也。」〔註10〕在這一題中他舉例說明了要深入教學實踐，將教學理論與教學實踐相結合，不能單憑主觀臆斷一味相信古人的教學理論，凡事都應在教學實踐中檢驗才能眞正的達到理論實踐相結合的目的。

二、《家塾教學法》的內容

唐彪，字翼修，清初著名教育家、語文教學法家，浙江瀫水（今屬金華）人。他的生卒年無從考定，根據現有材料大致可以推定，唐彪生活在明末崇禎至清初順治、康熙年間。他曾受學於應嗣寅（1619～1687）、王言遠（順治六年進士）後以文質之毛稚黃（1620～1688），還受學於姜景白（生平不詳）。曾一度出任武林（今杭州）學官，後退居歸田，整理教育著作，傳世的有《家塾教學法》和《身易》。

《家塾教學法》是《父師善誘法》和《讀書作文譜》的合刻本。《家塾教學法》的書名，是由毛奇齡在序中提到的。唐彪以「教學法」命名其著作，是對教和學兩者關係的明確化。其中《父師善誘法》以論教法爲主，遵循「善誘」的原則，處處體現指導學習方法、養成學習習慣、講求教學效率的根本精神；而《讀書作文譜》則是以論學法爲主，要求把學習心理的修養作爲「學基」，然後分論訓練讀寫基本功的諸法，旨在提高讀寫基本能力。這兩個分冊是姊妹篇，是不可分割的整體，既相互聯繫而又各有所側重，總書名題爲「教學法」是恰當的，是對教和學兩者關係的明確化。

〔註9〕同〔註1〕，第23頁。
〔註10〕同〔註1〕，第30頁。

1.《父師善誘法》

《父師善誘法》上下卷共三十題，上卷十三題，從宏觀上把握教學的諸因素，分別論述了教師、學校、學生、教法、教學序列、教材等方面；下卷十七題，專門從指導學生掌握學法的角度，分別論述了認讀、記憶、理解、選書、學書法、審美、口講、勤問等學習方法的指導。這一分冊，貫徹始終的是循循善誘的方法論。

上卷：題一，父兄教子弟之法，這一題可作「家教論」看，強調了家庭教育的重要，提出了家庭教育的方法；題二，尊師擇師之法，這一題可作「教師論」觀，反映了唐彪重視師資質量和基礎教育的思想；題三，學問成就全賴師傳，這一題列舉無可置疑的歷史事例，強調了從師的重要；題四，明師指點之益，這一題論述了求教明師的問題；題五，經蒙宜分館，這一題提出了應區別生理、心理、學業水平的不同特點，進行分班教育的思想；題六，師不宜輕換，這一題是從學生受益的角度提出了不應該頻繁更換教師；題七，學生少則訓誨周詳，這一題提出控制學生的數量問題，旨在提高教育效益；題八，教法要務，這一題提出的都是與師德相聯繫的教學方法；題九，讀書分少長又當分月日多寡法，這一題提出設立循序漸進的課程計劃；題十，父師當為子弟擇友，這一題提出「朋友切磋」在成才中的作用；題十一，損友宜遠，這一題從學生的角度提出要遠避「損友」，但是對不如自己的同學一概不予接近，不免欠當；題十二，勸學，這一題從正反兩方面提出珍惜少年時光對成才的重要性，並鼓勵學生珍惜時間，奮發上進；題十三，字畫毫釐之辯，這一題從漢字的特點出發，提倡採用比較的方法引導學生加以辨別，避免誤讀誤寫。

下卷：題一，童子出入學，這一題指出基礎教育必須根據年齡特點施教；題二，童子最重認字並認字法，這一題主要說明了認字教學的重要性；題三，教授童子書法，這一題專論講書的技巧；題四，童子讀書溫書法，這一題指出教師應當有切實的督促讀書、溫書的方法，引導學生自我督促；題五，讀書訛別改正有法，這一題重在引導學生理解達到正確記憶的方法；題六，童子讀注法，儒家經典的原文，稱為大文、本文或正文，為原文所作的注，夾在原文之中，隨文注疏，因此，指導閱讀就應指導如何讀注文；題七，覓書宜請教高明，這一題，提出了重視選書這一環節，這是讀書收益的先決條件；題八，背書宜用心細聽，這一題與前「童子讀書溫書法」中重複，但是是從

教師施教方法的角度來談的；題九，童子學字法，這一題重在指出書寫能力的培養，是語文教學的基礎教學，有益於發展為書法藝術的審美情趣；題十，童子宜歌詩習禮，這一題依據王陽明的觀點，闡明了歌詩習禮有益於身心健康的道理，可見他已具有德、智、體、美融會施教的基本思想；題十一，童子講書復書法，這一題強調了語文教學中的閱讀教學過程應是一個師生雙邊活動的過程；題十二，童子讀古文法，這一題主要是通過「隨讀隨解」的幾遍方法進行唐、宋古文的閱讀教學；題十三，童子讀文課文法，這一題是專講如何讀寫八股文的，其中論及的讀寫結合的問題對現代語文教學還是可資借鑒的；題十四，改文有法，這一題是專談習作批改法的，題十五，童子宜學切音，這一題強調「切音」是朗讀教學的基礎，重視「切音」教學對培養語感的重要性；題十六，教學雜條，這一題是把不能歸納進以上各題的教學方法的觀點一概羅列；另附兩題「不習舉業子弟工夫」和「村落教童蒙法」，涉及了普及教育的範疇。

2.《讀書作文譜》

《讀書作文譜》十二卷是一個指導語文學習方法的系統，總結了讀寫傳統的經驗和理論，為提高讀寫為基礎的語文能力提供津梁。每一卷專論一個方面，以指導自學。卷一是總論「根本功夫」，分別闡明了心理修養、精神涵養、掌握讀法的要義；卷二開始是分論，這卷重點介紹各類閱讀方法；卷三重點專研方法，特別突出了「優遊漸積」和「專功深造」的方法，還強調深思、下問、切磋；卷四是專講書法技巧的；卷五重點指導讀寫結合的各種方法；卷六是寫作指導的專卷，內容相當於現代寫作指導書中的審題立意、布格謀篇、取材剪裁、語言修辭，還指導了作文應試涵養；卷七專論文章技巧，雖則舉例多是八股文，重要的是揭示了一些寫作規律；卷八和卷九是八股文做法的專論，受到時代的局限，側重於羅列形式，是提供學習寫作入門方法的專章；卷十專評古文，列出了古文典範作家和作品的系統；卷十一承接卷十，指導了古文的讀法、選法和做法，同時羅列了各種實用文體；卷十二重點介紹了各類詩體及其學習方法，最後以「惜書」和「雜論」提倡養成良好的學習習慣和優良的學習作風。

唐彪的《家塾教學法》中的各章節都是相互聯繫的有機整體，不能把各部分割裂開來，其中很多有關教學法的內容都與我國當今語文教學法有著很密切的關係。現代的語文教學法既繼承了古代語文教學的很多方法，又與古

代語文教學法有很多區別，因為古代語文教學是文、史、哲不分的，很多語文教學法在家塾教學中是被融合在其他教學之中的，因此對《家塾教學法》的研究應該更加系統、更加深入。在整理研究的基礎上，通過比較古今語文閱讀教學法的異同，可以從史的角度縱向分析出古代私塾教學法中的有益部分。

第二節　唐彪閱讀教學的環節、原則及方法

　　清代閱讀理論，無論是廣度抑或深度，均跨越前代，建樹斐然。唐彪的閱讀教學觀，就是在這樣的理論背景下產生的，他的閱讀教學觀主要體現在《家塾教學法》中，而且在研究我國古代閱讀理論的基礎上，結合自己多年的語文閱讀教學經驗，總結而成有系統的閱讀理論體系。主要包括：閱讀教學環節、閱讀教學原則、閱讀方法指導三個部分。

一、閱讀教學的環節

1. 編選教材

　　閱讀首先要明確「讀什麼」。知識、信息的激增，人生周期的短暫，職業需求和個人愛好的差異，迫使人們在閱讀時要有選擇性。古今書籍，浩如煙海，因此如何為學生精選教材，是閱讀教學首要解決的問題。唐彪《父師善誘法》下卷題（七）「覓書宜請教高明」，還有《讀書作文譜》卷五中提到「文章宜分類讀」「讀文貴極佳」，這三個原則，對我們今天編選教材有很大借鑒意義。

　　唐彪認為：「天下書雖至多，而好者極少。朱子《讀書歌》云：『好書最難逢，好書真難置。』即如四書講章，何止數百家，其好者能有幾耶！故人欲讀一書，宜問有學者何為善本，得其指點書名，方可購求。不然，誤覓庸陋之書，鹵莽誦讀，我之學問反為其所卑陋矣。」〔註11〕唐彪非常重視選書這一環節，這是讀書受益的先決條件。這裏強調「有學者」為學生選書的重要作用，這與今天編選教材重視專家的作用是一致的。

　　唐彪認為閱讀時將文章分類分組，形成系統，有三個優點：一是「功夫簡約，方有餘力讀諸經史古文」；〔註12〕二是「易於探討，易於明晰」；三是

〔註11〕同〔註1〕，第25頁。
〔註12〕同〔註1〕，第89頁。

「揀擇而熟誦之，所讀諸題，便可該括他題。」〔註13〕這種文章分類閱讀的主張，是後世教材編選中單元分類的先河。

唐彪主張：「於應世之文中，選其筆秀神妍者，去其筆過神濁者；於傳世文中，選其機神順利，辭句鮮潤者，棄其機神強拗，辭句粗豪者，即雅俗共賞之文也。」只有做到這「博中取約，沙中取金」才能夠選到好的文章。他還以花與蜜、桑與絲的生動比喻闡明「所讀之文精，庶幾所作之文美」的道理，貼切地揭示了「讀精」和「文美」之間的因果關係。他還強調選書時必須以求教為先，「以欲讀、已讀與當讀之文請教於人」。這些對我們今天讀寫教學仍然有啟發意義，對教材編選也可借鑒。

因此，編選語文教材應選擇名家名人的名著，「名著是有價值的出名的著作，是人類智慧的精華，其中包含著豐富的思想和知識養料，它要比一本普通的書給人的啟迪要多。」〔註14〕例如，唐彪在評古文時就選取了歷代的名篇名作，包括《左傳》《孟子》《國策》《史記》等。

2. 讀書溫書

讀書是培養蒙童自我閱讀能力的第一步，溫書則是鞏固蒙童閱讀的第二步，學生可以通過閱讀達到鞏固知識的目的，這裏的閱讀主要包括朗讀和背誦兩部分，唐彪主張兒童通過反覆的閱讀達到「熟讀成誦」的目的，這就要求教師能夠採取有效的方法來督促學生自己閱讀。溫書的環節也是以兒童的自覺為主，「溫故而知新」，只有養成課後溫習的習慣，才能夠有效的把所學的知識牢牢掌握。

唐彪主張讀書第一步先讓兒童學習「切音」，這對剛學讀書的學習者是很有必要的。切音，或稱反切，是古代的拼音，在現代拼音方法出現之前，切音教學的確是重要的語文基本功教學。唐彪認為「切音」是「調平仄」「叶韻讀之」的基礎，也就是朗讀教學的基礎，因此他說：「習《詩》者，惟叶韻讀之，始能得其神理，而益我之性情。」〔註15〕這是深知「切音」的教學對培養語感的重要性的觀點。唐彪還舉出實例，證明「切音」並不難學，用以推廣此法。現代語文教學在入學階段就讓學生先背熟漢語拼音方案，《全日制義務教育語文課程標準（實驗稿）》在第一學段（1～2年級）的階段目標中就有

〔註13〕同〔註1〕，第89頁。
〔註14〕高瑞卿：《閱讀學概論》，吉林教育出版社，1987年10月第1版，第27頁。
〔註15〕同〔註1〕，第35頁。

這樣的規定：「學會漢語拼音。能讀準聲母、韻母、聲調和整體認讀音節。認識大寫字母，熟記《漢語拼音字母表》。能借助漢語拼音認讀漢字。能用音序和部首檢字法查字典，學習獨立認字。」〔註16〕

唐彪認為讀書、溫書除了要讓學生掌握方法之外，教師還應當有切實的督促方法，引導學生自我督促。他在《父師善誘法》中總結了一些教師督促學生讀書的方法，這些方法包括：通過「設籌記遍數」督促學生讀書，逐日加讀以達到背誦的目的。學習新課時對「訛別字加標記」。對不同資質的學生「區分定額」，以「理」「溫」「習」「熟」為綱標記溫書遍數。使學生背書，「高聲而緩」，避免作弊。「置課程簿」讓學生寫讀書筆記。這些傳統的方法雖然都屬於強記法，有忽視理解、思考的傾向，但有利於正確記憶和牢固掌握所學課程，對於培養謹嚴有序的學習習慣，具有積極的意義。

唐彪也十分重視理解基礎上的記憶。他在《父師善誘法》下卷第五題中提到的「訛別改正法」就是重在引導學生理解達到正確記憶的方法。他主張：「爾諸生誼屬朋友，凡讀書有訛別者，正當相互指點。即令其於訛別字旁加一角圈為之標記，庶幾讀到其處，觸目動心，自能改正矣。」其中「互相指點」的方法，與今天語文課程「積極倡導自主、合作、探究的學習方式」相吻合，「語文綜合性學習有利於學生在感興趣的自主活動中全面提高語文素養，是培養學生主動探究、團結合作、勇於創新精神的重要途徑，應該積極提倡。」〔註17〕還有「標記法」古書上常有圈點、評點，就是在重要的地方或者寫得好的地方，每個字旁邊圈上圈，點上點，或者說上一兩句評語，這些圈、點、評，常能使讀者豁然開朗，理解有了一定的深度，並且留下深刻的印象。運用「互相指點」和「標記」是輔助糾誤的方法，有利於調動學生閱讀的主動性，形成相互幫助的學習風氣，培養積極思考的能力和習慣。

3. 講書復書

唐彪認為：「諸經既讀，必期於能解，苟不解其義，讀無益也。」〔註18〕也就是說閱讀的能力的培養主要還在於理解，只讀不解，那麼讀了也沒有什麼價值。因此教師講書時，應該達到使學生理解的目的。

〔註16〕《全日制義務教育語文課程標準（實驗稿）》，北京師範大學出版社，2001 年
　　　　7 月第 1 版，第 5 頁。
〔註17〕同〔註16〕，第 2 頁。
〔註18〕同〔註1〕，第 54 頁。

　　理解在不同的階段，其過程也是不一樣的。唐彪在講書法中提到：「童蒙七八歲時，父師即當與之解釋其書中字義，但解釋亦有法，須極粗淺，不當文雅深晦。年雖幼稚，講解日久，胸中亦能漸漸開明矣。」〔註19〕小孩子開始讀簡單的東西，是一個字一個字的讀，有不認識的字，卡住了，就要問大人。不認識字，意思就讀不懂了。所以唐彪在閱讀教學的第一步讓學生學習「切音」，就能夠幫助學生多認識些生字，從而有助於學生閱讀。稍大一些，認識的字多了，看書就囫圇吞棗起來。識字更多一點，知識也更多了一點，於是讀書的時候會順著上下文猜了。這時候，讀書能夠懂得多一些，然而並非處處都是讀懂的，很多地方是猜出來的，當然有猜對了的，也有猜錯了的。再大一些，理解的過程又不一樣。比如，看一篇文章，先讀一遍，得其大要，再讀，才知道文字結構層次的安排，又讀，才能體會哪些詞、句子用得準確、生動，從而對全文的理解也就又加深了一步。因此唐彪在這一階段強調教師對學生的督促作用，使學生能夠通過多讀、熟讀來讀懂文章的大意。

　　理解的全過程是從大到小，從整體到局部，又從小到大，從局部到整體的這樣一個有規律可循的順序。像如上所說學生由低年級到高年級的理解過程，對我們指導學生的閱讀提供了認識的依據。唐彪認為：「子弟年雖幼，讀過書宜及時與之講解，以開其智慧，然專講其淺近者。若兼及深微之書，則茫乎不知其意旨，並其易者皆變為難，不能解矣。更有說焉，書雖淺近，若徒空解，猶未能即明其理。惟將所解之書義，盡證之以日用常行之事，彼庶幾能領會，能記憶。」如果掌握了學生在理解過程中的一些規律，讓學生讀的東西又適當的話，我們在指導時，只要在緊要的地方「點」一下就可以了。一般來說，應該是一「點」就透的。「點」是個傳統的好經驗。我們提倡教學要精講，所謂精，也就是類似在必要的地方點一點的辦法。這樣做，是符合客觀實際和客觀需要的。選給學生讀的文章，絕大部分是學生自己讀得懂的。讀不懂的，只是個別篇的個別地方。另外，有些地方，懂是懂了，但是懂得的不夠深，領會得淺一些。只有這些地方，才需要老師點一下。有的老師，非要把教材嚼爛了喂給學生吃不可，這是大大低估了學生的理解能力。教師的任務是經過調查，比較確切、充分的掌握不同階段的學生理解能力的發展情況和發展規律，因勢而利導，使自己的教學符合於學生的理解能力，並且有助於提高他們的理解能力。

〔註19〕同〔註1〕，第28頁。

語文閱讀教學過程，是一個師生雙邊活動的過程，僅僅是教師講學生聽，那就不能有效的完成閱讀教學的任務。在閱讀教學全過程中，教師「講書」的效益，要用學生的「復講」來檢驗，這與信息論中的信息傳輸達到反饋的過程一樣，「復講」就是信息的反饋。沒有學生「復講」的閱讀教學是不完整的，也是盲目的。教師「講書」要講究教學藝術，「解釋宜有法」，不僅僅是講方法、措施，這法還包括熟悉對象，掌握特點，運用適合對象的教學語言。如對低年級的學生，語言「須極粗淺，不當文雅深晦」，以促進學生思維能力的提高，達到「漸漸開明」。唐彪把「開其智慧」作為閱讀教學的出發點，還把閱讀教學與生活實際結合起來「證之以日用常行之事」，提出了「凡教初學，全在使之胸中開明，真實有得」的原則，這就是開發智慧的原則。要求學生「復書」，不僅是接受信息反饋的方法，也是階段復習法和檢驗法，可以由此而調節教學。從「講書」談到「復書」，體現了唐彪教學過程的基本思想是教師要隨時瞭解學生，調節教學活動，達到教和學的統一。

二、閱讀教學的原則

1. 因材施教

由於私塾學生一般比較少，塾師對學童的家庭情況、學業程度、思想狀況都比較瞭解，因此塾師在個別指導學童時往往根據塾童的不同情況，採取不同的方法進行指導。

從閱讀教學內容上看，學童年齡不同，內容各異，程度和難度也不相同。唐彪在「讀書分少長又當分日月多寡法」中提出：「童蒙初入學，先令讀《孝經》、小學，繼讀四書本經。如資鈍或父師教無善法，本經讀畢，年已長大，不得不讀時文，以圖進取，餘經俟文藝明通後，補讀可也；如資穎，本經讀畢，年尚幼沖，則當如古人分月用工之法，以一月讀諸經，一月讀時藝，每日帶記表、判，或記詩，俟時藝讀少充，再將經與史分月讀之，古文與時藝分日讀之。」〔註20〕他在這裏對學生每個階段的閱讀內容都有詳細的規定，不僅如此，他還根據學生的資質提出了不同的閱讀方案，這充分體現了他「因材施教」的閱讀教學原則。

唐彪的讀書法中提到：「凡幼學，本日所讀書，但隨其資之高下，令讀之若干遍，必滿其數，能背固佳，即不背亦可。」「資有高下，授書有多寡，故

〔註20〕同〔註1〕，第12頁。

徧數之繁簡，宜因人而定，不能盡拘一例。斟酌變通，必使與資相合方善也。」
〔註21〕對初入塾者和已入塾有年者的教學各不相同，初入學者常常是叫到面
前，先生讀一句學生跟讀一句，教到一個段落，先生反覆領讀幾遍，再讓學
生回到自己座位上誦讀，讀熟後再到先生課桌前背誦，沒有錯漏，先生再教
新的段落。對於入塾有年的學童，教學側重對課文的講解，對課文「講書」
後，學童必須「回講」。這有利於抓住學童學習中的問題，有針對性地採取對
策，使學生有深刻的印象。

　　唐彪在「教學雜務」中提到：「子弟聰明有志者，可以責撲罵詈愧恥之，
使之激勵精進；愚頑無志者，督責之則彼益自棄而安於下流，無上進之機矣。
惟故加獎譽，並立賞格鼓舞之，或踴躍嚮往之心生，未可知也。」〔註22〕說
明唐彪主張區別學生心理特徵，運用獎懲措施，這也是教學管理方面「因材
施教」的重要方法。

　　唐彪在「不習舉業子弟工夫」這一題中說：「習舉業者甚寡，不習舉業者
多，其多寡相去，不啻百倍。愚意不習舉業之人，必當教之讀諸古文，學作
書、簡、論、記，以通達其文理。」〔註23〕唐彪認為如果學生不準備科舉就
不一定要教他們學習八股，而應當「教之讀諸古文」，他還批評了「迂闊之人」
死抱「八股」的觀點。這一點也說明了唐彪的閱讀教育思想是有其自己的體
系的，他能夠面向社會實際，根據學生的不同需要「因需施教」，也對我們當
今社會普及教育有重要的啟示。

　　私塾實施個別教學，易於做到因材施教，現今實施班級教學，班容量大，
教師難以照顧周全，但在實際教學中仍應注意因材施教，對不同的學生應區
別對待，從每個學生的實際出發，發展學生的個性。

2. 循序漸進

　　知識本身是有規律的，人們認識過程也是有規律的。循序，就是依照次
序從基礎知識、基本理論到專業知識、專業理論；漸進，就是由淺入深，由
簡到繁，由易到難，由點到面地逐步加深。循序漸進，既符合知識結構的規
律，也符合人們認識客觀事物，獲取知識的客觀規律。

　　早在兩千多年前，孔子就主張學習必須循序漸進。他在《論語・憲問》

〔註21〕同〔註1〕，第21頁。
〔註22〕同〔註1〕，第36頁。
〔註23〕同〔註1〕，第37頁。

－202－

中說：「不怨天，不尤人，下學而上達，知我者其天乎！」〔註24〕朱熹注：「此但自言其反己自修，循序漸進耳。」唐彪繼承了這一優秀傳統，並加以豐富和發展。他認爲不管是教還是學都必須由易到難、由淺入深、學不躐等、打好基礎。

循序漸進是閱讀必須遵循的一條原則。爲了貫徹這一原則，首先要打好基礎，唐彪認爲，認字是讀、背的前提和基礎，教師倘忽視認字教學，勢必不能有效地進行閱讀教學。他在「童子初入學」中說到：「凡教童蒙，清晨不可即上書，須先令認字；認不清切，須令再認，不必急急上書也。何也？凡書必令學生自己多讀，然後能背。苟定不能認，雖欲讀而不能，讀且未能，烏能背也？初入學半年，不令讀書，專令認字，尤爲妙法。」〔註25〕其次從最基礎的讀物讀起，不能好高騖遠，所謂「欲速則不達」。唐彪認爲：「書易記、字易識者，乃令讀之；其難者，愼勿用也。」〔註26〕再次，要逐漸地積纍，才能做到「漸進」，唐彪道：「初，間授書四句，若未能盡讀，且先讀前兩句；稍熟，令讀後兩句；稍熟，然後通讀四句。」〔註27〕最後，循序漸進，必須經常復習，做到「溫放而知新」，使前後聯繫，新舊相通，才能收到良好的效果。唐彪曰：「朱子云，讀書之法，要先熟讀；熟讀之後，又當正看、背看、左看、右看；看得是了，未可便說是，更須反覆玩味。」〔註28〕

唐彪強調的是閱讀過程中的循序漸進。閱讀時，先分後合，由淺入深，由易到難。凡此種種，都說明語文教學必須「循序而有常」的道理。基礎教育必須根據學生的年齡特點施教，教學方法是，區別對象，從讀淺易的開始，逐步進入講授。講授的方法是先分後和，依據學生生理、心理的階段特點設計閱讀教學的內容，做到先易後難，循序漸進。

3. 啟發誘導

閱讀的進程是一個思維的進程，因此許多思維活動在閱讀過程中都是可以實現的。一個人在認眞閱讀時實際上是在不停地思索、想像、判斷和推理。既要領悟詞義，理解語句的含義，又要批判地思考文本的內容觀點，還要將新發現的知識與大腦裏已有的知識、將文本中的知識和生活現實進行廣泛的

〔註24〕楊伯竣譯注：《論語譯注》，中華書局，1980 年 12 月第 2 版，第 156 頁。
〔註25〕同〔註1〕，第 17 頁。
〔註26〕同〔註1〕，第 17 頁。
〔註27〕同〔註1〕，第 17 頁。
〔註28〕同〔註1〕，第 67 頁。

聯繫和比較。蘇霍姆林斯基在《給教師的建議》一書中就曾指出:「通過閱讀而激發起的思維,好比是整理得很好的土地,只要把知識的種子撒上去,就會發芽成長,取得收成。由於能對書籍進行思考,學生就更容易掌握大綱規定的教材。學生對書籍的思考越多,他的內心中由於書籍而激發的喜愛感越強烈,他學習起來就越容易。」〔註29〕

我國古代的許多思想家、教育家都很重視啓發思維在閱讀學習中的重大作用,孔子就曾明確提出學思結合的原則,即所謂「學而不思則惘,思而不學則殆」。唐彪也很強調啓發思維在語文閱讀教學中的意義。正如他所說:「古人『學』『問』並稱,明均重也。不能問者,學必不進。爲父師者,當置冊子與子弟,令之日記所疑,以便請問。每日有二端註冊子者,始稱完課;多者,設賞例以旌其勤;一日之間,或全無問,與少一者,即爲缺功。積數日,幼者憂楚徵之,長者沒罰例以懲之,庶幾勤於問難,而學有進益也。」〔註30〕思維是從疑問開始的,在有疑處,必求甚解,達到無疑;在無疑處,必求深解,找出有疑,前者「其益猶淺」,而後者「其學方進」。唐彪強調,不僅是要引導學生多問多疑,其主要目的在於使學生養成讀書思考、善於發現疑問的習慣和能力,讓他們採取「置冊記疑」的方法,來督促自己思考發問。他的這種啓發思維方法對我們今天的語文閱讀教學仍是適用的,這種通過「置冊記疑法」督促學生思考的方法很值得當今的中小學推廣。

我國古代還有十分重視在閱讀學習過程中培養學生學習樂趣、重視好學、樂學的良好傳統。正如孔子所說:「知之者不如好之者,好之者不如樂之者。」〔註31〕唐彪也十分重視學習樂趣的作用。他繼承了王陽明的觀點主張:「蓋以童子之情,樂嬉遊而憚拘檢,如草木之始萌芽,舒暢之,則條達;摧挫之,則衰萎。今教童子,必使其趨向鼓舞,中心喜悅,則其進自不能已。譬之時雨春風,沾被草木,莫不萌動發越,自然日長月化;若冰霜剝落,則生意蕭索,日就枯槁矣。」〔註32〕如何激發學生的學習動機,提高學生的學習興趣,提高教師的教學效益,歷來都是教育研究的重要課題。唐彪主張的「今教童子,必使其趨向鼓舞,中心喜悅,則其進反不能已。」這就要求教

〔註29〕 (蘇聯)蘇霍姆林斯基著,杜殿坤編譯:《給教師的建議》,教育科學出版社,
　　　　 1984年6月第1版,第168頁。
〔註30〕 同〔註1〕,第36頁。
〔註31〕 同〔註24〕,第61頁。
〔註32〕 同〔註1〕,第27頁。

師「譬之時雨春風，沾被草木」，主動瞭解學生的興趣所在，把閱讀教學的過程變得更加有趣，更加符合學生身心發展的規律，並且能夠使學生從閱讀中體會到樂趣，通過疏導、誘發，把學生的興趣由直觀興趣引向自覺興趣，從外在興趣發展爲內在興趣，以便使學生逐漸達到由「好讀」到「樂讀」的更高層次。

4. 讀寫結合

閱讀與寫作是人類開展高層次思維活動的雙翼。閱讀作爲信息的輸入，能夠爲寫作吸取知識、積纍材料，奠定提高寫作水平的基礎，寫作作爲信息的輸出，是對閱讀內容的再整理、再消化，從而以文字的形式對閱讀效益作出鞏固或進行傳播。因此，當閱讀者通過文字的形式，將閱讀體會轉化爲語言裁體的時候，也就是讀向寫的過渡與展示。

唐彪也充分認識到了閱讀和寫作之間的關係，他認爲閱讀是寫作的基礎，讀好才能寫好。他說：「文章讀之極熟，則與我爲化，不知是人之文、我之文也。作文時，吾意所欲言，無不隨吾所欲，應筆而出，如泉之湧，滔滔不竭。」〔註33〕學生寫作文，需要生活的積纍、思想的提煉以及必要的語言修養，而閱讀恰恰能在這些方面提供豐富的滋養。閱讀對寫作的基礎作用，主要體現在閱讀對充實寫作內容有幫助，對提高寫作技巧有幫助，對完美語言有幫助，還對拓展思路有幫助。因爲閱讀文章可以得到啓發，受到教育，獲得寫作的間接經驗。而在眞正理解的同時，體會到佈局謀篇、遣詞造句的精妙，對文章的寫作技巧必然有所領會，可以作爲寫作的借鑒。而且熟讀美文，讀著讀著，自己頓悟，就能深入地感受語言的內蘊和文章的意味、情趣與氣勢，對豐富語言儲備和熟練運用有好處。

人們之所以怕寫文章，其主要原因之一是讀書不多，缺少積纍。唐彪說：「人盡知文章多讀不如多做，然每畏而不爲者，何哉？學無根底，識不高遠，不能置身題上，一題到手，無處非難，安得不畏？其弊在幼時無人指點，未曾多讀正經書史及佳美古文耳。若曾多讀，而又得父師良友指點，則書中義理與作文法度，瞭然於心，握筆構思時，自有確然見解，天然議議，出於心乎，何至苦難畏憚而不願爲哉！」〔註34〕因此，「讀」與「寫」是相輔相成的

〔註33〕同〔註1〕，第 92 頁。
〔註34〕張隆華主編：《中國語文教育史綱》，湖南師大出版社，1991 年 8 月第 1 版，第 128 頁。

關係，多讀文章可以為寫文章積纍豐富的知識做到胸有成竹；多寫文章也可以使以後的閱讀，更加易於理解作者的寫作意圖，進一步提高自己的閱讀技能。

三、閱讀教學的方法

唐彪在閱讀方法、閱讀技巧方面也提出了許多值得借鑒的指導方法。他強調指導學生廣泛閱讀各類書籍，他把書分為五類：「有當讀之書，有當熟讀之書，有當看之書，有當再三細看之書，有必當備以資查考之書。」〔註35〕除了要分清各類書，他還根據不同的書提出了不同的閱讀方法，唐彪認為：「彪嘗以意推之，大凡書有必宜熟讀者，有止宜看而會其大意者；至於讀書之人，亦有不同，或年長而且祿仕，記性既衰，事機繁雜，讀書止取記其理，不取記其詞，所以有觀大意之說也；少壯未仕者，記性既優，事復稀少，讀書既欲精其理，又欲習其詞，所以有熟讀、熟看之說也。」〔註36〕也就是根據閱讀的對象和閱讀者的不同，應該把閱讀方法分為熟讀和略讀兩種，除此之外還有博約結合法。

1. 熟讀精思

熟讀與精思是我國古人在長期實踐中積纍的重要教學經驗，也是唐彪再三強調並為後世所推崇的重要教學方法。熟讀直至背誦可以幫助學生理解文章的內容，積纍語彙，逐步掌握用詞造句的一些特點和規律，在潛移默化中培養學生的語感，使一些優秀作品的詞語、句子以及寫作技巧在學生的頭腦中生根，只有當這些材料有了相當的積纍後，才能提高他們的閱讀能力和語言表達能力。唐彪要求學生熟讀與背誦的具體做法是：「凡幼學，本日所讀書，但隨其資之高下，令讀之若干遍，必滿其數，能背固佳，即不背亦可。次日加讀若干遍，亦必滿其數始背，背畢，將二日前書加讀若干遍，三日前書加讀若干遍，均令滿數，然後總背。」〔註37〕他還認為：「讀書能記，不盡在記性，在乎能解。」〔註38〕強調在理解的基礎上記憶和背誦。在學生熟讀與背誦過程中，教師要對正確朗讀進行認真指導。唐彪說：「凡學生背書，必使其聲高而緩，先生用心細聽，則脫落訛誤之處，瞭然於耳，然後可以記其脫誤而令其改正。」還說：「凡讀書……須要讀得字字響亮，不可誤一字，不可少

〔註35〕同〔註1〕，第 48 頁。
〔註36〕同〔註1〕，第 67～68 頁。
〔註37〕同〔註1〕，第 21 頁。
〔註38〕同〔註1〕，第 59 頁。

一字，不可多一字，不可倒一字，不可牽強暗記，只是要多誦遍數，自然上口，永久不忘。」〔註39〕

「精思」要在「熟讀」的基礎上進行。熟讀的「熟」，要求達到「使其言皆若出於吾之口」；而精思的「精」，就要求達到「使其意皆若出於吾之心」。這樣讀書，才能從書的文字到內容，皆為我所得。唐彪對於「精思」也有精闢的論述。他說：「讀書須將本文熟讀，字字咀嚼會有味理會不得處，且宜深思；思之不得，然後將注腳看，始有益。」還說：「講論一篇書，須是理會得透，把這一篇書與自家滾作一片，雖去了本子，其綱領節目、次第，都歷歷在我心中方好。」讀書要做到精思，決不可滿足於「過目成誦」，而要把書與自己「滾作一片」，做到「歷歷在我心中」。唐彪還強調精思的目的在於「自悟」和「自解」：「微言精義，古人難以明言，而待人自悟者，可將其書熟讀成誦，取而思之，今日不徹，明日更思，今歲不徹，明歲復思，數年之後，或得於他書，或觸於他物，或通於他事，忽然心竅頓開，從前疑義，透底瞭徹，有不期解而自解者。」〔註40〕以往學生閱讀往往讀了多遍並無多少收穫，主要原因之一是「學而不思」「讀而不化」，這樣，就不能從閱讀方面得到多大的實益。所以，教師要善於引導學生運用心力，積極思維，深入閱讀，勤於思考，做到「熟讀」與「精思」的統一。

2. 略讀會意

葉聖陶在《讀書指導》中說：學生從精讀方面得到種種經驗，應用這些經驗，自己去讀長篇巨著以及其他的單篇短什，不再需要教師的詳細指導，這就是「略讀」。〔註41〕精讀在教學中是主體，而略讀則是具體的應用，因此教師應在語文課上為學生養成良好的閱讀習慣，為學生以後的繼續學習打好基礎。

略讀不再需要教師的詳細指導，並不等於說不需要教師的指導。略讀指導需要教師提綱挈領，期其自得。各種書籍因性質不同，閱讀方法也不能一樣，因此這就需要教師對學生進行方法指導。略讀會意，要學生在略讀的過程中不僅注重速度，還要注重效率，只是迅速的瀏覽並不能算是有效的閱讀，能夠領會到其中的大意才能算是真正達到了略讀的目的。

〔註39〕同〔註1〕，第 21 頁。
〔註40〕同〔註1〕，第 75 頁。
〔註41〕朱自清：《讀書指導》，上海文藝出版社，2001 年 1 月第 1 版，第 100 頁。

教師在指導略讀時，如何讓學生「會意」，這就需要教師能夠提出有效的方法。聯想是在頭腦中從一件事物想到另一件事物的思維活動，唐彪提出的「看書會通法」就是通過聯想的方法來指導略讀。他指出：「余嘗以其理推之於看書，凡書中有疑義，能將上下文理會，更取同類書參究，當無有不明者。此即取五穴、取三經之理也。能推此意以看書，書之不可解者少矣。」這種方法有兩個要點，其一是「能將上下文理會」，就是通過聯繫上下文來理解疑點，聯繫上下文的方法就是運用了接近聯想，利用事物在時間或空間上的接近關係由一事物聯想到另一事物；其二是「取同類之書參究」，就是要善於運用參考資料，這種方法運用類似聯想，利用事物在現象或本質方面的類似關係，由一事物聯想到另一事物。「會通法」可以使學生通過聯繫上下文和運用參考資料，有效解決略讀過程中遇到的問題，從而幫助學生養成自主學習的習慣，爲以後的繼續學習打下良好的基礎。

3. 博約結合

唐彪首先總結了前人對「博」與「約」的看法，他說：「學人博約工夫，有可合成一串者，有可分爲兩事者。《孟子》博學詳說，似先博而後約也。《中庸》博學審問，是博之事，愼思明辨，是約之事。顏子博文約禮，皆似同時兼行，不分先後。外更有先約後博者，志道、據德、依仁之後，又有遊藝工夫也。此三者，雖有或先或後，或同時之異，然皆可合爲一串也。」〔註42〕唐彪從科舉角度出發將文章分爲經書、時文、古文三類，「竊謂所讀之時文，貴於極約。不約，則不能熟；不熟，則作文之時，神、氣、機、調皆不爲我所用也。閱者必宜博，經、史與古文、時文不多閱，則學識淺狹，胸中不富，作文無所取材，文必不能過人。由此推之，科舉之學，讀者當約，閱者宜博，博約又可分兩件也。」〔註43〕

唐彪還主張要博學，要多讀多閱以開眼界，以廣見聞，他指出：「從古未有止讀四書一經之賢士，亦未有止讀四書之一之名臣。故欲知天下之事理，識古今之典故，欲作經世名文，欲爲國家建大功業，則諸子中有不可不閱之書，諸語錄中，有不可不閱之書，典制、志記中，有不可不閱之書，九流雜技中，有不可不閱之書。」〔註44〕他強調博覽群書內容要博，文章體裁也要

〔註42〕同〔註1〕，第48頁。
〔註43〕同〔註1〕，第48～49頁。
〔註44〕同〔註1〕，第56～57頁。

博，「學者讀文，不可專趨一體，必清濃虛實，長短奇平並取」。〔註45〕

唐彪對博覽與約讀的辯證關係進行了精闢的論述，他認為只有博，或者只有約都是不符合實際的做法，讀書必須根據實際，根據讀者的需要，根據所讀的內容來決定是否是博覽還是約讀，除此之外還必須由博返約，學有專攻。這些方面都反映了唐彪確定專攻目標、廣泛涉獵、博採兼蓄、融會貫通的閱讀方法。

第三節　唐彪閱讀教學觀對當前語文教學的啓示

據歷年來的各項調查顯示，當前語文閱讀教學存在許多問題，如何解決這些問題成為當前提高語文閱讀教學質量的關鍵。通過第二節對唐彪閱讀教學觀的分析，我們可以看出，唐彪閱讀教學觀中的很多論述，對我們現在的語文閱讀教學都有借鑒意義，因此如何將唐彪的閱讀教學觀「古為今用」就是我們這一節所要討論的問題。

我國閱讀教學歷史悠久，積纍了十分豐富的經驗，唐彪的《家塾教學法》在全面繼承這些經驗的基礎上，又以自己的教學研究經驗作指導，進行了深入的提煉、加工，成為古代閱讀教學史上的寶庫和範本。過去，人們對家塾教學方法幾乎一概否定，將其全部教學方法都歸結為「死記硬背」「鞭笞體罰」等，否定其教學方法具有現代價值，這無疑是以偏概全。家塾的歷史悠久，對於中華文化的形成及傳承，發揮過較大作用，對於今天繼承和弘揚中華傳統文化，促進教學方法改革和全面實施素質教育，仍然具有現代價值。

一、應重視誦讀在閱讀教學中的重要作用

《全日制義務教育語文課程標準（實驗稿）》指出：「各個學段的閱讀教學都要重視朗讀和默讀。……有些詩文應要求學生誦讀，以利於積纍、體驗、培養語感。」〔註46〕新課標以全新的教育觀念審視中小學語文教學現狀，回應語文教學實踐中提出的具體問題，把「讀」擺到了十分重要的地位，強調要讓學生充分地讀，在讀中整體感知，在讀中培養語感，在讀中表情達意，還課堂內外以朗朗書聲。這是對母語教學本質的再認識，再回歸。但是，理論層面與實踐層面之間還是有距離的，需要我們深入認識和探索。

〔註45〕同〔註1〕，第93～94頁。
〔註46〕同〔註16〕，第17頁。

誦讀教學歷來是傳統語文教學中必不可少的環節，可是由於學生的主體地位仍然沒有得到回歸，這使得學生在課堂上進行的誦讀訓練越來越少了。「據北京市教育科學院基礎教育研究中心調查，中學生在課堂教學 45 分鐘內自己讀書的時間，達 10 分鐘的占 11.9%，有 5 分鐘的占 35.9%，僅有兩分鐘的占 29.71%，每周讀書僅 5 分鐘的占 72.49%。課堂讀書少於 5 分鐘的學生比率，初一占 84.99%，初三占 90.82%，讀書呈遞減趨勢。」〔註47〕

除了以上提到的時間不足的問題，誦讀教學指導也存在兩個問題：一是教師過分注重「知識本位」，在誦讀指導中過分強調忠於原著的中心思想，而忽略了學生的主體感受；二是教師在指導過程中總是以自己的理解代替學生的理解，用教師的感受替代學生的感悟，用標準化的誦讀模式指導學生，從而抹殺了學生的個性發展。《全日制義務教育語文課程標準》指出：「閱讀是學生的個性化行為，不應以教師的分析來代替學生的閱讀實踐。」因此教師在課堂上應該把閱讀的主動權交還給學生，只有這樣才能夠調動起學生的積極性，使學生更加「樂讀」，也更加「善讀」。

針對以上的問題，可以從唐彪的閱讀教學實踐中找出一些值得借鑒的方法。用明朗清晰而又充滿感情的有聲語言轉換書面文字語言的閱讀方法就是誦讀法。誦讀法屬於聽讀術的一種，廣義的誦讀法概指朗讀法和朗誦法，除此之外還有唱讀法、歌訣法等幾種。唐彪十分重視兒童心理中機械記憶力強的特點，他認為：「幼時記性優，能永記，乘時早讀，至為良法。況讀此則平仄明，音調熟，詩賦之理，半在其中矣。策、論讀法，亦當推此行之。」〔註48〕因此他特別強調熟讀和背誦。

1. 範讀

範讀，教師的示範朗讀對學生理解課文是至關重要的。教師親自示範，不僅能使學生信服、欽佩，還能渲染氣氛。範讀能幫助學生正音，培養學生朗讀的興趣，喚起學生的感情。有聲有色的朗讀，會加深學生對課文的印象，作品中的優美、準確、富有表現力的語言，尤其使學生著迷。範讀時的鮮明愛憎，強烈影響著學生，使他們的思想感情和作品發生共鳴。當然由於個體的差異，並不是每個教師都使自己的範讀達到很好的效果。

〔註47〕甘其勳：《為「閱讀」正名——「新概念閱讀教學」討論開場白》，載《中學語文教學參考》，2001 年第 1 期，第 8 頁。
〔註48〕同〔註1〕，第 12 頁。

　　教授童子誦讀「宜極緩，令童子聽得句句分明，看得字字周到，到案頭未有不能讀者。若授之極急，如自己讀書之狀，學生不但眼看未到，耳聽亦且未明，勉強隨聲，既不知字句爲何物，安望其到案間能自讀也？」教師在指導朗讀的過程中要「令學生讀書字句分明，課程悉循法度。」〔註49〕也就是要讓學生根據課程安排先讀準字句，要做到「明」字，就需要指導學生掌握「句讀」和「界限」的，用符號標記。這裏所談的閱讀技巧，也是中國古代閱讀學關於標點符號、分層分段的肇始。這一點韓愈在《師說》中也提過：「句讀之不知，惑之不解，或師焉，或不焉，小學而大遺，吾未見其明也。」在新式標點符號出現之前，「句讀」就已普遍運用了，這也是學生掌握朗讀最先要掌握的技巧。朗讀時分清輕重緩急，符合文中事情的起伏，有助於幫助瞭解文章領會作者的情緒，而且到寫作時，也會採取適宜的音響節奏來表達自己胸中的情意。

　　誦讀指導，在範讀的基礎上，指導運用誦讀技巧進行朗讀，可以進一步調動學生誦讀的積極性。正確的發音吐字，是誦讀的重要條件。誦讀時要求學生吐音正確、規範、清楚，不誤讀和落讀，除此之外，更重要的是把文字作品中包含的思想感情準確、生動地表達出來，也就是誦讀要主要注意停頓、節奏、重音、速度等基本技巧的運用，讓感情通過音調的高和低、聲音的大和小、速度的快與慢的綜合表現出來。

2. 熟讀背誦

　　熟讀字句妥帖的文章，就會熟悉文章變化的句式和虛字的安排，有助於讓學生在潛移默化中形成標準的語法規範，增加學生的語感，寫作時也自然不會出現過多不符合語法規範的句子，運用虛字也自然能夠合乎規則了。熟讀文章之後，即使學生的鑒賞力還沒有達到一定的水平，還不能夠看到文章的好處，只要能夠背誦不忘，以後隨著閱讀量的逐漸積纍，閱讀能力也會慢慢提高，這樣對於以前看不懂的文章也自然會懂了。

　　熟讀需要時間，除了發音清晰、準確、語句流暢、正確等基本要求之外，還有各種技巧，需要反覆練習，才能掌握。古人說讀書百遍，絕不是誇張，而是讀書遍數的基本數字。唐彪也說：「若先教令認字，字既能認，雖教三遍四遍，彼到案頭亦能按字口誦。讀至百遍外，雖甚拙者，亦能記能背矣。」

〔註49〕同〔註1〕，第10頁。

〔註 50〕爲了讓學生讀夠遍數，唐彪還提出：「當設籌以記遍數，每讀十遍，令綴一籌，」「書之遍數得實，不致虛冒。」〔註 51〕

熟讀還必須根據學生的年齡特點施教，應該區別不同的學生，從讀淺易的開始，逐步進入講授。接受能力是有限的，在同一單位時間，注重熟讀背誦，就很難兼顧其他，如講不能求細，理解不能求深。唐彪引用了王虛中的理論：「六歲且勿令終日在館以苦其心志而困其精神。書易記、字易識者，乃令讀之；其難者，愼勿用也。初，間授書四句，若未能盡讀，且先讀前兩句；稍熟，令讀後兩句；稍熟，然後通讀四句。初時如此，日久則可以不必矣。」〔註 52〕這種做法是暗合現代系統科學中的信息科學原理的。從信息論的角度看，閱讀就是攝取信息。一篇文章儲存的信息是豐富的，有的甚至可說是無限，無論怎樣講怎樣注，也只能揭示其中的部分信息，而在揭示這部分信息時，又自覺或不自覺地捨棄了其餘的信息。但如將全文都背誦下來，那就等於在事實上攝取了它全部的信息。隨著年齡的增長，閱歷的豐富，原來不理解的信息自然會逐漸理解，而且，能在需要的時候把有關部分提取出來，爲以後的工作研究服務，受益無窮。古人講「書到用時方恨少」，恐不僅指讀的少，更主要的，還是指背得少。

3. 歌詩習禮

歌訣法就是把閱讀材料改編成韻語、歌訣的形式以幫助閱讀。歌訣法在我國古代閱讀史上佔有相當重要地位。古代蒙學教材，如《三字經》《百家姓》《千字文》等，就都採用了這種形式，兒童讀起來朗朗上口，所以千百年來傳誦不衰。歌詩習禮中的「歌」指歌唱，也就是用歌唱的形式幫助閱讀的方法，主要用於古典詩詞。「梁簡文帝《十五國風義》說：在辭爲詩，在樂爲歌。意思是說，詩指的是無樂的歌詞，歌指的能演唱的詩。或者說，詩指的是歌的文字形式，歌指的是詩的音樂形式。總之，二者是緊密結合的。」〔註 53〕

唐彪依據王陽明的觀點闡明了歌詩習禮有益於身心健康的道理，「教童蒙，宜誘之歌詩以發其志意，導之習禮以肅其威儀。」〔註 54〕新課程標準中

〔註 50〕同〔註 1〕，第 18 頁。
〔註 51〕同〔註 1〕，第 21 頁。
〔註 52〕同〔註 1〕，第 17 頁。
〔註 53〕曾祥芹主編：《閱讀技法系統》，大象出版社，1992 年 6 月第 1 版，第 141 頁。
〔註 54〕同〔註 1〕，第 27 頁。

對誦讀的評價就談道:「鼓勵學生多誦讀,在誦讀實踐中增加積纍,發展語感,加深體驗與領悟。」〔註55〕通過歌詩習禮可以激發學生的審美情趣,提高學生的學習興趣,「今教童子,必使其趨向鼓舞,中心喜悅,則其進不能已。」「故凡誘之歌詩者,非但發其志意而已,亦所以泄其跳號呼嘯於詠歌,宣其幽抑結滯於音節也;導之習禮者,非但肅其威儀而已,亦所周旋揖讓而動蕩其血脈,拜起屈伸而固束其筋骸也。」〔註56〕誦讀課文,讓學生感受音樂美。文章的音樂美,主要體現在音韻、節奏的鏗鏘和諧、悅耳動聽等方面。

　　一般說來,詩歌的音樂美表現得最爲突出。古典詩歌的語言是中華民族文學語言濃縮的精品。韻腳的清越響亮、平仄的抑揚頓挫、聯綿詞的迴環唱歎、疊音詞的聲情並茂、駢偶句的節奏和諧、煉字煉句的言簡意賅⋯⋯這一切富於音樂美、形象美、簡練美的民族語言特色,只有通過對古典詩歌的耳濡目染、口誦心惟,才能積澱於學生的心底筆頭,得以薪盡火傳。古代詩、詞、文的誦讀還包括停頓、拖腔和語調等方面。有人認爲,只有拿腔拿調地誦讀才能進入詩詞的意境之中,品出其中的妙處,感受到它的抑揚和抒情之美。詩詞文本身具有形之於聲的特徵,較其他文學樣式更適宜吟誦。誦讀能使學生眼到、口到、耳到、心到,使靜止的詩行動起來,變成聽得清,看得到的形象畫面,將學生更快更深地帶進詩的意境,去領略到搖蕩心靈的思想美、圖畫美和音樂美。

二、應切實提高語文教師的閱讀素養

　　儘管閱讀教學異常重要,語文教師爲此也付出了艱辛的勞動,但閱讀教學的實際效果卻不佳,受到社會各界的批評。長春教育學院關於「語文閱讀教學有效策略研究」中對 71 位初中語文教師進行了調查,結果表明:42 位(占60%)教師在課堂上重視教材的內容而忽視學生的喜好;28 位(占 40%)教師意識到生最感興趣的教學方式是「以學生爲主體」,但在一節課內留給的學生時間在 1/2 的有 17 位(占 23%),1/3 的有 30 位(占 42%),1/4 的 24 位,(占 33%)一節課的大部分時間還是被教師佔用。提到擴展語文課內容的覆蓋面,如教名著時如何引導學生就課文中涉及的某些文化現象進行探討,68份有效問卷中,「布置學生查資料」的占 32%,「教師聯繫相關內容」的 44 位

〔註55〕同〔註16〕,第 20 頁。
〔註56〕同〔註1〕,第 27 頁。

（占 64%），「不涉及」的僅有 2 位。〔註57〕為什麼閱讀教學花費這麼大的氣力卻收效不大？其中的原因是很複雜的，而缺乏閱讀學理論指導應該是一個不容忽視的原因。閱讀是通過語言文字來獲得知識信息和精神營養的，那麼教師要教會學生閱讀，首先自己就應該具備良好的閱讀能力。

語文教師的閱讀能力要求教師有較高的閱讀水平和閱讀學理論基礎，而且應該熱愛讀書、善於讀書。可是，由於長期以來，師範院校普遍沒有開設閱讀學課程，因此語文教師的閱讀學知識結構和閱讀能力結構都出現了不同程度的殘缺。近年來媒體不斷有關於語文教師閱讀狀況的調查和批評，暴露出了很多教師在閱讀理論修養、閱讀技能掌握、閱讀策略謀劃、創新閱讀的途徑和方法等方面，都很難適應新一輪課程改革的需要。作文教學有寫作學理論作指導，閱讀教學怎麼可以沒有閱讀學理論指導？實際上，閱讀能力的形成比寫作能力的形成更難。葉聖陶早就指出：「寫作程度有迹象可尋，而閱讀程度比較難捉摸，有迹象可尋的被注意了，比較難捉摸的反被忽視了。」〔註58〕師範院校開設寫作學課而不重視開設閱讀學課，致使許多語文教師竟然不瞭解閱讀學這一門重要學問。可以肯定地說，沒有閱讀學理論指導的閱讀教學，必然缺乏科學性和自覺性。

1. 閱讀教學對素質教育的重要作用

語文教師學習閱讀學有著多方面的現實意義。唐彪十分重視師資質量與基礎教育的關係：「抑知蒙師教授幼學，其督責之勞，耳無停聽，目無停視，唇焦舌敝，其苦甚於經師數倍。且人生平學問，得力全在十年內外：四書與本經，宜熟也；餘經與後場，宜帶讀也；書法與執筆，宜講明也；切音與平仄，宜調習也；經書之注，刪讀宜有法也。工夫得失，全賴蒙師，非學優而又勤且嚴者，不克勝任。」〔註59〕

首先，閱讀教學肩負著提高學生語文素養的重任。閱讀教學不但要訓練學生的閱讀能力，而且大量的識字、寫字、寫作、口語交際方面的方法和技能總是在閱讀教學過程中學習的。而且閱讀是搜集處理信息、認識世界、發展思維、獲得審美體驗的重要途徑。其次，學生學習各門課程必須憑藉由閱

〔註57〕萬書紅：《初中語文閱讀教學現狀分析》，載《長春教育學院學報》，2005 年 9 月第 3 期，第 65 頁。

〔註58〕葉聖陶：《葉聖陶教育文集》第 3 卷，人民教育出版社，1994 年 8 月第 1 版，第 53 頁。

〔註59〕同〔註1〕，第 4～5 頁。

讀獲得的相應知識和文化素養，而且要通過閱讀才能開展。其三，學生畢業後無論從事任何工作，閱讀能力都是最基礎的、最領先的能力。因此，要提高素質教育的成效，必先提高閱讀教學質量。只有閱讀能力提高了，才能獲取更多的知識，從而視野開闊，精神豐富，頭腦靈活，富於創新意識和創新能力。

2. 如何提高教師閱讀教學水平

唐彪提出了延請明師的方法和標準：「是師，必以學問優為勝也。今人第謂蒙師貴勤與嚴，不必學優，皆屬偏見矣。惟於三者兼備，乃明師也。」〔註60〕也就是明師應具備「學優」「勤」「嚴」三方面的素質，「學優」就是要具備淵博的學識；「勤」即既要自己勤於學習，又要勤於教誨、勤於管理，學而不厭、誨人不倦；「嚴」即對教學和管理作嚴格要求，這是擇師的首要標準。針對當前中小學語文教師的閱讀教學現狀來看，要提高語文教師的閱讀學水平也應該從以上三個標準出發。

首先，「學優」。語文教師需要有較高的品德修養和學識修養。最理想的語文教師應該是熱愛讀書、善於讀書的「真正的讀書人」。從古代的孔丘、孟柯、韓愈、朱熹、王陽明，到近現代的康有為、梁啟超、魯迅、葉聖陶、朱自清、徐特立等，都以自己偉大的人格和深厚的學識從事語文教育實踐和研究，為國家和民族培養了一批批棟樑之材，受到時人和後人的尊崇。而他們人格和學識的養成無不得之於讀書。當今的語文教師應該繼承和發揚這一優秀的讀書傳統，才能與時俱進，自我發展，永葆師表形象。而讀書，對語文教師更有不同於一般人的特殊要求。

其次，「勤」。語文教師除了掌握一定的閱讀理論知識之外，還應該不斷在學習中實踐檢驗中發展自己的所掌握的理論，要有涉獵廣博的閱讀能力。語文教學的內容不僅涉及語文學的各個分支，而且涉及社會科學、自然科學許多領域的知識，可以說古今中外、史地經哲、聲光化電、花鳥蟲魚……，無所不包。錢夢龍說語文教師要成為「雜家」，確是至論。語文教師要有遠遠高於教學內容數倍甚至數十百倍的知識儲備，才能「厚積而薄發」，「取之左右逢其源」。語文教師還要不斷更新原有知識，不斷開拓知識領域，才能不斷提高和發展自我。其閱讀面寬、閱讀量大，應遠過於他人。

〔註60〕同〔註1〕，第5頁。

最後，「嚴」。語文教師除了要嚴格要求學生之外，還要嚴格要求自己，要作學生讀書的表率。要指導學生閱讀的方法和技能，自己必須熟練地掌握和運用這些方法和技能。要教會學生閱讀，從根本上說，還應該讓學生掌握一定的閱讀學原理，這就要求語文教師必須具有較好的閱讀學修養。

三、應指導學生掌握科學的課外閱讀方法

《全日制義務教育語文課程標準（實驗稿）》中指出：「現代社會要求公民具備良好的人文素養和科學素養，具備創新精神、合作意識和開放的視野，具備包括閱讀理解與表達交流在內的多方面的基本能力，以及運用現代技術收集和處理信息的能力。」這說明語文課程應著重培養學生的語文實踐能力，這就需要學生通過語文實踐來提高，因此如何指導學生掌握正確的閱讀方法，更大程度發揮課外閱讀所蘊涵的提高語文教育教學成效的潛力，也是語文閱讀教學中的重中之重。

《語文學習》2001 年第 7～8 期載有一篇《中學生名著閱讀亟待加強指導》的調查研究報告，調查的內容共 13 項。其中的部分結論就包括：閱讀動機（可選擇多項）為「寫好作文」的占 45%，為「消遣娛樂」的占 52%，表明其閱讀動機尚不正確；62%的學生認為閱讀名著對提高學業成績作用不大、甚至有阻礙作用，說明他們對閱讀名著的價值認識不足；90%的學生最喜愛的名著類型（可選擇多項）為小說，而喜愛文言文的只占 2%，可見其閱讀「偏食」現象；76%的學生無閱讀計劃，偶而寫和從來不寫讀書筆記的學生占 90%，說明絕大多數學生還沒有養成最基本的閱讀習慣。這裏調查的還僅僅是對名著的閱讀，實際上，中學生沒有健康的閱讀心態、缺乏精選讀物的能力、不會科學地運籌閱讀時間、不能掌握相應的閱讀策略和閱讀方法、閱讀速度偏低等現象普遍存在，這是不能適應「信息爆炸」的時代要求的，也直接影響學生的自主發展，充分發展，終身發展。導致這些現象存在的原因有很多，最主要的是因為很少有人在這些方面給他們以系統、科學的指導。

《全日制義務教育語文課程標準（實驗稿）》的總目標中指出：閱讀教學應當使學生「具有獨立閱讀的能力，注重情感體驗，有較豐富的積累，形成良好的語感。學會運用多種閱讀方法。」還規定：「九年課外閱讀總量應在 400 萬字以上。」課外閱讀是用來訓練閱讀的優良習慣，必須腳踏實地，毫不苟且，才有效益；絕不能讓學生自己讀完就算完成了任務，應該給學生以科學

的指導，逐步提高課外閱讀的效率，使學生能夠有效的通過課外閱讀提高自我的閱讀能力。

　　唐彪在《讀書作文譜》卷十中，依據文學史的順序，列出了各朝代的名家名作，並對這些作品進行了品評，這些與今天我們進行的名著閱讀指導相類似。這些指導，為我們解決今天課外閱讀教學中存在的問題，提供了很好的參考。

　　首先，唐彪認為應該讓學生多讀名家的作品，應當選讀其代表作，研求其文筆風格，探討其藝術的繼承淵源和自身特點。他提出了兩個標準：一是思想性的標準，一是藝術性的標準。除了以上兩個標準之外，還要佳中選精，他列出了「登峰造極」的幾家，「如《左傳》《國策》《孟子》《南華》《史記》《漢書》……子瞻諸公之文。」〔註61〕要求「熟讀精思」，達到「探驪得珠」。既要指導學生從宏觀上把握歷代文學作品，在比較評價的基礎上，採取有效的閱讀方法，又要對同一時代的作品區別閱讀，對不同等級的作品作出相應的閱讀對策。

　　其次，他認為進行優秀讀物的閱讀指導，應當向學生介紹該讀物的特點和閱讀應重點抓住的東西，這樣才能有的放矢，不致於使學生忽略了文章的特點，例如，他在指導《左傳》時，列舉了十一個方面的特點，從文風到語言、佈局、謀篇等技巧都涉及了，還特別提出「從類並敘法」，詳細加以舉例剖析，這可以使學生更加明確《左傳》的閱讀價值；除了介紹文章特點，他還主張為學生提供入門的參考書，這樣學生在讀書遇到困難時可以憑藉參考書自己解決疑問，從而能夠更好的使學生掌握獨立閱讀的能力，例如，指導《左傳》時，他介紹了杜預的《左傳序》，作為主要的參考資料。

　　再次，他還介紹了許多值得借鑒的閱讀方法。一是主張運用「兼讀法」，也就是比較閱讀法。在閱讀名篇佳作時，把可以「並稱」的作品拿來比較鑒別，指導學生閱讀，也應啟發學生從作者在作品中流露出來的思想品格、作品的藝術技巧諸方面加以比較，識別優劣，提高鑒賞能力，「得其神化」，例如，他從《國策》與《孟子》的比較中，指出《孟子》的優勝之處，肯定了《孟子》的成就與閱讀價值，從而指明了閱讀《孟子》的具體方法：「將其至佳者，揀數十篇錄為一冊，殫心揣摩」。〔註62〕二是以《史記》為例，提出了

〔註61〕同〔註1〕，第145～146頁。
〔註62〕同〔註1〕，第140頁。

「挨年次月」四字讀史法、「分界限段落」讀法、「刪讀法」。因爲《史記》「極
長難讀」，但是「挨年次月，由先而後，條理井然，有界限可尋」，因此對於
這種比較難讀的長篇巨製，就應當指導學生學會按照文章的「章法脈理」「界
限段落」去讀，而且還要根據學生的生理、心理特點對其中的內容有一定的
刪減。這些方法都要求教師對作品有一定的研究，要吸取名篇佳作的營養，
必得對其先作剖析評價，不能囫圇吞棗，並且能夠根據學生的閱讀理解能力
進行指導。

　　最後，唐彪認爲審美也是指導閱讀的一個重要角度。有些名家的作品，
應當運用審美的角度去評價，才更切合其風格特徵。「氣」「機」屬於文質美，
「文」「筆」屬於語言美，而「心事與文情」屬於作家的人格和情操美。例如，
他在指導閱讀蘇東坡的文章時概括地作了審美鑒賞，指導讀者去美讀，領略
其「種種美善」。唐彪認爲閱讀要用自己的眼光去吸取，這是很高的要求。《全
日制語文課程標準（實驗稿）》的教學建議中指出：「培養學生高尚的道德情
操和健康的審美情趣，形成正確的價值觀和積極的人生態度，是語文教學的
重要內容。」語文閱讀教學正是要教會學生通過審美的閱讀獲得美的體驗，
因此教師在指導閱讀過程中應注重如何教會學生「美讀」。

　　從閱讀教學占語文課時量的比重，可以確認它是中小學語文教學的核心
和重點，但它又一直是困擾中小學語文教學的難點。因此，本章在對唐彪《家
塾教學法》中閱讀教學觀進行了系統總結的基礎上，結合現階段中小學語文
教學中存在的問題，揭示了唐彪閱讀教學觀對當代中小學語文閱讀教學的啓
示意義。

　　到目前爲止，有關古代閱讀理論已經有很多人做過研究，我國古代閱
讀理論的研究，總結了歷代閱讀理論的精髓，其中的精華對當今的語文閱
讀教學同樣具有指導意義。唐彪的《家塾教學法》在當時相當於是語文教
師指導用書，對我國語文教育理論的貢獻，也是影響深遠的。以前對唐彪
閱讀思想的研究，主要是側重從閱讀學的角度出發研究學生應該如何閱
讀，也就是學生應該如何「學」。本章不僅結合閱讀學的有關理論，更重要
的是從教育學角度，對家塾閱讀教學法作系統闡釋，也就是說明教師應該
如何「教」。

　　本章試圖從教育史的視角，分析唐彪《家塾教學法》的閱讀教學的方式、
方法、特點及其成功經驗，尋找其理論根源，對唐彪的閱讀教學理論深入挖

掘與探討，針對當今中小學語文閱讀教學中存在的弊端，做了一些思考，爲當今中小學語文閱讀教學的改革提供參考。

　　唐彪的《家塾教學法》中的語文教育學理論，還有很多值得我們現代語文教育工作者借鑒的地方，例如，有關寫作教學觀的研究，有關私塾教學的研究，都很有價值，由於篇幅有限，筆者只能就其中的閱讀教學觀進行研究。

（本章撰稿人：孫娜）

第八章 《教童子法》的蒙學語文教育理論

　　本章以《叢書集成初編》（商務印書館，中華民國二十六年十二月初版）中收錄的王筠《教童子法》這部蒙學語文教學法專論為研究對象。《教童子法》以其獨特的視角，犀利的文風，以及對後世教育者深刻的指導作用，不斷受到後人的關注。特別是隨著兒童基礎教育研究的不斷深入，有越來越多的學者開始關注我國古代的蒙學教育，關注蒙學教育論著中蘊含的中國古典文化精髓。《教童子法》無論是在對傳統教育弊端的揭露，還是在對教學方法理念的創新方面，都是不容我們忽視的。

　　兒童時期是一個人一生中最重要的時期，在塑造人的性格氣質等方面有著至關重要的作用。正是考慮到這一點，我國自古以來就有重視蒙學教育的傳統。因此，古代的蒙學讀物也憑藉其博大精深的文化底蘊和源遠流長的思想內涵，成為中國傳統文化的重要組成部分，作為一種寶貴的歷史文化遺產供後人汲取其精華。「蒙學」的意思是「啓蒙之學」，專門為蒙學教育編選的就叫做蒙學教材，又稱「蒙養書」「小兒書」。〔註1〕我國最早的一部兒童字書是《史籀篇》，自此開啓了我國蒙學教材上起周朝，下至民國的悠久歷史，並在漢唐時期基本達到成熟。蒙學教育同時也開始擔負起開啓兒童智慧、規範社會道德的重要作用，即所謂的「蒙以養正」，使兒童在學習文化知識的同時，樹立起符合當時社會要求的道德規範。

　　提到研究蒙學教育的論著，就不能忽略我國最早的小學語文教學法專論——《教童子法》。其作者王筠，一生博覽經史，著述頗豐，是偉大的文字學家和教育家。他尤其潛心研究文字學，對《說文解字》有其獨到的見

〔註1〕孫培青.中國教育史〔M〕.上海：華東師範大學出版社，2000：210。

解，形成了全套的文字學理論，與段玉裁、桂馥、朱駿聲並稱清代的「說文四大家」。張隆華、曾仲珊在《中國古代語文教育史》中評價《教童子法》是「一篇論指導小學識字、寫字、讀書、作文、作詩的方法的論文」。〔註 2〕《教童子法》在總結前人理論的基礎上，從識字、寫字、閱讀、作文等方面對蒙學語文的教學內容進行了系統詳細的剖析，並在行文之中穿插了作者對語文教學原則的獨到看法和對前人理念的精闢總結，一些原則如循序漸進、以人爲本、因材施教等至今仍爲廣大教師和教育研究者推崇。王筠還系統地論述了當時的小學教育，抨擊了當時語文教育的弊端，總結了自己的教學實踐經驗，集中闡述了他的蒙學語文教育思想。它文字犀利深刻，見解獨到，在很大程度上揭露了封建教育的通病，爲後人提供了研究蒙學教育的寶貴史料。

王筠（公元 1784～1854 年），字貫山，號菉友，山東安丘人，道光元年（公元 1821 年）舉人，山西鄉寧知縣。王筠博涉經史，尤深說文之字，一生著述頗豐，是偉大的文字學家和教育家。他尤其潛心研究文字學，對《說文解字》有其獨到的見解，形成了全套的文字理論，與段玉裁、桂馥、朱駿聲並稱清代的「說文四大家」。

王筠出生於乾隆末期，卒於咸豐末期，歷經乾隆、嘉慶、道光、咸豐四朝。王筠正是生活在清王朝從強盛一步步走向衰亡的時代，正值中國社會歷史大變革的前夜，他的成長也見證了中國封建王朝的盛極而衰。乾隆末年，盛極一時的康乾盛世不復存在，中國的封建社會日益瓦解，階級矛盾不斷升級，社會動盪不安。皇帝一度重用貪官，政治腐朽，加上統治者在盛世過後變得貪享安逸，生活奢靡，不思進取，思想僵化保守。雖然資本主義的萌芽已經產生，但還是與西方國家在政治、經濟、文化等諸多方面產生了差距。在這樣的歷史條件下，野心勃勃的西方列強自然會趁虛而入。19 世紀上半葉，英國就開始向中國走私鴉片，清政府在由此引發的鴉片戰爭中遭遇失敗後，被迫與陸續入侵的西方列強簽署了一系列不平等條約，割地賠款，開放通商口岸，中國主權被無情踐踏，人民飽經蹂躪。民族危機空前加劇，仁人志士開始思考如何變革以圖自強和抵禦外侮。

政治的變革首先需要思想的變革，教育在變革思想上的作用可謂首當其衝。王筠教育思想中的很多積極因素正是這種社會現狀的產物，當時教育界

〔註 2〕張隆華、曾仲珊.中國古代語文教育史〔M〕.四川：四川出版集團，2000：416。

存在的教條主義和形式主義現象致使他在自己的整個學術生涯中，時刻以抨擊時弊、批判現有教育制度爲己任，如其提出的「學生是人，不是豬狗」的人本主義思想以及反對「以功名爲學問，幾幾並以爲德行」的學風，提出「功名、學問、德行，本三事也」的看法，都體現了其頗爲犀利的批判精神和民主主義教育思想。雖然他的很多理論和見解也反映了王筠的保守主義文化觀和教育觀，但在當時封建科舉制的教育環境下，王筠的蒙學語文教育理論無疑有著石破天驚的歷史價值，直至今天仍應爲我們所重視。

王筠一生博涉經史，著述宏富，著書 50 多種，勘訂他人作品 60 餘部。王筠對《說文解字》的研究尤有建樹，他採擷諸說文大家的觀點，並辨其正誤，刪繁舉要，貫穿通達，提出自己獨到的觀點。他所著的《說文句讀》《說文釋例》《說文繫傳校錄》《說文廣訓》《說文韻譜校》《正字略》《說文屬》《說文匯字》等，直至現在仍有其開拓性及指導意義，是古今學者研究《說文解字》必讀的提綱挈領的著作。

王筠一生有過多次的從教經歷，他對蒙學教育的獨到見解不可小覷。關於蒙學教育，王筠著有《教童子法》和《文字蒙求》二書，都是研究古代蒙學教育不可多得參考文獻。在這裏，值得一提的是《文字蒙求》這部少兒文字學讀物。《文字蒙求》原名《字學蒙求》，成書於道光十九年（公元 1839 年），所以稱爲「蒙求」，是取《周易》「童蒙求我」的話，表示適合兒童的要求。據其自序中介紹，此書是作者王筠應朋友陳山嵋的請求，教孫子識字而撰的，可以說是指導兒童識字用的課本。《文字蒙求》中的兩千多字取自《說文》，然而並不按照《說文》編排，對《說文》的說法多有訂正，對研究《說文》亦有很大幫助。

《教童子法》作爲一部論述蒙學教育的專論，在很大程度上揭露了封建制度下推行的教育所具有的通病，提出了作者新穎的觀點。《教童子法》全書僅 6000 餘字，最初刊刻於清代道光二十二年（公元 1896 年），附於《四書略說》之後，未見單行本。後被清末維新派人士江標（公元 1860～1899 年）收入《靈鶼閣叢書》中。江標還爲《教童子法》寫過一則短敘，他在敘中寫道，「此菉友先生《教童子法》，舊附於《四書說略》後。余以其可砭俗師也，校而刻入叢書中。有極陋極迂處，而極通處甚多，不得不爲善教者。近見德國學校章程，綱舉目張，皆實事求是之學，教童子尤嚴密。國之新者學必新。教人者尤當知之也，豈此十一葉書即可爲童子師哉。丙申八月江標

記。」〔註3〕江標是因為《教童子法》具有「可砭俗師」的作用，才收入集中的。而江標編輯《靈鶼閣叢書》的直接誘因，也是短序中提到的，「近見德國學校章程，綱舉目張，皆實事求是之學，教童子尤嚴密。」他是受到國外先進教育思想的啟發，希望中國的教育者認識到「國之新者學必新」的道理。雖然《教童子法》一書不免有「極陋極迂」的地方，但是其「極通處」又「甚多」，「不得不為善教者」。對於今天的教師和學者來說，《教童子法》同樣具有其值得古為今用的現實意義。

　　《教童子法》在總結前人理論的基礎上，從識字、寫字、閱讀、作文等方面，對蒙學語文的教學內容進行了系統詳細的剖析，在行文之中也穿插了作者對語文教學原則的一些獨到看法和精闢總結，如循序漸進、以人為本、因材施教等教學原則至今仍為廣大教師和教育研究者推崇。正是這些歷久彌新的教學經驗，使得王筠的教育思想在一百多年後的今天仍然熠熠生輝，為後人指導著方向。

第一節　《教童子法》所闡述的教學方法

一、識字教學階段

　　識字教學作為蒙學語文教育的第一步，有著極其重要的作用。識字這一環節沒有掌握好，其它的學習內容也將無法進行。所以，識字教學歷來被學者們所重視，也積纍了相當豐富的經驗成果。如秦丞相李斯的《倉頡篇》、漢代史游的《急就篇》、南北朝周興嗣的《千字文》、以及宋代的《三字經》《百家姓》等，都是優秀的識字課本。

　　王筠作為清代著名的文字學家，不但對《說文》具有獨到的見解，為其教育學的研究提供了強大的理論支撐。而且王筠具有其他研究者少有的教學實踐經驗，對識字教學的實踐情況非常熟悉，編寫過專門的識字課本《文字蒙求》。王力在《中國語言學史》評價說，「說文四大家當中，王筠是唯一注意文字學的普及工作的。」〔註4〕王筠在兒童識字教學這一領域的見解，是十分獨到和深刻的。

〔註3〕王筠.教童子法//王雲.叢書集成初編〔M〕.北京：商務印書館，中華民國二十六年十二月初版：1。

〔註4〕王力.中國語言學史〔M〕.上海：復旦大學出版社，2006：109。

（一）識字教學的原則

1. 優先性原則

語文教學不是以識字爲最終目的的，但是要使語文教學順利開展，識字教學卻是基礎。王筠認爲，「蒙養之時，識字爲先，不必遽讀書。」應該把識字教育作爲蒙學教育的首要任務，因爲識字是提高學習能力的前提條件，是讀書、作文等環節的基礎。識字量的多少關係到讀寫能力的大小。正如王筠所說的「能識二千字，乃可讀書」，只有擁有一定的識字量，其它的學習任務才能順利展開，否則讀書、作文等便成了無本之木、無源之水。

幼兒期是識字的最佳時期，因爲幼兒時是語言能力發展的關鍵期，無論是求知欲還是記憶力，都最有利於文字的掌握。特別是幼兒識字對激發其腦功能，增長其智力有著重要的作用。幼兒通過對一定量漢字的掌握，便可以開始做簡單的閱讀，從閱讀中汲取營養，從而更快更好地認識世界，融入社會。更重要的是，幼兒也能從識字訓練中掌握各種學習方法和竅門，這在鍛鍊幼兒的思維上發揮了很大的作用，使得其智力也隨之發展到一個較高的水平。在我們今天的語文教學中，仍然把「漢語拼音、識字寫字、學習查字典」〔註5〕作爲低年級（小學一、二年級）學生的主要教學內容，這也是考慮到識字教學的基礎性作用。

2. 順序性原則

王筠認爲，「先取象形、指事之純體教之。」「純體字既識，乃教以合體字，又須先易講者，而後及難講者，講又不必盡說正義，但須說入童子之耳，不可出之我口，便算了事。」由淺入深、由易及難是人類學習一切新鮮事物的通用法則。對於識字教學來說，遵循漢字的構字規律和兒童的學習規律是十分必要的。漢字的學習順序與漢字的發展順序其實是暗合的。漢字的產生正是一個從直觀到抽象，先易後難，先簡後繁，即先有獨體字，後有合體字的過程。獨體字一般結構簡單，筆畫較少，對於初學的兒童，比較容易掌握。當一個人有了一定的獨體字識字量做基礎，學習複雜的合體字也就會相應簡單了。學習者可以利用獨體字拆字組字的方法，這樣，便可以掌握更多的合體字。

教師在教授兒童識字時，尤其要注意「須說入童子之耳」，讓兒童聽得懂，瞭解教師所講的內容；而「不可出之我口，便算了事」，不要只爲了迎合教師的習慣，不顧學生的接受能力和要求。

〔註 5〕國家教育部.九年義務教育全日制小學語文教學大綱（試用修訂版），2000：2。

3. 直觀性原則

對於低年級的學生來說，他們的思維是以具體的形象思維爲主的，相對於抽象的文字符號，他們更易於接受形象的圖畫。有研究者指出，「實踐證明，初學者單純依靠形象或筆畫來記憶漢字，容易遺忘、出錯，效率很低，如果能用字理來進行分析，掌握一些構字的方法，那麼識字的能力可以大大提高。」〔註6〕

象形字是描繪事物形狀的造字法，指事是用象徵性符號或在象形字上加提示符號來表示某個詞的造字法。象形字和指事字的共同點在於其造字法都是源於形象的圖畫或者符號，直觀具體，易於掌握。對於初學識字的兒童，一定要首先選擇具有形象意義的象形和指事字來教授。這不但可以爲兒童提供一個直觀的印象，便於認識和記憶，而且富於趣味性的造字法可以進一步引發兒童的聯想，有利於培養學生的發散性思維。王筠在文中說：「識『日』『月』字，即以天上日月告之；識『上』『下』字，即以在上在下之物告之，乃爲切實。」因爲這些字能讓兒童產生豐富的聯想，學生通過記憶字形來理解字義，兒童學習起來非但不會覺得枯燥，反而會對中國的漢字產生濃厚的興趣，留下深刻的印象，爲後來的學習打下堅實的基礎。

堅持直觀性原則，按照漢字從象形、指事到會意、形聲的歷史演變順序，既體現了造字法的規律，又可以按照漢字產生的規律來學習，便於兒童識記，激發兒童的學習興趣。

4. 適量性原則

王筠說：「如弟子鈍，則識千餘字後，乃爲之講；能識二千字，乃可讀書，讀亦必講。然所識之二千字，前已能解，則此時合爲一句講之；若尚未解，或並未曾講，只可逐字講之。」在這裏，王筠尤其強調了一個識字量的問題——當兒童「識千餘字」便可以爲其講解字義了，而「識兩千字」時就可以讀文章了。王筠在其撰寫的專門識字課本《文字蒙求》中也提到：「總四者而約計之，亦不過二千字而盡。當小兒四五歲時，識此二千字非難事也。而於全部說文九千餘字，固已提綱挈領，一以貫之矣！」〔註7〕兒童在集中識字階段掌握兩千個左右的常用字，就可以進行下一階段的學習了，而且這兩千字也能爲《說文》的全部內容——九千字，起到提綱挈領、一以貫之的作用。

〔註6〕周健.「漢字難學」的分析與對策〔J〕.漢字文化，1998（2）：59。
〔註7〕王筠.文字蒙求〔M〕.北京：中華書局，1962：3。

　　王筠確定的在基礎教育階段「識兩千字」方可讀書的原則，是具有一定的合理性和科學性的。《九年義務教育全日制小學語文教學大綱》規定，在兒童的小學的低年級階段（一、二年級），即兒童的單純識字階段，應該做到「認識常用漢字 1800 個左右，其中 1200 個左右會寫」。〔註8〕這與王筠提出的識字量是基本吻合的。從單純的集中識字，到在一定的語言環境中識字，再到邊讀書邊分散識字，這是一個非常完整和系統的過程，即考慮了兒童的接受能力，又不會影響其識字進度。

（二）識字教學的方法

1. 卡片教學法

　　王筠介紹說，「識字必裁方寸紙，依正體書之，背面寫篆獨體字，非篆不可識，合體則可略。既背一授，即識此一授之字，三授皆然。合讀三授，又總識之。三日溫書，亦仿此法。勿憚煩，積至五十字作一包。頭一遍溫，仍仿此法。可以無不識者矣，即逐字解之。解至三遍，可以無不解者矣，而後令其自解。每日一包。」卡片法是一種非常實用且識字效率極高的識字方法。把所用的字，分別寫在卡片上，每天識記一個字，到第三天把前兩天學習的字加到一起復習。如此積纍，每天都學習一個生字並復習以前學過的字，五十個字稱為「一包」。學習第二包的字時，順帶復習第一包。以此類推，每天學習一個生字並復習以前的一包。一邊學習新知識，一邊復習鞏固舊知識。

　　只有讓學過的東西反覆再現，才能更好的記憶。只學習不鞏固的學習方法，到頭來只能收效甚微。應用這種識字法最大的優點就是有一定的規律性，循環記憶，便於學生積纍，而掌握應用之後，識字的效率可以大大提高。一旦當學生體會到這種識字法的實用性和高效性，其學習的主動性也會隨著興趣的提高而提高。因此說，卡片識字法是一種簡單實用的方法。

2. 逐字講解法

　　逐字講解法是讓兒童瞭解字義最常用的方式，當然也是最初級和最基礎的方式。王筠認為，「能識二千字，乃可讀書，讀亦必講。然所識之二千字，前已能解，則此時合為一句講之；若尚未解，或並未曾講，只可逐字講之。」「此無上下文，必須逐字解到茁實，異日作文，必能逐字嚼出汁漿，不至滑

過。」在沒有上下文時，我們就要運用逐字講解法進行集中識字，這種方法相對來說識字量較大，且識字強度高，可以在短期就掌握大量漢字，教學效果比較明顯。

逐字講解法讓兒童對漢字的特徵形成一個整體上的把握和系統的瞭解，為兒童識字和今後的閱讀、作文等打下堅實的基礎。當然，由於整體識字法的識字強度較高，又缺少趣味性，低年級學生接受起來比較困難。所以，作文語文教師，就要在漢字教學時儘量尋找和掌握其中的規律，利用圖解、歸類等方法增加教學的趣味性，使學生理解記憶起來輕鬆牢固。

3. 聯想思維法

「聯想」即文中的「橫解」，是特別針對漢字一字多義的特點，讓學生能夠靈活掌握同一個字在不同語言環境中的不同用法。《教童子法》中寫道：「既能解，則為之橫解：同此一字，在某句作何解，在某句又作何解，或引伸，或假借，使之分別劃然，即使之展轉流通也。」這種方法目的是在培養學生的發散思維，養成舉一反三、觸類旁通的好習慣。當學生對某個字最常用的意思熟練掌握後，就需要在具體的語境中靈活運用，掌握詞語的不同用法。

能夠熟練運用這種方法，就是已經進入識字教學的高級階段，開始慢慢接觸詞語、句子，乃至語段、文章。這種方法能夠引導學生在具體的語境中識字，符合學生的識字規律和認知規律，使學生能夠在整體上把握漢字的音、形、義，從漢字的音、形、義的聯繫上發現其中的內部聯繫，通過改變漢字出現的特定語言環境，發揮學生的聯想能力，在理解的基礎上記憶，提高學生的識字效率。

二、寫字教學階段

寫字教學，作為識字教學的鞏固階段，同樣是一項重要的語文基本功訓練。在識字階段，所學習的漢字，只有通過寫字訓練，才能牢固地掌握。學會了寫字這一技能，才能在學習和工作中順利地表達、記錄和交流。寫字教學作為語文教育的重要組成部分，還與在我國文化傳統中對書法的推崇和重視有著密切的關係，寫得一手好字，不僅是文化素養的象徵，而且對人們道德情操的陶冶也起著重要的作用。

（一）開始寫字的年齡

寫字作爲識字的鞏固階段，是非常關鍵的，如果認識的字不通過寫的方式來鞏固練習，是容易很快遺忘的。

王筠指出兒童開始習字不能貪早，「學字亦不可早」，「八九歲不晚」。王筠解釋了兒童不可以過早學習寫字的原因，主要是由於生理上，「小兒手小骨弱，難教以『撥鐙法』」。幼兒手指的肌肉群和骨骼不夠發達，握筆時還是有些難度。幼兒一般從 5 歲才開始發育握力，到七八歲時基本發育成熟，過早地進行大量的寫字訓練，不但不能練出一筆好字，而且對孩子的身體發育也極爲不利。所以，教幼兒識字不可過早，更不能急於求成。這一點，無論是對幼兒的成長發育，還是對幼兒的寫字訓練，都是十分重要的。

（二）所寫字的規格

王筠指出：「學，則學《玄秘塔》《臧公碑》之類，不可學小字。大有三分好，縮小，便五分好也。」王筠所說的寫字「不可學小字」的原則，也是由於以上提出的「小兒手小骨弱」的生理原因，對手部活動控制不靈活，掌握不了結構精細複雜的小字，所以剛開始學習時，要練習寫大字。對於學生臨摹的範本，王筠提出要學習《玄秘塔》《臧公碑》之類的字帖，原因也在於其規格適中。

（三）如何選擇範本

1. 關於字品

王筠指出，「初學文者，大題當讀小名家」。這些字品不高的小名家所寫的字結構簡單，有利於兒童把握，例如王筠最喜愛的《鐵像頌》，「蘇靈芝字品不高，（其結體似即松雪所從出，惟少媚骨耳！）故其換筆處，易於尋求。即如『無』字，他底三橫四直，其換筆之痕迹俱在，於我有益，故喜之也。」那些所謂的「大家」的作品，用筆過於嫻熟，換筆空際，很難讓初學者把握住。如「尙出顏柳諸賢之上」的「虞永興《夫子廟堂碑》」，「其換筆皆在空際，落紙則只是平鋪」，對於初學者來說不易臨摹。如果一味追求這些名家的作品來學習，無異於「學步邯鄲」，「必極板作算盤珠矣」。

2. 關於人品

中華民族自古就有「書如其人」「字如其人」的說法，要求書法家或作家的人品與其字品渾然一致。一個人的內在氣質、胸襟、才情、修養等必然對

其表現在外的文墨作品有相輔相成的指導和影響。所以，即便是小到兒童的識字課本，也不能對作者的個人品行有所忽略。

對於兒童習字範本作者的人品要求，王筠有其獨到的見解：「不可學趙，他字有媚骨，所以受元聘。猶之近人作七言轉韻古詩，對偶工整，平仄諧和，不以爲病，一韻到底者乃忌之，所藉口者王右丞也。然此人亦有媚骨，進身則以《鬱輪袍》，國破即降安祿山。雖唐人不講節義，然李、杜、高、韋，何家不可學？而必學降人乎？」王筠認爲，字如其人，學習書法的更深層意義是向品質高尚的書法家學做人。對於降元的趙孟頫和降安祿山的王維一類人品不好的書法家，其字品也是有問題的，而帶有媚骨的作品，是萬萬不可以學習的。雖然，王筠對於書法家人品與字品關係的看法不免極端和絕對，但是他對書法作品精心甄別的態度，還是可取的。

三、閱讀教學階段

（一）閱讀的教材

關於用於兒童閱讀用的教材，王筠認爲應該視兒童的自身特點和能力而定，「才高」和「才鈍」者所選擇的教材各不相同。「才高者，全經及《國語》《國策》《文選》盡讀之；即才鈍，亦《五經》《周禮》《左傳》全讀之，《禮》《儀》《公》《穀》摘抄讀之。」

對於智力水平和知識能力不同的學習者，應該按照自身的特點選擇教材。作爲教師，就更要遵循這種因材施教的原則，對不同資質的學生的學習難度加以控制，以便達到更好的教學效果。而這種「控制」體現在閱讀教材的選擇上，就是要爲「才高」和「才鈍」者提供不同難度的學習資料。

在王筠看來，無論是才高者還是才鈍者，他們的學習內容都應該逐漸脫離八股文的束縛。可見，王筠的教學思想在當時還是很有開創性的，對語文教育擺脫封建科舉制度的藩籬，起著不可忽視的思想引導作用。

（二）閱讀的要求

閱讀教學是建立在一定的識字量的基礎上的並檢驗著識字教學成果的，只有學好閱讀的技巧和本領，深諳閱讀之道，才能寫出好的作文。閱讀教學對於兒童知識能力的提高尤爲重要。王筠認爲，在每一個教學階段，都應該達到其教學要求的效果，有了一定的基礎才能進行下一步。否則，「當應讀書之時，不多讀、不勤講，而以時文龠亂之，是文扯書之腿也；當應學文之時，

又念經書不熟不解，無作料光彩，則又欲溫習，此經扯文之腿也。意不兩銳，事不並隆，何如分致其功之為愈乎！」即「鬼扯腿」之說。

在王筠看來，在閱讀教學階段，「書，不取其多、不取其熟、不取其解」，這是學生學藝不精，教師誤人子弟的最重要原因。所以，讀書要力圖多、熟、解。

首先，兒童所讀之書要達到一定的數量，否則，在作文之時，便會有書到用時方恨少之感，而且在作文時又臨時啃書本翻典故，也印證了「鬼扯腿」之說，是不可取的。唐彪也曾說過：「從古未有只讀四書一經之賢士，亦未有只讀四書一經之名臣。故欲知天下之事理，識古今之典故，欲作經世名文，欲為國家建大功業，則諸子中有不可不閱之書，諸語錄中有不可不閱之書，典制志記中有不可不閱之書，九流雜技中有不可不閱之書。」〔註9〕可見博覽群書的重要作用。

其次，兒童在自己所選擇讀書的範圍內，要力求精讀，達到「熟讀成誦」的程度，不能囫圇吞棗，一味求多，讀罷卻對所讀內容一無所知，這樣反而會適得其反。對所讀的書籍要反覆咀嚼琢磨，在誦讀的過程中背誦。唐彪說：「文章讀之極熟，則與我為化，不知是人之文，我之文也。」〔註10〕蘇東坡說：「故書不厭百回讀，熟讀深思子自知。」〔註11〕講的也都是這個道理。

再次，就是讀書要「解」。熟讀乃至背誦之後，就要對文章究其紋理，深入骨髓，全面掌握，直到字字落實，融會貫通。朱熹講：「觀書先須熟讀，使其語言皆若出於吾之口，繼以精思，使其義皆若出於吾之心，然後可以有所得耳。」〔註12〕程端禮說：「每句先逐字訓之，然後通解一句之意，又通解一章之意，相接續作去。明理、演義，一舉兩得。」〔註13〕要求兒童對所學習的文章熟讀乃至背誦。作為教師，要為其做細緻的講解，讓兒童在理解的基礎上學習，避免死記硬背，增強閱讀學習的實用性。不僅讓兒童腹中有詩書，而且還能做到應用自如，有感悟，會思考。

〔註9〕唐彪.讀書作文譜〔M〕.同治乙丑年刻本，聚錦堂藏版：卷五。

〔註10〕同〔註9〕。

〔註11〕陳秀民.東坡文談錄〔M〕.山東：齊魯書社，1997。

〔註12〕黎靖德.朱子語類〔M〕.北京：中華書局，1986：卷十。

〔註13〕程端禮.程氏家塾讀書分年日程.//叢書集成初編〔M〕.北京：商務印書館，1936。

（三）閱讀的方法

1. 劄錄黏壁法

在敘述「劄錄黏壁法」時，王筠引用了《蒿庵閒話》中的一則事例，某人是這樣做的：讀書時遇到喜歡的段落，朗誦十遍之後黏貼在牆壁上，每天都摘錄少則六七段多則十餘段，供閒暇時讀上三五遍，直到背熟。待牆壁貼滿，便取下第一日所貼文章，再補貼上新的文章，「隨收隨補，歲無曠日」。意在說明，讀書時，首先要做到博覽群書，達到一個知識面的廣度。在這種廣度的基礎上，挑選自己喜歡，對自己有益的部分進行精讀和記誦。這種閱讀方法旨在培養學生的自主閱讀能力以及良好的學習方法的養成。通過這樣的日積月累，既有效利用了學生的業餘時間，又培養了學生的閱讀興趣和閱讀能力。

2. 連號法

連號法的具體做法是：「初日誦一紙，次日又誦一紙，並初日所誦，誦之三日；又並初日次日所誦誦之，如是漸增引至十一日，乃除去初日所誦。每日皆連誦十號，誦至一周，遂成十周，人即中下，亦無不爛熟矣。又擬題目若干道書籤上，貯之筒，每日食後，拈十籤，講說思維，令有條貫，逮作文時，遂可不勞餘力。」它的意思是，每天誦讀一篇新的文章，再並以前日的文章一起記誦，一直累計到第十篇。在誦讀第十一篇的同時，去掉第一天所誦讀的文章，以保持每天十篇的閱讀量。這是一種有利於學生一邊積累一邊復習的閱讀方法，雖然看上去有些笨拙繁瑣，但是它適合人們先快後慢的遺忘規律，在記誦效果的體現上尤其顯著。

3. 圈抹眉批法

學生入學後，教師要求學生準備好筆墨，對所學文章的精要之處「圈之抹之」，「工夫有進步，不防圈其所抹，抹其所圈。」王筠提出，對圈抹法，不能簡單地理解爲把課文圈圈畫畫即可了事，而是要做到「圈我抹我」，要在圈抹的過程中有所得，要對自己的知識掌握情況有所檢驗，便於今後提醒自己有何需要注意之處。在讀書的時候，要學會用筆圈點勾劃、評點批註，「一有所見，即寫之書眉，以便他日塗改；若所讀書，都是乾乾淨淨，絕無一字，可知是不用心也」。圈抹眉批法不同於教師提出問題讓學生解決，不會由於學生知識能力參差不齊而導致不理想的教學效果。這種圈抹眉批法可以促使學生在閱讀時有所體會，標注重點甚至提出疑問，引起思考，以便在今後的學

習中起到提醒和檢驗的作用，有利於學生自主發現和解決問題，培養學生學習的主動性和積極性，從而養成其自主閱讀、讀思結合的能力。

四、作文教學階段

作文的訓練，是最能體現學生語文綜合能力的階段。作文涵蓋了幾乎所有的語文基本技能，作文水平的高低，歷來被看做是檢驗學生語文學科學習成績的最有效手段。特別是在王筠生活的依靠科舉選士的封建時代，一篇文章的好壞就可以決定這個學生是否可以一舉得志，步入仕途。因而，《教童子法》在論述寫作的這一部分，分析得格外詳細。

（一）開始作文的時間

雖然王筠把開始作文的時間分兩種情況作了一個大致的界定：「才高者十六歲可以學文，鈍者二十歲不晚。」但是因為作文教學具有相當的綜合性，要求學生各方面的能力均要達到一定的水準，所以教師要在學生學習之初，就進行作文教學的準備，為其今後的系統學習打下基礎。王筠認為，兒童「八九歲時，神智漸開，則四聲、虛實、韻部、雙聲疊韻，事事都須教，兼當教之屬對，且每日教一典故。才高者，全經及《國語》《國策》《文選》盡讀之；即才鈍，亦《五經》《周禮》《左傳》全讀之，《禮》《儀》《公》《穀》摘抄讀之。」這都是在為學生正式作文所做的準備工作。

（二）作文的基礎

作文訓練作為語文學習和教學的高級階段，其能力的培養也不是能夠一蹴而就的，除了字詞等基本技能要過硬之外，還需要進行一些更具難度的學習訓練，王筠在這裏主要指音韻、屬對和典故的訓練。

1. 音韻的掌握

漢語音韻學由來已久，是中國傳統語文學的重要組成部分。漢語音韻學是一門研究各個時期漢語聲、韻、調系統的語音構造、發展規律及其古今演變過程的學問。

王筠在說：「八九歲時，神智漸開，則四聲、虛實、韻部、雙聲疊韻，事事都須教。」音韻是作文學習的第一步，也是最關鍵一步，要在兒童八、九歲智力發展最快的時期，就讓其明晰這一概念。然後按照由繁至簡、由淺入深的順序，向其傳授音韻的學習方法。

2. 屬對的練習

屬對作爲中國傳統語文的一個重要教學項目，融語音、詞彙、語法於一身，是古代蒙學教育讀寫訓練階段的一門基礎課程，充分體現了漢語文化經久不衰的美的特質，在歷代語文教學中受到了極大的重視。張志公先生在他的《傳統語文教學的得失》一文中說：「屬對，古已有之，到了近體詩（律詩、絕句）時期，成了一種格律，詩裏的某兩句必須成對。屬對這種語文教學方法的形成，顯然和近體詩有淵源關係，然而實際上已經超越了作詩的範圍，發展成一種教學手段了。」〔註14〕

王筠認爲：「讀書一兩年，即教以屬對。」兒童入學一兩年，在識字和閱讀小有進展之後，便開始學習屬對。屬對作爲語文基礎訓練的不可或缺的重要手段，使兒童在學習的初始階段就受到駢文和近體詩的薰陶，爲後來的作文訓練打下堅實的基礎。王筠是這樣對屬對教學加以描述的：「初兩字，三四月後三字，漸而加至四字，再至五字，便成一句詩矣。每日必使作詩，然要與從前所用之功事事相反。前既教以四聲，此則不論平仄；前既教以雙聲疊韻，此則不論聲病；前既教以屬對，此則不論對偶，三字句亦可，四字句亦可，五句也算一首，十句也算一首，但教以韻部而已。」兩字、三字直至四字、五字，屬對在字數上的難度，隨著兒童的訓練程度不斷增加，由易而難，最後成詩。屬對的學習爲兒童後來作詩文打下了堅實的語言基礎。

3. 典故的運用

「典故」是指詩文裏引用的古書中的故事或詞語。因爲一部分典故本身所具有的故事性和趣味性，決定了它是蒙學語文教學中相對來說比較能激起兒童學習興趣的部分，所以王筠說，「小兒無長精神，必須使有空閒。空閒，即告以典故。」兒童的年齡特徵決定，其注意力很難持久。教師要在學習的一個階段後安排休息的時間。在學習的空閒之際教授兒童與典故有關的知識，不但增強了學習的趣味性，訓練了兒童的記憶力，注意到了勞逸結合的重要性，更爲今後的作文訓練打下了堅實的基礎。

王筠將典故分爲「死典故」和「活典故」兩種類型：

第一，死典故。王筠說，「『死典故』，如：《十三經》何名？某經作注者誰？作疏者誰？《二十四史》何名？作之者姓名？日告一事，一年即有三百六十事。師雖枵腹，能使弟子作博學矣。」這裏是說「死典故」作爲一種硬

〔註14〕張志公.張志公自選集〔M〕.北京：北京大學出版社，1998：135。

性的文學常識，老師應該在日常生活教學中就灌輸給學生，「日日告之」，在潛移默化中讓學生牢記這些固定的東西。雖然每天記住一個常識，日積月累，學生總有一天會變得博學。這種學習「死典故」的方法，對訓練學生的記憶力，增加學生的知識儲備，還是非常有效的。

第二，活典故。僅僅做到有很強的記憶力還是不夠的，還要進一步開發兒童的思考力，這時就要開始學習「活典故」。「活典故」是指詩文中出現的故事。王筠在書中舉了這樣一個例子，「如問之曰：『兩鄰爭一雞，爾能知確是某家物否？』能知者即大才矣。不能知而後告以《南史》（忘出何人傳中）：先問兩家飼雞，各用何物，而後剖嗉驗之。弟子大喜者，亦有用人也，自心思長進矣。」要能記住某故事的內容，掌握某故事的出處，就要在平時遇到類似事件時，有意訓練學生的發散式思維，開拓其思路，做到活學活用。

（三）作文的選題

選題是作文的第一步，也是關鍵的一步。關於如何選擇文題，王筠提出了兩種方案，一種是教師命題，即「必古人集中所有之題，乃可使學子作」，教師在古人的文章中選題讓學生來作；另一種是學生自主選題，王筠所說的「我見何子貞太史教其侄作詩，題目皆自撰，以目前所遇之事為題，是可法也」。就是指學生根據自己的生活經驗，以自己的所見所聞為題。以上兩種文題的來源各有特點，教師命題可以說是一種經驗性的總結，有一定權威性，可以很好地檢驗學生的寫作能力。學生自主命題更能貼近學生自己的生活，更能激發學生的對於作文的興趣，提高學習的主動性。但是無論以何種選題的方式來進行訓練，都要堅持循序漸進的原則，以選擇最適合學生學習進度和切合實際的文題為主，「初學文，先令讀唐宋古文之淺顯者；即令作論，以寫書為主，不許說空話」，就是說的這方面內容。

（四）作文的訓練過程

對於初學寫作的兒童，其作文水平的提高是一個從量變到質變的自我完善過程，這是隨著兒童基礎知識、思維水平、社會閱歷的提高而提高，最終達到成熟的。說到作文訓練的過程，就不能不提到由「放」至「脫換」再到「收」的這一被中國歷代學者推崇的傳統作文寫作指導原則。

1. 放

王筠認為，「作詩文必須放。放之如野馬，踉跳咆嗥，不受羈絆，久之必

自厭而收束矣。」王筠把作文的「放」比喻成野馬的縱橫之態，是十分貼切的。學童時代，想像力和好奇心都極豐富，如果加以禁錮，孩子的視野就會受限，以至在後來的學習階段，都無法放開手腳。在年少初學時，一定要盡顯自己的個性，寫得獨具特色，不要用條條框框來約束他們。在學習作文之初，一定要堅持「放」的原則，任兒童的思想感情縱橫馳騁，不加約束。歐陽修所說的，「作文之體，初欲奔馳」，〔註15〕也是這個道理。

2. 脫換

王筠說，「作文而不脫換，終是無用才也。屢次脫換，必能成家者也。」「『脫換』是指學習進程因新因素如要求的提高、方法的改變等的加入，而發生的具有轉折性的變化。」〔註 16〕「脫換」是作文訓練過程的第二個階段，是在「放」的基礎上稍加約束，即王筠所說的「此時加以銜轡，其俯首樂從」。他還指出，「且弟子將脫換時，其文必變而不佳，此時必不可督責之，但涵養誘掖，待其自化，則文境必大進。」對於處在「脫換」期的兒童，作文水平必是不盡如人意。面對這種情況，作爲教師，也不可多加責罰，不能像所謂「鈍師」一樣，「當其脫換而夭閼之」，而是要給其咀嚼消化的時間，讓其「涵養誘掖」直至「自化」。王筠對不斷「脫換」「自化」的過程，有一個形象的比喻：「譬如蠶然，其初一卵而已，漸而有首有身，蠕蠕然動，此時勝於卵也；至於作繭而蛹，又復塊然，此時不如蠶也；徐俟其化而爲蛾，則成矣。」是十分貼切的。

3. 收

王筠在書中引用了這樣一個例子，「諸城王木舟先生（名中孚，乾隆庚辰會元。）十四歲入學，文千餘字；十八歲鄉魁第四，文七百字；四十歲元，文不足六百字矣。」王木舟先生的作文從最初的「千餘字」演變到後來的「七百字」，最後「不足六百字」。從初學者思路情感的縱橫馳騁，到慢慢收斂自化，最後達到「收」的境界，預示著一個人作文風格技巧的成熟和穩定。

（五）作文的批改

所謂「善作不如善改」，作文批改是作文教學的最後一步，至關重要。一篇文章的好壞，與文章潤色、錘鍊和完善水平的高低有很大關係。教師對學

〔註15〕歐陽修.與澠池徐宰.//歐陽修全集〔M〕.北京：中華書局，2001：105。
〔註16〕楊鴻昌.王筠《教童子法》一書中的心理學思想〔J〕.河北大學學報（哲學社會科學版），1962（2）：125。

生作文的批改，王筠的原則是「少改易之，以圈爲主」。讓學生對老師所圈之處有一個思考和比較的過程，最後體會出寫作的要義。教師不要對兒童的文章做大幅度的修改，而是以準確精當爲宜，否則便會破壞文章作者的初衷，更會挫傷其創作積極性。宋代蒙學教育家王日休的「若改小兒文字，縱做得未是，亦須留少許，不得盡改。若盡改，則沮挫其才思，不敢道也。直待做得十八分是了，方可改作十分。若只隨他立意而改，亦是一法。」〔註17〕說的也是這個意思。作文的修改一定要以鼓勵爲主，採取循序漸進式的方法，督促學生逐漸有所提高。如果教師把學生的作文改得面目全非，即便是批改的結果比學生的作品好很多，也達不到提高學生作文水平的目的，只會讓學生失去信心，對作文望而卻步，最終只能適得其反。

第二節 《教童子法》的教學原則

「教學原則是根據一定的教學目的任務，遵循教學過程的規律而製定的對教學的基本要求，是指導教學活動的一般原理。」〔註18〕教學原則的確立在教學的過程中有著非常重要的作用，它反映了教師或者教育家的教學基本理念和思想，對教學活動具有重要的指導作用，歷來都受到廣大教育研究者的高度重視。王筠作爲一代著名的教育家，對蒙學的教學原則也有自己獨到的見解，並大多得到了後人的認可。

一、循序漸進

所謂「循序漸進」是指（學習、工作）按照一定的步驟逐漸深入或提高。因此在教學過程中堅持循序漸進的教學原則，就要求教學按照兒童認知發展的順序和學科的邏輯系統來組織教學活動，使學生系統掌握知識和技巧。

（一）遵循兒童的身心發展規律

王筠在《教童子法》中，雖沒有大篇幅地論述循序漸進這一原則，但是在談每一個教學步驟時，都會強調教學順序的問題，強調教學內容必須符合兒童的身心發展特點。雖然學童有「才高」「才鈍」之分，但兒童的生理特點應爲關注的重點，不可忽視。「八九歲時，神智漸開，則四聲、虛實、韻部、

〔註17〕王日休，訓蒙法.//張伯行，養正類編（雕刻本）〔M〕.同治5年，福州正誼書院藏板。
〔註18〕李秉德.教學論〔M〕.北京：人民教育出版社：2003。

雙聲疊韻，事事都須教，兼當教之屬對，且每日教一典故。」「才高者十六歲可以學文，鈍者二十歲不晚。」「讀書一兩年，即教以屬對。」「考試不必早。」「學字亦不可早，小兒手小骨弱，難教以『撥鐙法』，八九歲不晚。」等，就是對兒童識字、讀書、作文等學習內容開始時間的一個大體上的界定。兒童在不同的年齡階段，其心理發展水平和理解接受能力是相對穩定的，不能刻意超前，也不能無限延後，否則，無疑會錯過兒童的最佳學習時機。

孩子的認識水平和接受能力是受其身心發展的制約的，不同年齡段的兒童具有不同的身心發展特點，即便是同樣年齡的兒童，其個體發展情況也各有不同。所以，作為教師，絕不能離開這一客觀規律，急於求成，企望一蹴而就，必須做到能準確把握學生的不同認知水平和心理特點，並把此項指標作為安排教學活動的重要參考依據，以做到教學內容和進度的適時、適當。只有這樣，才有可能達到理想的教學效果。

（二）遵循學科的邏輯系統

根據人們認識事物的規律，人們對陌生事物的感知，總是由淺入深、由表及裏，從感性認同到理性接受的。所以，對於兒童來說，掌握一門知識的過程也不例外，都是根據這門知識的科學體系和邏輯結構來進行的。語文知識的學習，更要遵循其學科本身的邏輯序列，當識字時識字，當讀書時讀書，當作文時作文，避免「鬼扯腿」現象的發生，如果「當應讀書之時，不多讀、不勤講，而以時文儳亂之，是文扯書之腿也；當應學文之時，又念經書不熟不解，無作料光彩，則又欲溫習，此經扯文之腿也。意不兩銳，事不並隆，何如分致其功之為愈乎！」王筠對不遵循學科邏輯系統的弊端闡述得非常形象透徹，急於求成，不但不能掌握好當前的學習任務，就是對今後的每一個學習步驟都會有一定的負面影響。同時，對於每一個具體的教學步驟，也需要按照循序漸進的原則進行。比如識字教學，就要按照先學習象形、指事等獨體字，後學習合體字的順序，由淺入深，由易及難。

二、因材施教

所謂「因材施教」，是指針對學生的能力、性格、志趣等具體情況實施不同的教育。王筠在《教童子法》中對因材施教這一原則的闡述尤其詳細，多次舉例說明因材施教的重要性，為資質不同的學生提出不同的學習計劃。如，在解決到底是集中識字還是單獨識字的問題上，王筠提出：「如弟子鈍，則識

千餘字後，乃爲之講；能識二千字，乃可讀書，讀亦必講。然所識之二千字，前已能解，則此時合爲一句講之；若尙未解，或並未曾講，只可逐字講之。」關於讀書所選的教材和開始作文的年齡問題上，王筠認爲，「才高者，全經及《國語》《國策》《文選》盡讀之；即才鈍，亦《五經》《周禮》《左傳》全讀之，《禮》《儀》《公》《穀》摘抄讀之。才高者十六歲可以學文，鈍者二十歲不晚。」對於「人之才不一」，王筠更是明確提出：「有小才而鋒穎者，可以取快一時，終無大成就；有大才而汗漫者，須二十年功，學問既博，收攏起來，方能成就，此時則非常人所及矣，須耐煩。」針對不同學生的個別差異，採取因材施教原則，就能使每一個學生都在自己原有的水平上有所提高，達到最佳的教學效果。王筠指出，當時的教育者沒有認識到「教弟子如植木，但培養澆灌之；令其參天蔽日；其大本，可爲棟樑，即其小枝，亦可爲小器具」的道理，而是「欲其爲幾也，即曲折其木以爲幾，不知器是做成的，不是生成底。迨其生機不遂，而夭閼以至枯槁，乃猶執夏楚而命之，曰：『是棄材也，非教之罪也。』」他認爲學生沒有達到人盡其才這一效果的原因，很大的責任在於老師沒有堅持因材施教的原則，而使很多學生不能成器，變成了廢材。

因材施教這一原則要求教師在進行整體教學的同時兼顧個別學生的特點，對每個學生的興趣愛好、知識背景、接受能力、智力水平等都有一個準確的把握，以便在教學過程中根據學生的不同特點來組織教學，設計教學內容和選擇教學方法，以達到最佳的教學效果。

三、樂知好學

樂知好學，可以分成「樂知」和「好學」兩個方面。樂知，就是把學習當作一種樂趣，有了「樂知」這一原因，學生才能達到「好學」的結果或者目的，否則學習就成了一種被動的行爲，不會達到最佳的效果。在教學中，一定要把學生的興趣放在重要的位置上，只有這樣，才會調動學生學習的積極性和主動性，才能讓學生主動參與到教學活動中去，從而培養學生養成一個良好的學習態度和學習習慣。

「人皆尋樂，誰肯尋苦？讀書雖不如嬉戲樂，然書中得有樂趣，亦相從矣。」王筠從人都希望「尋樂」、不肯「尋苦」的人之常情說起，提出要在讀書中尋找樂趣，讓兒童在愉快的氛圍中接受愉快的教育。學生一旦在讀書中獲得樂趣，學習的主動性和積極性就會隨之提高，學習就會得到收穫；學有收穫，就會增強學生的學習興趣，從而進入樂知好學的良性循環。

「樂」是學生去學習知識的原動力，具備了這種積極向上的情緒狀態，才能去鑽研學問。既然如此，作為一名老師，就要堅持鼓勵和引導學生，以提高學生學習的主動性和自覺性，讓學生以興趣為出發點去研究學問，把學習當作自己的意願和需要。這就要求教師去不斷優化自己的教學方法和教學理念，善於啟發學生學習的內部動機，以最大的限度激發學生的學習興趣，完成從「學會」到「會學」的轉變。當然，能否讓學生對自己的學習內容產生濃厚的樂知興趣，是否能達到一種和諧融洽的課堂氛圍，也是衡量一名教師是否合格的一個重要標準。

四、教學相長

在教與學的關係上，王筠期望能夠通過教學，不但使學生得到進步，教師自己也得到提高，即實現「教學相長」。在闡釋教學相長這一教學原則時，王筠講了這樣一個故事，「吾安丘劉川南先生（名其旋），十餘歲時，師為之講書數行，輒請曰：如此，則舉某章反背，師令退思之而復講，如是者，每日必有之，半年後，師遂不窮於答問，是謂教學相長。」故事的意思是說，學生劉川南十餘歲時老師為他講書，但是他經常提出與老師不同的看法。老師難於解釋，只好「退思」來尋找答案。在故事講述的這種對話式的教學氛圍中，不但鍛鍊了學生的思考質疑能力，而且也需要教師在此過程中鑽研課程研究教材，不斷充實和提高自己，最終才能達到教學相長這樣一個理想的教學效果。在傳統意義上，教師擁有絕對權威的地位，壟斷了一切文化知識的標準答案，是神聖而不可侵犯的。王筠提出教師「不窮於答問」，需要進一步學習用以擴充自己的知識儲備。師生從對話式的教學活動中獲得相對的平等，教學氛圍也變得和諧。王筠能在當時社會中積極肯定這樣的教學原則，足以看出他已經在很大程度上意識到師生共同成長的重要性。一種研究性學習，而不是灌輸性學習的概念慢慢衍生出來。

作為一條重要的教學原則，「教學相長」最初是《學記》中提出的。它說：「雖有佳肴，弗食不知其旨也；雖有至道，弗學不知其善也。是故學然後知不足，教然後知困。知不足，然後能自反也；知困，然後能自強也。故曰：教學相長也。」〔註19〕教師只有通過學習，才知道自身不足的地方，只有通過教學這一過程，才能知道自己迷惑的地方。知道自己的不足之處才能夠自

〔註19〕錢玄.禮記注譯〔M〕.長沙：嶽麓書社，2001：488。

我反省，知道自己迷惑的地方才能尋求改進提高。最初，教學相長僅指教師單方面的「教」與「學」都可以理解爲一種學習，及其在提高自身素質上的重要作用。後來，教學相長這一原則被進一步引申，意爲教師的「教」與學生的「學」雙方面的相互促進，共同提高。

五、循循善誘

王筠提出，「孔子善誘。孟子曰，教亦多術。」就是要通過啓發誘導的方式來激發學生學習的積極性。啓發，首先要引起學生的獨立思考，「故爲弟子講授，必時時詰問之，令其善疑，誘以審問」。要設置問題，讓學生自己去發現問題，探索答案。「故遇笨拙執拗之弟子，必多方以誘之。」遇到資質稍差的學生，不能「日以夏楚爲事」，不能讓學生把學習當做一種苦差事，而是要採取啓發疏導的方式，使他「既得其機之所在，即從此鼓舞之，蔑不歡欣，而惟命是從矣」。正是王筠所述的這種先啓發學生學習動機、引起思考、之後再以鼓勵爲主的教學方法，最後達到了一個愉快的教育境界。

作爲啓發式教學法的創始人，孔子堅持在其教學過程中做到循循善誘，因勢利導。孔子曰：「不憤不啓，不悱不發，舉一隅不以三隅反，則不復也。」〔註20〕說的就是這個道理，教師只有善於在教學中啓發誘導，而不是強制性性地把知識灌輸給學生，學生才能學會舉一反三，融會貫通。

第三節 《教童子法》對當今語文教學的啓示

一、語文教學要有科學完整的程序設計

凡事預則立，不預則廢。對於語文教學來說，這一點也是尤其重要的。要想把繁雜的語文知識更好地傳授給學生，就要有一個系統的優化的教學程序，以便於學生接受，從而提高教學的效率。那麼，以何種順序才能把語文知識最科學高效地呈現給學生呢？一般來說，主要基於兩點來考慮，第一是教學程序要緊隨學生的心理和生理發展，第二點就是教學程序設計要充分結合學科本身的邏輯特點。所以說，只有既符合學生的思維認知過程又遵循學科內部知識結構的教學程序，才更便於學生掌握。

〔註20〕論語集注.//朱熹.四書章句集注〔M〕.上海：上海古籍出版社：2007。

　　王筠在《教童子法》中，對蒙學語文的整體教學程序做了完整系統的安排。而這一從識字、寫字到閱讀、作文的教學程序，在今天的語文教學中，仍在沿用，並且事實也證明了這一教學程序的科學性和可行性。

　　首先，王筠談到，「蒙養之時，識字爲先，不必遽讀書。」識字作爲寫字、閱讀、作文等其他教學階段的基礎，應該放在語文學習的第一步。王筠在文中既詳細闡述了識字教學法的順序問題，又提出了一系列識字教學方法。識字作爲語文教育的起步階段，對後來的整個學習過程都形成很大的影響。把識字教育作爲兒童基礎教育的首要問題來抓是切實可行的，它的有效性也被後來的教學實踐所證明。

　　其次，王筠指出，「學字亦不可早，小兒手小骨弱，難教以『撥鐙法』，八九歲不晚。」在學生有了一定的識字量之後，就開始學習寫字。王筠特別提出了關於教授兒童寫字的時間問題，「八九歲不晚」。這是基於對兒童「手小骨弱」的生理發育特點來考慮的。由於幼兒的手部骨骼發育不充分，有些寫字的方法，例如「撥鐙法」的學習，還不能順利有效地開展。如果不顧兒童的自身特點，忽視兒童的生長發育規律，不但難以成就一手好字，達到寫字教學的眞正目的，還會對兒童的身體發育造成不良影響。所以，只有按照學生的自身特點來開展教學活動，才能收到良好的教學效果，這也體現了語文學科的人文關懷特點。

　　再次，王筠提到，「能識二千字，乃可讀書，讀亦必講。」識字、寫字的學習效果，對閱讀階段的學習有著直接的影響，閱讀也是對學生識字、寫字學習效果的檢驗。當兒童的識字量達到一定程度，即「兩千字」時，就要開始引導學生進行閱讀訓練。要著重強調「讀亦必講」的重要性，把閱讀建立在對所學內容充分理解的基礎上。在閱讀學習階段，王筠在文中對精讀強記的方法，做了尤其詳細的介紹，強調開發兒童的智力和興趣。

　　最後，關於作文訓練，王筠說：「才高者十六歲可以學文，鈍者二十歲不晚。」作文是語文教學中最綜合、最能檢驗學生知識水平的部分。作爲語文教學的難點，作文也應該放在最後階段來學習。對於不同智力水平和接受能力的學生來說，切不可強求其進度一致，而是要根據學生「才高」「才鈍」的特點，安排教學進程。王筠在文中首先介紹了學習寫作之前的基礎工作，即音韻、屬對和典故，強調了基礎的重要作用。隨後作者主要闡述了作文訓練的過程，用生動形象的修辭手法，把由放到收的這一過程展現出來。王筠對

這一教學過程的闡述，可以說是在總結前人的基礎上，做到了最完整精闢的把握。

　　教學程序的設計是整個語文教學中的一門藝術，教學過程處理安排是否得當，直接影響到教學效果的好壞。王筠在《教童子法》中提出的這一系列教學程序，是被事實證明了的行之有效的程序。尤其是他在一百多年前就對兒童學習各階段的大致年齡的界定，基本符合現代生理和心理學科的研究結果，這一點是十分難得的，爲後世中小學的語文教學研究提供了寶貴的借鑒。

二、從事語文教學要功名、學問、德行三者並重

　　王筠生活在封建王朝一步步從強盛步入衰亡的清乾隆至咸豐年間，見證了清朝統治者如何把中國封建王朝送上了不歸的道路，對清末由於科舉制度導致的教條主義、形式主義學風有著十分深刻的認識。作爲一代著名的文字學家和教育學家，王筠以其驚人的遠見卓識提出「功名、學問、德行，本三事也」的論斷，向挑戰封建權威邁出了堅實的一步。在王筠看來，通過科舉取得進士資格和潛心研究學問、獲取知識，以及修身養性、陶冶情操三件事，都有其本身的價值，不可以混爲一談，更不能以任何一方來取代。王筠認爲：「教子者當別出手眼，應對進退，事事教之；孝悌忠信，時時教之；講書時，常爲之提唱正史中此等事，使之印證，且兼資博洽矣。學問既深，坐待功名，進固可戰，退有可守。」這是說，作爲一名教師，不能把教學的目的僅僅放在取得功名上，而是應該兼顧學問和德行，做到德智兼顧，全面發展。如果做不到這點，「設命中無功名，則所學者無可以自娛，無可以教子，不能使鄉里稱善人，士友稱博學。」那麼，進學之人最終只是一個廢材。但是，當時的學校和教師，把科舉得中當成學生研究學問的唯一目標和終極追求，「癡想功名，時文排律之外，一切不學」，「以功名爲學問，幾幾並以爲德行」，教學思想偏激保守，教學內容脫離實際。這在很大程度上制約了知識分子的成長，使科舉選拔出的所謂「人才」，無法在社會經濟、政治、文化建設上發揮作用，最終導致一個時代的沒落和終結。

　　在王筠的教育思想中，功名、學問、德行是一個統一的整體，不可忽略任一部分。顧炎武也曾有過：「天下之人，惟知此物可以取功名，享富貴，此之謂學問，此之謂士人，而他書一切不觀。」〔註21〕揭露了科舉的弊端。教

〔註21〕顧炎武.日知錄校注〔M〕.合肥：安徽大學出版社，2007：16。

師所傳授的知識絕對不能限於時文排律，非八股文不學，而是應該還學問以其本真的面目，在鑽研文化知識的同時也不能忽視倫理道德的培養，使學生內外兼修，不至於在功名難就時「雖悔恨而無及」。

由於時代的限制，王筠的思想中也存在著保守主義的成分。他對科舉制度並沒有進行完全的揭露和堅決的批判，而是認為「凡功名無論大小，得之必學業長進」，在對科舉制度的定位上留有一定的餘地。他本人也一度成為過科舉考試的追捧者，也曾在鄉試中得中舉人。即便如此，在今天看來，王筠能在一百多年前提出德、智教育並舉的理論，也無疑是給當時的科舉選士制度以重磅一擊。這種勇於挑戰權威、革除陋習的精神，仍然值得後人學習和借鑒。

現今距王筠提出「功名、學問、德行，本三事」的觀點已有一百多年，科舉制度早已湮沒在歷史之中。20 世紀 80 年代，我國提出了實施素質教育的方針。但是，時至今日，我國的基礎教育卻始終沒有徹底走出應試教育的藩籬。在應試教育模式下，學校普遍以追求高升學率為最高目標，不顧學生的年齡和生理特點，急功近利，一味向學生灌輸書本知識，忽視學生自身的創造力和獨立思考能力，以至於把學生培養成考試的機器。學校培養出的這種應試人才，往往只重視課本的知識，以學習考試中涉及的科目為主，忽略德育教育，使學生的思想道德素養下降，缺乏使命感和奉獻精神，缺乏敬業精神和公德意識，動手能力較差，最後導致了高分低能的現象。

要革除應試教育的弊端，必須切實實行素質教育。全面培養學生的各方面素質，使學生在德、智、體、美、勞等方面都有相應的發展，成為合格的社會主義現代化建設人才。在全面實施素質教育的過程中，作為教師，就要肩負起主導性的作用，給學生營造一個健康的學習環境，指出正確的學習方向。教師要時刻把學生自身素質的發展提高和整個社會的長遠發展放在首位，徹底轉變觀念，以培養學生的實踐能力和創新精神為己任，全面徹底地推進素質教育改革，而不是只當作口號來宣傳。

三、教師要樹立以人為本的教育理念

以人為本就是一切以人為中心，把最大限度的滿足人的精神和物質需求放在第一位，以使人得到最大限度的發展。

王筠在《教童子法》中大膽地提出「學生是人，不是豬狗」的論斷，正是表明了他要堅持「以人為本」這一教育理念的立場。在這種教育理念下，認識到「教弟子如植木，但培養澆灌之；令其參天蔽日；其大本，可為棟樑，

即其小枝，亦可爲小器具。」眞正實現教育「育人」的重要作用。在當時的封建社會，能關注到學生本身的興趣、尊嚴、發展和價值，而不是把他們扭曲成應對科舉的機器，是非常有創見性的。作爲一名教師，就是要時刻都把學生自身的發展作爲教育的出發點和歸宿，而不是不管學生的意願和能力，把學生作爲一個被動接受的客體，來灌輸知識。

近年來，由於升學壓力和隨之而來的就業壓力，很多學校和教師無視國家教育行政部門的規定和措施，導致了學生課業負擔過重的問題。主要表現爲「書本多、課程多、補習多、資料多、考試多、競賽多，學生每天學習的時間過長，睡眠嚴重不足，不少學生不堪重負，致使學生視力下降，心理壓力沉重，缺乏創新意識，嚴重阻礙著學生全面地、生動活潑地、主動地發展，嚴重損害了學生的身心健康。」〔註22〕不顧學生的接受能力和興趣愛好，把學生當作考試機器。王筠早在《教童子法》中批評過：「今之教者，欲其爲幾也，即曲折其木以爲幾，不知器是做成的，不是生成底。迨其生機不遂，而夭閼以至枯槁，乃猶執夏楚而命之，曰：『是棄材也，非教之罪也。』」

減輕學生課業負擔，培養學生全方面發展，已經成爲推行素質教育刻不容緩的問題。要做到以人爲本，就要使語文教育徹底回歸其注重人文關懷的初衷，體現其對於「人」本身發展的關注，尊重學生和發展學生。在教學過程中，教師不應該作爲一種既定的權威，掌握著眞理的評判標準，而是要起主導性的作用，要主動擔當起引導學生的努力方向、培養學生的學習興趣、激發學生的創新能力的任務。只有「授之以漁」而不是「授之以魚」，因勢利導，因材施教，才能讓學生在結束學生生涯走向社會時，將自己所學的知識轉化爲生產力，更好地服務社會。

《教童子法》作爲一部最早的語文教學法專論，歷來受到研究者的關注。這些前期研究對於本課題的指引和幫助都非常大。本章對於王筠《教童子法》的研究，主要是針對其在蒙學語文教育教學論方法的獨到之處，並進而探尋其對現代語文教育的可取之處。

雖然前人對《教童子法》的研究已經趨近詳備，但是多數研究都是針對其在文字教學方面的成就和可以借鑑之處。關於《教童子法》在語文教學方面的價值，雖然前人也多有介紹，但是僅停留在對其中某一問題的闡述上，

〔註22〕張利虹.論學生「減負」的瓶頸因素及對策〔J〕.現代中小學教育，2005（5）：7。

缺少系統的梳理和整體的把握。本章對《教童子法》做了一個全局性的把握，並把這種研究和現代教學的某些理論做了比較和分析，從中總結出《教童子法》的現代價值，這也是筆者想要達到的最終目的。

（本章撰稿人：王雪瑩）